ANATOLE LEROY-BEAULIEU

MEMBRE DE L'INSTITUT

LES
DOCTRINES DE HAINE

L'ANTISÉMITISME
L'ANTIPROTESTANTISME
L'ANTICLÉRICALISME

TROISIÈME ÉDITION

PARIS
CALMANN-LÉVY, ÉDITEURS
3, RUE AUBER, 3

LES
DOCTRINES DE HAINE

DU MÊME AUTEUR

ISRAEL CHEZ LES NATIONS (In-18, Calmann Lévy). . . . 1 vol.

UN EMPEREUR, UN ROI, UN PAPE, UNE RESTAURA-
TION (In-18, Charpentier). — L'Empereur Napoléon III
et la politique du second Empire. — Le Roi Victor-
Emmanuel et la monarchie italienne. — Le Pape Pie IX,
le Saint-Siège et l'Église. — La Monarchie espagnole sous
Alphonse XII. . . . . 1 —

LES CATHOLIQUES LIBÉRAUX, L'ÉGLISE ET LE LIBÉ-
RALISME, de 1830 à nos jours (In-18, E. Plon, Nourrit). 1 —

LA RÉVOLUTION ET LE LIBÉRALISME, essais de critique et d'histoire (In-16, Hachette, 1890). — Le Banquet
du Centenaire de 1789. — La Révolution et M. Taine. —
Les Mécomptes du libéralisme. — La Révolution et la
Séparation de l'Église et de l'État. — Nos hôtes de 1889. 1 —

LA PAPAUTÉ, LE SOCIALISME ET LA DÉMOCRATIE
(In-18, Calmann Lévy) . . . . 1 —

L'ANTISÉMITISME, conférence faite à l'Institut catholique
(In-18, Calmann Lévy) . . . . 1 —

L'EMPIRE DES TSARS ET LES RUSSES (In-8°, Hachette).
— Tome I : Le Pays et les Habitants (4e édition). . . . . 1 —
— Tome II : Les Institutions (4e édition). . . . . 1 —
— Tome III : La Religion (3e édition) . . . . 1 —

UN HOMME D'ÉTAT RUSSE (Nicolas Milutine), d'après
sa correspondance inédite. — Étude sur la Russie et la
Pologne pendant le règne d'Alexandre II (In-16,
Hachette) . . . . 1 —

LA FRANCE, LA RUSSIE ET L'EUROPE (In-18, Calmann
Lévy) . . . . 1 —

ÉTUDES RUSSES ET EUROPÉENNES (In-18, Calmann
Lévy) . . . . 1 —

IMPRIMERIE CHAIX, RUE BERGÈRE, 20, PARIS. — 16608-9-11. — (Encre Lorilleux).

ANATOLE LEROY-BEAULIEU

MEMBRE DE L'INSTITUT

LES
DOCTRINES DE HAINE

L'ANTISÉMITISME
L'ANTIPROTESTANTISME
L'ANTICLÉRICALISME

PARIS
CALMANN LÉVY, ÉDITEUR
3, RUE AUBER, 3

AVANT-PROPOS

Ce livre s'adresse aux esprits libres. Il heurte bien des préjugés, et il n'en flatte aucun, ce qui n'est pas pour plaire au grand nombre.

Il traite de questions où l'on est si peu habitué à l'impartialité qu'on est mal disposé à la tolérer, et que plus d'un lecteur s'en pourra scandaliser comme d'une offense et d'une contradiction. J'ose dire, cependant, que ce volume est partout animé du même esprit, et que je n'ai jamais rien écrit qui eût plus d'unité.

Les pages qu'on va lire sont la reproduction de conférences faites, sous le même titre, à l'École des Hautes Études sociales, et dont la sténographie avait été prise pour la *Semaine Politique et Littéraire*. Je me suis borné à les com pléter sur quelques points et à y joindre quelques notes. Certains de mes auditeurs m'avaient fait remarquer que l'antisémitisme, l'antiprotestantisme et l'anticléricalisme ne sont peut-être pas aujourd'hui les seules doctrines qui, par leurs violences, méritent le nom de doctrines de haine. Le socialisme qui glorifie la lutte de classes n'y a guère moins de droits. C'est une des raisons qui m'ont décidé à placer en tête de ces conférences, comme introduction, une étude sur les grands courants de la politique contemporaine qui a paru en partie dans la *Revue des Revues*, et où j'ai recherché les causes de la recrudescence, chez nous, de l'esprit de secte et d'intolérance. S'il m'a fallu, pour cela, remonter jusqu'à l'Affaire qui a tant remué la France, j'ai eu soin de me tenir au-dessus des passions qu'elle avait déchaînées, et, loin de raviver des haines et des rancunes dont notre France n'a que trop souffert, je me suis efforcé de les apaiser, pour le bien commun de tous.

Les hommes mêmes que je n'aurai pas réussi à convaincre me rendront cette justice que, au cours de cet ouvrage, je me suis toujours inspiré de l'esprit de liberté et des sentiments de concorde, et l'on me permettra d'ajouter, de l'esprit de patriotisme et de l'esprit de charité. Je n'ai eu d'autre but que de combattre les haines entre concitoyens. « Toute maison divisée contre elle-même périra », dit l'Évangile. Jamais notre France n'a eu plus besoin de se le rappeler.

Pour moi, en travaillant ici au rapprochement des esprits et à la paix religieuse, comme ailleurs je m'efforce de travailler au rapprochement des classes et à la paix sociale, j'ai conscience de remplir, à la fois, mon devoir de Français et mon devoir de chrétien.

Paris, janvier 1902.

LES DOCTRINES DE HAINE

Introduction.

L'ESPRIT DE SECTE ET LES PARTIS.

De l'origine ou de la recrudescence, chez nous, de l'esprit de secte
et des doctrines de haine. — Comment l'esprit de tolérance et
l'esprit de liberté semblent partout en baisse. — Influence de
l'Affaire Dreyfus. — Comment les partis extrêmes n'y ont vu
qu'un moyen d'agitation. — L'esprit de faction et l'esprit de
proscription. — I. L'antisémitisme. — Comment il s'est retrempé
dans l'Affaire. — Sa responsabilité dans la crise que traverse la
France. — Des causes de sa diffusion. — Comment, à l'aide de
l'Affaire, il a coupé la France en deux. — II. Le nationalisme. —
Ce qu'il doit à l'Affaire. — Ses violences et ses excès. — Ses
procédés de polémique. — Comment il fait, lui aussi, des catégories entre Français. — Les sans-patrie. — Patriotisme et nationalisme. — III. Le socialisme. — Comment il a exploité l'Affaire.
— Tout ce qu'il y a puisé. — Raisons de sa diffusion et de son
ascendant. — La lutte de classe et les appels à la haine. —
IV. L'anticléricalisme. — D'où vient son réveil. — Contre-coup
de l'Affaire et des menaces de l'antisémitisme. — De la revendication du droit commun et de la lutte contre l'esprit de secte.

L'antisémitisme, l'antiprotestantisme, l'anticléricalisme sont trois phénomènes connexes qui, par leurs

violences et par leurs appels à l'intolérance, méritent, tous les trois, presque également, le nom de doctrines de haine. Avant d'en entreprendre l'étude, de rechercher, en toute loyauté, quelle est leur origine, et quel est leur esprit, par où ils se ressemblent et par où ils diffèrent, il convient de se demander d'où proviennent leur récente diffusion et leur. virulence nouvelle. Comment des préjugés, des passions, des fanatismes, qui, naguère encore, semblaient sinon à jamais éteints, du moins assoupis, se sont-ils réveillés, brusquement, avec une vigueur et une fureur jusque-là inconnues ? Pour tous c ·x d'entre les Français qui savent s'élever au-dessus de l'esprit de parti et de l'esprit de coterie, pour tous ceux qui ont le courage d'être sincères envers eux-mêmes et de se placer résolument en face de leur conscience, la réponse est aisée. Il n'y a pas à chercher bien loin la cause de la recrudescence de cet esprit de secte ; elle est dans nos querelles intérieures des dernières années, elle est dans les luttes et les intrigues des partis autour d'un événement où l'esprit de parti n'avait rien à voir, et auquel il n'a pu se mêler sans crime.

Au milieu de toutes nos divisions, il est un point sur lequel nous sommes tous d'accord. La France passe, aujourd'hui, par la crise la plus grave qu'elle ait traversée, depuis la guerre et la Commune. D'où vient cette crise où se sont brisées, en quelques mois, tant de vieilles amitiés, et où les passions des partis et les haines de sectes ont pris une âpreté nouvelle? Elle provient, faut-il le rappeler? de l'Affaire qui a si lamentablement divisé le pays. Elle vient, surtout, de ce que, au lieu de rester, pour tous, une douloureuse affaire judiciaire, l'angoissant procès est tombé aux mains des partis qui l'ont exploité en sens inverse, au profit de leurs intérêts et de leurs passions. Si la France en a tant souffert, si elle en reste profondément divisée, c'est qu'ils étaient en trop petit nombre, les combattants qui, dans cette confuse mêlée, luttaient, uniquement, pour ce qu'ils croyaient la vérité et la justice, se faisant scrupule de rien blesser de respectable, n'ayant en vue que la justification de l'innocence ou le châtiment du crime.

Parmi les meneurs et les politiciens, combien n'ont vu, dans le procès de Rennes, qu'une querelle de partis, où il fallait, à tout prix, triompher d'adversaires détestés? C'est ainsi que l'Affaire a été si vite élargie et envenimée par l'esprit de faction, qui s'était jeté sur elle comme sur une proie qu'il ne voulait pas lâcher. Riche proie, en effet, où tout ce que devrait respecter la France a fini par passer; armée, magistrature, clergé, parlement, président de la République, hommes et institutions, tout était dévoré, à belles dents, par les passions furieuses. Antisémites et nationalistes, d'un côté, socialistes et anticléricaux, de l'autre, se sont rués sur l'Affaire, se servant des incidents du procès comme d'armes meurtrières, — les uns contre les juifs et leurs alliés, contre les protestants et les « judaïsants », contre

« la république panamiste et maçonnique », — les autres contre les jésuites et les « galonnés », contre l'Église et contre l'État-major, contre « le sabre et le goupillon ». L'apaisement est-il si difficile, c'est que les factions qui ont exploité l'Affaire ont tout intérêt à en prolonger l'agitation.

Tout autre est le sentiment des hommes qui, au-dessus des passions des partis et des haines de sectes, placent les intérêts permanents de la France. S'ils ont pu être divisés sur l'Affaire, leur patriotisme n'a cessé de réprouver les violences qu'elle provoquait et de rappeler les Français à l'union, dans l'amour de la commune patrie.

Ce n'est pas leur faute, si le vent de haine qui a soufflé sur la France a creusé, plus que jamais, les divisions entre Français. Comme aux plus tristes époques de notre histoire, on réclame des proscriptions; ce sont des catégories entières de Français que l'on veut mettre hors la loi, sous prétexte de salut public. De droite ou de gauche, on entend des adversaires se contester, réciproquement, le titre de Français, comme si, dans cette France, à population stagnante, les Français étaient trop nombreux. La haine semble devenue l'âme de la politique et le lien des partis ; elle prête à nos luttes et à nos polémiques une âpreté nouvelle. A bas ceux-ci ! Mort à ceux-là ! semble devenu le cri de ralliement des foules; alors même que l'on pousse des *vivat*, l'accent qu'on y met en fait une menace pour ses adversaires.

Haines de races, haines confessionnelles, haines politiques, haines de classes, on voit surgir, de tous côtés, des « anti » qui rivalisent d'exclusivisme et d'injustice, de fureurs aveugles et de colères ineptes : antisémitisme, antiprotestantisme, anticléricalisme, antiparlementarisme, antimilitarisme, anticapitalisme, comme si le patriotisme, comme si la religion et la raison elles-mêmes consistaient à maudire et à proscrire.

L'esprit de secte et l'esprit de faction sont partout et vicient tout. Jamais, peut-être, depuis la Révolution, l'esprit de liberté, disons plus, l'esprit de tolérance, n'a été plus bas. Le mot même de liberté qui, autrefois, faisait battre les jeunes cœurs, ne trouve guère d'écho et est bafoué des foules. On a trop menti en son nom. Le libéral, le vrai, celui qui veut la liberté pour tous, semble une espèce en voie d'extinction. Une seule liberté paraît toujours chère aux meneurs de l'opinion, la liberté de l'injure et de la calomnie. Quant aux autres, on dirait qu'on en a perdu le goût et l'intelligence. Le sens même de la liberté politique s'est oblitéré ; pour la sauver, nombre de ses prétendus défenseurs veulent supprimer la liberté religieuse, la liberté d'enseignement, la liberté d'association, la liberté de la charité, comme si toutes les libertés n'étaient pas solidaires, comme si la liberté politique ne devait pas être la garantie des autres et la gardienne de tous les droits.

On a dit que l'Affaire avait désagrégé les partis, renversé les anciens cadres, comme un vent violent qui brise tout sur son passage. Elle l'eût fait, elle eût emporté les anciennes barrières et brisé les cloisons des vieux partis que, en nous libérant de la servitude de préjugés et de rancunes souvent surannés, en laissant le champ libre à des groupements nouveaux, elle eût rendu service à la France. Mais, l'a-t-elle fait, elle n'a émancipé de la tyrannie des partis et de la superstition des étiquettes que le petit nombre de Français qui pensent par eux-mêmes. Les autres, le grand nombre, elle les a laissés, plus que jamais, asservis au joug et aux préventions de l'esprit de parti; elle a seulement parfois changé les étiquettes et les cocardes. Loin d'arracher ou d'abaisser partout les barrières de partis, elle les a souvent relevées. Elle a donné, dans chaque groupe, l'ascendant aux violents, parce qu'elle a partout réveillé les préjugés, attisé les passions, envenimé les antipathies, si bien que, plus que jamais, notre démocratie et la France, avec elle, semblent entraînées, par une force fatale, vers les doctrines ou les partis extrêmes.

Autre phénomène également digne de remarque : les partis proprement politiques, ayant un programme défini, perdent partout du terrain, jusque dans les assemblées électives et jusque dans le parlement. Qu'est-ce donc du pays et des masses électorales ? Aux partis politiques, nettement délimités, ayant une foi commune et un programme précis, tendent à se substituer, sous l'empire des passions soulevées autour de l'Affaire, des groupements confus aux aspirations vagues, qui débordent, de tous côtés, l'arène légale de la politique. C'est, à la surface agitée du pays, comme des courants et des contre-courants violents qui menacent de tout entraîner avec eux, et qui, en se rencontrant et se heurtant, font comme des remous en tous sens. De ces courants parallèles ou opposés, on peut distinguer quatre principaux qui s'unissent, sans se mêler, en deux fleuves contraires : l'antisémitisme et le nationalisme, d'un côté, l'anticléricalisme et le socialisme, de l'autre.

Si différents qu'ils soient par leurs tendances ou par leur inspiration, et quelque droit qu'ils aient de ne pas nous laisser les confondre ensemble, antisémitisme et nationalisme, anticléricalisme et socialisme se ressemblent par leurs procédés de propagande, par les emportements de leurs polémiques, par leur peu de souci de la liberté et leur propension à proscrire leurs adversaires, par leurs invocations à la haine et à la violence. Ils ont, presque également, quoique en sens inverse, exploité l'Affaire et, en ayant vécu durant des mois, y ayant puisé leur force, ils cherchent à en perpétuer l'agitation. Ils se plaisent à entretenir l'exaltation des foules, et dans leurs revendications ou leurs excitations quotidiennes, ils font appel aux antipathies et aux préjugés du peuple, dénonçant leurs adversaires comme des scélérats et des ennemis publics, capables de tous les forfaits. Ils tendent, presque également, à ériger leurs doctrines en dogmes, et leurs griefs en articles de foi; et, comme ils constituent, pour leurs adeptes, une sorte de religion, ils ont la foi ardente, le zèle brûlant d'une Église et, trop souvent aussi, l'intolérance et le fanatisme d'une secte. Ils lancent, bruyamment, l'interdit autour d'eux, jetant l'anathème sur tout ce qui leur résiste, allant parfois jusqu'à excommunier les tièdes et les indifférents, répétant, chacun à leur façon : Hors de nous, pas de salut ! Chacun d'eux s'arroge, en effet, la mission de sauver la France et, pour la sauver, professe que tout est permis, lois d'exception et tyrannie légale, émeutes de la rue ou coups de force de l'armée.

Les partis les plus opposés semblent accepter, également, la périlleuse doctrine du salut public. Chacun d'eux se dit en mesure d'assurer le salut du pays, brusquement, à l'aide d'une sorte d'opération miraculeuse : revision, révolution ou coup d'État, qui, seule, à les en croire, peut rendre à la France la force avec la santé. Comme trop de nos médecins d'aujourd'hui, on nous vante, de tous côtés, la méthode chirurgicale. Cette France malade, lasse de luttes énervantes, au lieu de lui accorder le repos dont elle a tant besoin, on prétend la traiter par le fer et par le feu, l'amputer de membres qu'on dit pourris ou gangrenés, la débarrasser de kystes parasites qu'on croit découvrir en elle. Par malheur, ou mieux par bonheur pour elle, on ne s'entend pas sur les membres gangrenés qu'il faut retrancher, sur les tumeurs cancéreuses qu'on veut extirper; pour les uns, c'est le juif ou le protestant;

pour les autres, c'est le jésuite ou les congrégations ; pour ceux-là, ce sont les étrangers de l'intérieur et pour ceux-ci, c'est le bourgeois capitaliste, ou c'est l'officier, c'est l'armée. N'importe, il y a, pour beaucoup d'entre nous, des Français à proscrire, des catégories entières de compatriotes à mettre hors la loi ; telle est, aux yeux de trop de nos contemporains, la tâche urgente. Aimez-vous et supportez-vous les uns les autres, disait, autrefois, le patriote, comme le chrétien. Haïssez-vous et supprimez-vous les uns les autres, semble, aujourd'hui, la maxime de trop de nos concitoyens. Aussi, peut-on dire que la France est en état de guerre civile morale, la seule, heureusement, que puisse tolérer la douceur ou la mollesse de nos mœurs.

I

De tous les phénomènes politiques de ces dernières années, un des plus attristants est la diffusion de l'antisémitisme. Nous ne sommes pas, on le sait, de ceux qui en ont été surpris. Nous en avons signalé, de longue date, les causes et les progrès. Quelques bonnes âmes s'étonnaient, naguère, de l'importance que nous semblions donner à l'intrusion en France de ce produit d'origine teutonique. Les faits n'ont que trop montré l'a clairvoyance de nos inquiétudes.

t.

Sous le couvert d'un nationalisme équivoque, l'antisémitisme tend à devenir un des facteurs de la politique. C'est lui, naturellement, qui a le plus bénéficié de l'Affaire. Il en avait fait sa chose ; il l'avait prise à son compte, dès le début, n'y voyant qu'un instrument d'agitation et de division, sans songer au mal qu'en pourrait ressentir le pays. Il en a tiré tout ce que la haine et la sophistique en pouvaient faire sortir, s'ingéniant, dès le premier jour, à l'envenimer et à l'élargir, jusqu'à faire du procès d'un homme le procès de toute une race, sauf à s'indigner quand d'autres se permettaient, contre l'état-major et contre l'armée, les mêmes généralisations illégitimes. Si la France en demeure lamentablement ébranlée, l'antisémitisme en a été le premier coupable. Sur les violences et les excès de sa polémique, sur son obstination à imputer les fautes ou les crimes des individus à tous leurs coreligionnaires, sur sa prétention d'identifier la haine du juif avec l'amour de l'armée, sur son acharnement à passionner des débats et à exalter des antipathies que le patriotisme eût conseillé de calmer, retombe, pour beaucoup, la responsabilité de la crise que traverse le pays.

Grâce à l'Affaire, l'antisémitisme est devenu une puissance, et, comme toutes les puissances, il trouve des courtisans. Les hommes et les partis qui se disputent le pouvoir n'ont pas honte de lui tendre la main. Nationalistes d'un côté, royalistes de l'autre, n'ont pas rougi de mendier ses bonnes grâces. Comment les

ambitieux n'iraient-ils pas à lui, alors qu'en lui sou-
riant, ils se font applaudir, à la fois, des salons et de la
rue ? Si l'on n'ose toujours prendre, ouvertement, ses
couleurs, on emprunte, volontiers, son jargon ; on s'ap-
proprie sa spécieuse formule, « la France aux Français ». On ne craint pas de se réclamer de ses vagues
thèses sociales, de son ethnologie conventionnelle, de sa
courte philosophie de l'histoire sur les luttes de races.
Car, on le sait, l'antisémitisme a sa philosophie et ses
théories scientifiques. A cet égard, il est bien moderne,
ce rejeton du moyen âge ; il sacrifie aux dieux et aux
idoles du siècle. Les retentissantes théories sur les races,
sur la lutte pour l'existence, sur la concurrence vitale
dont notre époque a tant abusé, l'antisémitisme se les
est appropriées. S'il n'en est pas sorti, il s'en est
nourri. Elles ont été, pour beaucoup, dans sa fortune. De
là même ce nom pédantesque d'antisémitisme importé,
avec la chose elle-même, de la pédante Allemagne. Un
nom d'aspect savant est une chose précieuse, en ce
temps de religion ou de superstition scientifique. L'antisémitisme, à l'en croire, reposait, tout entier, sur la
séculaire opposition des races « sémitique » et « aryenne »
que Renan avait, en sa jeunesse, érigée, imprudem-
ment, en une sorte de loi de l'histoire. Cette théorie,
abandonnée de Renan lui-même en sa maturité, a beau
être démodée partout, elle reste un dogme, pour nos
antisémites, heureux de couvrir leurs haines du manteau de la science. Pour eux, l'histoire du monde n'est

que le duel de l'Aryen loyal et du vil Sémite, si bien
que le procès de Rennes serait l'épilogue de Zama et de
Poitiers. Mais qui, en dehors des simples d'esprit, peut
encore se persuader qu'en criant : A bas les juifs ! il est
le continuateur des Scipions, de Charles Martel ou de
Godefroy de Bouillon ? Les docteurs de l'antisémitisme
eux-mêmes, depuis qu'ils ont fait de l'Algérie leur terre
d'élection, ont dû laisser leur théorie favorite à Mar-
seille. En passant la Méditerranée, l'antisémite, au
contact des Arabes et de l'Islam, doit dépouiller son
prétentieux déguisement scientifique, pour redevenir un
vulgaire antijuif.

Veut-on le rattacher aux modernes théories de la
science, l'antisémitisme est, en grande partie, un cas
d'atavisme ou une « survivance ». C'est, comme on dit
en Allemagne d'où il nous a été rapporté, la *Judenhetze*
du moyen âge ; ou encore, c'est un de ces « morts
qui parlent », qu'on nous décrivait naguère en si
beau langage [1], un de ces morts que l'on croyait
enterrés à jamais, et qui crient, qui gesticulent, qui se
trémoussent en nous et autour de nous. C'est un revenant, et combien en voyons-nous s'agiter, s'injuriant et
se menaçant les uns les autres, dans notre pauvre
France troublée, de ces revenants du passé ! L'antisémitisme, assurément, n'est pas le seul ; bien d'autres,
à commencer par le jacobinisme et par l'anticlérica-

---

1. *Les Morts qui parlent*, roman du vicomte E. M. de Vogüé.

lisme, ne sont guère, eux aussi, que des morts mal enterrés, des spectres échappés des cimetières de l'histoire, qui se dressent devant nous et rôdent parmi nous, avec leurs passions mal éteintes et leurs haines surannées. Et si l'Affaire nous a profondément secoués, c'est qu'elle a réveillé, au fond des Français, tant de morts assoupis qui, ranimés par elle, se sont mis à batailler ensemble, avec les fureurs et les rancunes anciennes, comme au temps de la Terreur, ou comme au temps de la Ligue. Tel qui se figurait s'être fait une opinion sur le procès de Rennes n'était guère que l'écho inconscient des préjugés ataviques. Et ce qui est vrai de l'Affaire ne l'est pas d'elle seulement; que de fois, dans nos disputes confuses, il nous faut nous scruter et nous tâter nous-mêmes pour nous assurer que nous sommes bien vivants, et qu'en nous injuriant et en nous combattant les uns les autres, nous sommes autre chose que les porte-voix des morts et les champions héréditaires des vieilles luttes ancestrales!

Mais, pour être de ces survivances du passé dont notre politique contemporaine est encore encombrée, l'antisémitisme n'en est pas moins alimenté par des passions bien vivantes et des haines vivaces, des passions qui sont de tous les temps et de notre âge démocratique peut-être plus que de tout autre. Pour être juste envers lui, c'est une étrange et trouble mixture que l'antisémitisme contemporain. On y trouve de tout, des sentiments élevés et des inspirations nobles, avec des

instincts vils et des passions brutales, des générosités
dévoyées, à côté des appétits déchaînés. C'est à ce mélange hétérogène de bien et de mal, d'idéalisme égaré
et de matérialisme pratique, de naïves protestations
contre le culte de Mammon et de convoitises inavouées
vers la richesse, de révoltes indignées contre la prépotence de l'argent et de rancunes intéressées ou de
jalousies envieuses, que l'antisémitisme doit sa popularité et sa diffusion ; car, par là, il a une double prise
sur les âmes simples, les prenant à la fois par en haut
et par en bas, comme par les deux extrémités de la
nature humaine, si bien que, nobles ou vulgaires, nos
contemporains ont peine à s'en défendre. Comme si l'on
avait le droit de faire du juif le seul auteur et le seul
bénéficiaire de tous nos maux, il y entre, en même
temps, du dégoût des vilenies du jour, des révoltes de
la conscience contre les fortunes trop rapides, contre la
corruption des politiciens, contre l'étalage d'un faste
provocant, et aussi des ressentiments de concurrents
évincés ou d'hommes d'affaires malheureux contre des
rivaux plus heureux ou plus habiles ; des jalousies de
propriétaires fonciers et de châtelains dont les revenus
tarissent, contre le banquier et l'homme de Bourse, dont
les mobiles capitaux semblent toujours grossir ; des
rancunes aristocratiques contre les fortunes et les
influences nouvelles, et des rancunes provinciales et
rurales contre les parvenus des grandes villes et les
nouveaux venus de l'étranger ; sans compter la jalouse

malveillance du petit boutiquier et du petit bourgeois en face des grands magasins, de la haute bourgeoisie et des gros capitalistes ; si bien qu'on peut dire que l'antisémitisme est le faisceau de toutes les rancunes et de toutes les jalousies, exaspérées encore par la terreur des influences occultes et des puissances ténébreuses, haute banque et syndicats cosmopolites, vagues spectres dont l'ignorante naïveté des foules croit sentir partout la main invisible. Faisceau des jalousies et faisceau, également, des préjugés, — préjugés ataviques, préjugés religieux, préjugés de race, préjugés économiques, préjugés de classes, préjugés mondains aussi ; car, de tous les ingrédients qui entrent dans la composition de cette drogue malsaine, le snobisme est, chez nous, un des plus fréquents, et l'on sait quelle est, dans notre république, la puissance du snobisme. Elle s'est manifestée jusque dans l'Affaire, dictant l'opinion des hommes et encore plus celle des femmes, selon les milieux et les cercles. Or, l'antisémitisme est bien porté dans nombre de salons ; c'est leur façon, à eux aussi, de protester contre les insolences d'un luxe qu'ils ne peuvent tous égaler, contre l'arrogante intrusion des parvenus, contre la prépondérance des hommes d'argent, voire contre les iniquités du « capitalisme » et contre le « parasitisme social ».

Car les déclamations de l'antisémitisme contre la finance et le capital l'amènent à un vague anticapitalisme, partant à une sorte de socialisme ingénu, inconscient et inconséquent, le socialisme, oserai-je dire, de ceux qui ne voient pas où leurs idées les mènent. A cet égard, l'antisémitisme se rencontre avec le socialisme ; ce sont comme deux frères ennemis qui ont grandi, côte à côte, dans deux milieux différents. Au point de vue économique, en effet, l'antisémitisme n'est guère que le socialisme des salons, le socialisme du clubman et du hobereau, le socialisme mondain de tous ceux dont les rentes sont inférieures aux appétits ou aux ambitions, le socialisme bourgeois de tous les vaincus de la vie et de tous les mécontents de la fortune. Socialisme, celui-là, sans vain déguisement scientifique, comme sans trompeuse parure d'idéal et sans auréole de fraternité ; socialisme, qui a, sur l'autre, l'avantage de ne s'attaquer qu'à un groupe défini, taxé d'étranger, de sorte qu'en hurlant, avec les antisémites, contre les crimes des accapareurs ou les abus du capitalisme, le bourgeois de Paris ou le gentilhomme de province ne risquent pas de tirer sur eux-mêmes, et d'être les premières victimes des colères soulevées par leurs déclamations.

C'est là, il faut le dire, une des causes de la vogue de l'antisémitisme. A tous les mécontents, à tous ceux qui prétendent rejeter sur autrui la responsabilité de leurs déceptions ou de leurs souffrances, l'antisémitisme fournit un bouc émissaire, autrement commode et autrement rassurant, pour notre égoïsme, que le « bourgeois » auquel s'attaquent les socialistes. Le bourgeois, c'est un être vague, mal défini ; on ne sait trop où il commence ; le bourgeois, c'est vous ou moi ; s'en prendre à lui peut être dangereux pour vous. Le juif, au contraire, c'est précis, c'est limité ; cela désigne un groupe fermé, une manière de caste, tout comme, pendant la Révolution, le noble ou le prêtre. En s'attaquant au juif, en le dénonçant aux soupçons et aux fureurs de la foule, le bourgeois ne compromet pas sa sécurité ; il détourne sur autrui les ressentiments des masses, tout en satisfaisant ses propres rancunes ou jalousies. L'antisémitisme est, ainsi, une façon de canaliser les haines sociales. L'erreur est de croire que, dans notre France, les passions soulevées contre la richesse et contre le capital puissent se borner à battre les guichets des banques israélites ou les murs des hôtels juifs, et que, pour se mettre à l'abri des tracasseries du fisc ou des violences de l'émeute, le jour où le peuple voudrait procéder à la « revision des fortunes », il suffirait, comme dans la Sainte Russie, d'arborer sur sa porte une croix ou une Vierge.

Les meneurs de l'antisémitisme ne l'ignorent point : ils ont beau s'efforcer de ranimer les vieux fanatismes, ils sentent que la France contemporaine y reste, malgré tout, rebelle. Aussi, pour se délivrer de cette tare de l'intolérance, odieuse à la générosité française, prétendent-ils ne pas s'attaquer, chez le juif, à la religion, mais à la race. Ils n'ont cessé de le répéter, durant toute l'Affaire, à l'heure même où ils attisaient les passions religieuses, sans voir que, chez les juifs, la race est inséparable de la religion, et que s'en prendre à la race, à de lointaines et douteuses origines, est d'une haine antichrétienne et d'une intolérance plus profonde; car, de religion, on peut changer, de race, non. Mais soit, c'est au sang de Jacob, non à la loi de Moïse que nous devons fermer l'état-major, la magistrature, l'administration, l'université, toutes les professions réputées nobles; mais ce sang des patriarches, cette race sémitique, à quel signe, à quel stigmate la reconnaîtrons-nous ? Sera-ce, comme le nègre, à la couleur de sa peau? ou bien serait-ce à la courbe de son nez? Ses ennemis ont beau dire, le seul signe du juif est sa religion; c'est elle qui le conserve et le distingue; faire la guerre au juif, c'est faire campagne contre la Synagogue, partant, c'est se révolter contre la liberté et l'égalité religieuses. Les lois d'exception, réclamées contre le juif, auraient, forcément, un caractère religieux, et, pour que le juif n'y pût échapper, à l'aide d'un baptême menteur, nos antisémites, comme leurs précurseurs d'Espagne, seraient contraints d'établir, parmi nous, à défaut d'auto-da-fé, ce que la France de l'ancien Régime n'a jamais toléré, une Inquisition.

Ils l'ont bien compris, les Français qui n'appartiennent pas au culte de la majorité, les descendants de ces huguenots, autrefois persécutés et chassés, eux aussi, au nom de l'unité religieuse, autant dire de l'unité nationale, car alors, comme aujourd'hui, l'une tendait à se confondre avec l'autre. Sans avoir, plus que les catholiques, de personnelles sympathies pour les juifs, les protestants français, en tant que minorité religieuse, se sont sentis menacés par l'intolérance antisémite. Et comment traiter leurs appréhensions de vaines, alors que, de l'antisémitisme, nous avons vu sortir l'antiprotestantisme, légitime rejeton du premier, fait de passions analogues, des mêmes préjugés, des mêmes rancunes, des mêmes jalousies? Il se peut, — car nous voulons être juste envers tous, fût-ce envers ceux qui, vis-à-vis de leurs adversaires, font si peu de cas de la justice, — il se peut que l'antiprotestantisme, ainsi que l'antisémitisme lui-même, ait été parfois provoqué par les imprudences de quelques protestants, par leur participation aux luttes anticléricales, ou encore, par l'ascendant des protestants ou des juifs sur un gouvernement visiblement défiant des catholiques. Il ne nous en coûte pas de le reconnaître, l'antiprotestantisme et l'antisémitisme n'ont été, pour nombre de catholiques, que la revanche de la politique anticatholique et des campagnes anticléricales. Car, il y a longtemps que nous l'avons constaté, l'antisémitisme et l'anticléricalisme sont, à bien des égards, le produit et comme le pendant l'un de l'autre. Sans l'anticléricalisme, nous n'aurions peut-être pas eu d'antisémitisme, et encore moins d'antiprotestantisme.

Il n'en est pas moins vrai que nous avons eu l'humiliation d'entendre glorifier, publiquement, la révocation de l'édit de Nantes, tout comme l'expulsion des juifs au moyen âge. Ces apologies des grands actes d'intolérance du passé, naguère timides et comme honteuses, l'Affaire les a rendues plus hardies et plus retentissantes. Par suite, elle a eu pour effet de ranimer, avec l'intolérance des uns, les appréhensions des autres ; elle a rapproché, dans des craintes communes, les minorités religieuses, et comme à la guerre, on passe volontiers de la défensive à l'offensive, et que l'intolérance appelle l'intolérance, l'Affaire a, par contre-coup, réveillé les défiances anticléricales et les haines jacobines, si bien que, de droite ou de gauche, tous les fanatismes en ont été surexcités à la fois.

C'est ainsi qu'à l'aide d'un procès où la religion n'avait rien à démêler, l'antisémitisme est parvenu à couper la France en deux, par un fossé confessionnel. D'un côté, les catholiques encore croyants, ceux que leurs adversaires nomment les cléricaux, avec leurs alliés politiques ou mondains ; — de l'autre, les juifs, les protestants, les libres penseurs, ceux que les antisémites appellent les « judaïsants » ; — et entre les deux, suspects aux deux camps, les chrétiens qui se font scrupule d'exiler personne de la charité chrétienne, ou les Français qui osent regarder les juifs comme des hommes ayant les mêmes droits que les autres hommes, — témérité impardonnable, aux yeux de sectaires habitués à découvrir partout des achats de conscience, comme s'ils refusaient de croire au miracle de convictions désintéressées.

Voilà comment, par le lent travail de l'antisémitisme, à l'aide de l'Affaire, la France, qui avait tant besoin de paix religieuse et de concorde intérieure, se voit rejetée, plus que jamais, sous prétexte d'unité nationale, dans les stériles conflits de races et de confessions. *Abyssus*, *abyssum ;* l'antisémitisme a ravivé, avec l'anticléricalisme, les instincts de violence et la fureur des proscriptions, si bien que, à nombre de Français, il semble que, pour rétablir la paix en France, il n'y ait qu'à désigner les victimes à proscrire et les libertés à sacrifier.

II

Nous ne ferons pas au nationalisme l'injure de le confondre avec l'antisémitisme. Ils ont beau, trop souvent, se donner la main, leur inspiration, en son principe au moins, est différente. Le nationalisme, pour la foule de ses adhérents, est né de l'exaltation et des angoisses du patriotisme. C'est, dirai-je, du patriotisme exaspéré, parfois du patriotisme aigri. Or, alors même qu'il aurait quelque chose de morbide (et comment s'en étonner dans un pays malade), le patriotisme, pour nous, qui maintenons, au-dessus de tout, l'idée de patrie, demeure respectable, jusqu'en ses excès ou ses égarements. Mais, de ce qu'il procède du sentiment le plus noble, d'un sentiment que nous nous honorons de partager, il ne suit pas que le nationalisme, dans la forme qu'il tend à prendre comme parti, soit toujours rassurant pour notre patriotisme. De ce qu'il fait appel à l'amour de la patrie, il ne suit pas que le nationalisme ne s'inspire point, lui aussi, de l'esprit de haine.

Nationalisme, c'est là, certes, pour un parti, un beau nom, un nom pareil à un étendard aux brillantes couleurs qui flotte au-dessus des têtes. Nationalisme, cela sonne fièrement à l'oreille ; mais, à tout prendre, cela est aussi vague que sonore, et je crains que ce vague même ne soit pas étranger à la fortune du nom et de la chose. Des monarchistes aux « socialistes patriotes », quelle bigarrure présente l'armée rangée sous cette confuse bannière ! Nationalisme, c'est un mot nouveau, chez nous, Français, plus ancien peut-être et moins obscur en littérature qu'en politique. Nationalisme, cela s'entend, aisément, dans un pays opprimé par un maître du dehors, comme il s'en trouve encore, à notre honte, plus d'un en Europe, — en Irlande, par exemple, où les nationalistes réclament, avec le Home Rule, un parlement à Dublin. Mais, dans notre France, le mot peut-il avoir le même sens ? La France est-elle une Irlande ou une Pologne, dépouillée de son gouvernement et de son drapeau ? Est-elle un pays conquis, et réclame-t-elle, en vain, comme l'Irlande, un parlement national ? Si elle est opprimée (les partis sont souvent oppressifs), est-ce bien par des maîtres du dehors, qui la gouvernent pour le compte de l'étranger ? A cette question, nombre de nationalistes n'hésitent pas à répondre par l'affirmative. On a beau leur montrer le Luxembourg et le Palais Bourbon où siègent des législateurs, élus de la nation, ils maintiennent que la *France* est tenue en esclavage, sinon par une garnison étrangère, au moins par des agents ou des complices de l'étranger, par des cosmopolites et des « sans-patrie », entre lesquels figurent, naturellement, les juifs.

Le nationalisme se rencontre, ici, avec l'antisémitisme. A l'entendre, la France ne s'appartient pas à elle-même; tous les pouvoirs, chez elle, ont beau procéder, directement ou indirectement, de l'élection populaire, la France est asservie à des tyrans, ce qui ne serait peut-être pas la première fois dans son histoire; mais, ce qu'elle n'a jamais toléré, ces tyrans sont les suppôts de l'étranger. La France est, depuis des années, sous le gouvernement d'un syndicat de sans-patrie qui, pour être inscrits sur nos registres de l'état civil, n'en sont pas davantage des Français; et ce joug honteux, les Français, les vrais, ont le droit et le devoir de le briser.

Voilà, dans toute son outrance, la thèse qui s'étale, chaque matin, dans une partie de la presse française. Elle est nouvelle, chez nous; elle n'y remonte guère qu'à un petit nombre d'années; elle n'a pris toute sa force et toute sa vogue que durant l'Affaire, et grâce à l'Affaire. On en sent la portée : elle ne tend à rien moins qu'à créer des catégories entre Français, accordant aux uns, pour le refuser aux autres, ce beau nom de Français, notre patrimoine commun, imitant par là les antisémites, et, comme les antisémites, s'appliquant, sous prétexte d'unité nationale, à couper la patrie en deux, excommuniant, arbitrairement, de la nationalité française une partie des Français.

Une politique nationale, comme nous en promettent les nationalistes, serait, semble-t-il, celle qui travaillerait à rétablir l'harmonie et l'union des Français, à rapprocher, dans un même sentiment de tolérance et de patriotisme, tous les enfants d'un même pays, sans distinction d'origine, de religion, de parti.

Cette politique de réconciliation nationale, est-ce bien celle que préconisent les organes les plus bruyants du nationalisme?

Aux paroles de paix, trop d'entre eux préfèrent les cris de haine et les menaces de guerre. La paix nationale qu'ils nous laissent espérer, ils semblent ne l'attendre que de l'écrasement de ceux qu'ils appellent les mauvais Français. Alors que la France aurait, plus que jamais, besoin d'une politique d'apaisement à la Henri IV, la plupart des nationalistes s'obstinent à jeter l'anathème à leurs adversaires, les mettant en interdit, comme des ennemis de la patrie. Pour trop d'entre eux, le patriotisme paraît consister à dénier aux autres la qualité de Français. Ce titre de Français qui nous appartient à tous, quelles que soient nos opinions politiques ou religieuses, ils s'en attribuent le privilège et comme le monopole. A en croire les plus exaltés, les Français, les vrais seraient en minorité en France. On a entendu, à la Haute Cour, sans presque s'en étonner, un témoin nationaliste dire d'un accusé : « C'est un Français, ce qui devient très rare. »

Est-ce avec un pareil esprit d'exclusivisme que d'ingénus patriotes s'imaginent fortifier le sentiment national? Ils ne craignent pas de distinguer, sur la terre française, deux catégories d'habitants qu'ils opposent les uns aux autres : les vrais Français, les Français de France — et les autres, les faux, les pseudo-Français, les Français étrangers ou les étrangers de l'intérieur, opposition coupable dont le dernier mot serait la guerre civile. Quand j'entends certains discours, je pense, malgré moi, à ces naïves peintures du jugement dernier où des archanges à l'épée flamboyante partagent les hommes en deux troupes, les bons et les mauvais, les brebis et les boucs, les bienheureux et les damnés. Si nous avons vu quelque chose d'analogue, à d'autres époques, durant la Révolution notamment, la France, alors, était en guerre, et, dans les rangs de l'étranger, servaient des émigrés qui portaient les armes contre elle. Où voit-on, aujourd'hui, rien de pareil? Couper la France en deux, au nom du sentiment national qui en devrait être le lien, dénier à nos adversaires politiques le titre de Français, pour exciter contre eux les soupçons des foules et la haine des simples, ce n'est pas seulement envenimer les plaies faites à la France par l'esprit de parti, c'est pécher contre la patrie, en faussant la notion du patriotisme.

Comme l'antisémitisme, dont il s'inspire trop souvent, le nationalisme est ainsi devenu, lui aussi, pour trop de ses adeptes, une doctrine de haine. Autrefois — ses détracteurs le lui ont assez reproché — le patriotisme le plus exalté ou le plus grossier, celui qu'on a flétri du sobriquet de chauvinisme, croyait se fortifier en fomentant les préjugés et la haine contre l'étranger ; aujourd'hui, ce n'est plus seulement contre l'étranger que le nationalisme, qui se donne à nous comme le représentant attitré du patriotisme, excite la défiance et l'aversion des masses, c'est contre des concitoyens, contre des Français, contre ceux qu'il ne craint pas d'appeler les ennemis de l'intérieur. Il ne s'aperçoit point que, sous prétexte d'en défendre l'intégrité, il risque de déchirer, de ses mains, la tunique sans couture de l'unité française.

La France avait, entre toutes les grandes puissances, un privilège, celui de ne compter, chez elle, que des enfants, heureux de lui appartenir. Elle n'avait ni Pologne, ni Irlande ; c'était son honneur, et c'était sa force. Nous nous vantions, à bon droit, d'être tous Français en France. Ce privilège, l'aurions-nous perdu, ou voudrions-nous nous en dépouiller nous-mêmes ? Les partis ont la manie de s'épurer ; c'est une opération qui leur réussit rarement. Cela est autrement dangereux pour un peuple. S'épurer, c'est souvent s'affaiblir ; que serait-ce, pour un pays, comme la France, à population stagnante ?

Une nation n'est pas une Église ; elle n'a pas le droit d'excommunier ses membres ou de chasser de son sein les hérétiques, au nom de je ne sais quel dogme ou quelle orthodoxie. C'est pourtant là qu'en arrivent nombre de nationalistes. Ils parlent, ils jugent, ils réprouvent, ils anathématisent, dans leurs réunions, comme des Pères de l'Église dans un concile. Ils ont pour maxime : « Hors des nôtres, pas de Français. » Ils tendent à créer, parmi nous, des catégories de suspects qu'ils désignent au peuple comme les auteurs de tous ses maux, et cela, sous la forme qui excite le plus les colères populaires, comme les instruments, avoués ou secrets, de l'étranger. Et parmi ces traîtres à la solde de l'ennemi, ou parmi leurs complices, beaucoup n'hésitent pas à ranger les hommes au pouvoir, à commencer par le chef de l'Etat, et ils incitent le pays, chaque matin, à se délivrer de ce joug humiliant. Par quels moyens ? — par tous les moyens, la plupart des nationalistes en venant à faire appel à la force, à un coup d'État, à l'insurrection de la rue, ou à la rébellion militaire. Contre l'étranger, en effet, et contre les traîtres à son service, tout est légitime. Comment avoir des scrupules de légalité, quand il s'agit de restituer à la France l'indépendance et l'honneur ?

La première chose, l'œuvre urgente, nous dit-on, est de délivrer le pays du syndicat de cosmopolites et de sans-patrie qui l'oppriment ; cela fait, on saura s'arranger entre Français. Tel semble bien le mot d'ordre, sinon le programme, du gros des nationalistes, en cela d'accord avec les antisémites.

L'Affaire le leur a fourni, car le nationalisme doit beaucoup à l'Affaire ; s'il n'en n'est pas né, il s'en est nourri et il en a vécu. Les cosmopolites, les sans-patrie, je ne dirai pas, avec les sceptiques, que c'est là une race imaginaire, qui n'existe que dans les élucubrations de cerveaux malades. Non, hélas ! s'ils ne sont, en France, qu'une infime et turbulente minorité, les sans-patrie ne sont pas un mythe inventé, pour les besoins de la cause, par le nationalisme. S'ils font ses affaires, c'est, comme il arrive souvent, sans le vouloir ou sans le comprendre, par ignorance ou par fanatisme. Les sans-patrie, on m'excusera de le rappeler, nous nous sommes, personnellement, heurtés à eux, plus d'une fois, durant les dernières années, dans les réunions publiques que nous avions organisées, mes amis et moi, pour la jeunesse des écoles. Là, en plein quartier latin, sans doute parce que nous avions mis le mot de patrie en tête de notre devise [1], nous avons souvent été obstinément interrompus par des cris de : A bas la patrie ! auxquels ne sauraient s'accoutumer des oreilles françaises [2].

---

1. *Patrie, Devoir, Liberté,* devise du « Comité de Défense et du Progrès social ».

2. Voyez les Conférences du « Comité de Défense et du Progrès social » dont le compte rendu sténographique a été publié par la *Réforme sociale* et reproduit par des brochures de propagande.

Ces blasphèmes contre la patrie, mêlés aux cris de :
Vive l'Anarchie ! d'où provenaient-ils ? Était-ce de la
bouche de députés ou de sénateurs, d'hommes au pouvoir ou de magistrats ? Non, ils provenaient de petits
jeunes gens, souvent imberbes, qui, en outrageant ainsi
ce qu'il y a de plus sacré pour les cœurs français, s'ima-
ginaient, dans leur cynisme ingénu, faire preuve d'esprits libres et d'esprits forts. Si les nationalistes ne s'en
prenaient qu'à ces insulteurs de la patrie, anarchistes
ou collectivistes, nous serions avec eux, et la France
entière marcherait derrière eux. Mais s'il est, dans les
bas-fonds de nos grandes villes, des égarés qui font profession de renier la patrie, est-il d'un patriote d'en enfler,
mensongèrement, le nombre ? de proclamer, devant
l'Europe, que la France est entre leurs mains ? De tous
les cris poussés dans la rue ou dans les salles publiques,
à une époque où les partis vociféraient, si volontiers, des
outrages de toute sorte, contre toutes choses et contre
toutes gens, insultant sans scrupules toutes les institutions et toutes les fonctions, comme si, pour nous, le
respect et le savoir-vivre étaient des superstitions surannées, le cri de : A bas la patrie ! le cri même de : A bas
l'armée ! sont encore des plus rares, de ceux qui, par
bonheur, rencontrent le moins d'écho. De quel droit, les
attribuer, gratuitement, à des hommes qui souvent ne
les réprouvent pas moins que nous ? ou, ce qui revient
au même, de quel droit, traiter de cosmopolites et de
sans-patrie ceux qui se permettent d'avoir d'autres idées

que nous sur le rôle de l'État et sur la constitution des pouvoirs publics? ou encore, ceux qui ont une opinion différente de la nôtre sur un procès militaire, ou sur un procès politique?

Le sentiment de la patrie, grâce à Dieu, est encore vivant, dans tous les rangs, dans toutes les classes. L'Affaire, elle-même, nous en a montré les susceptibilités et la vigueur. Le sentiment national reste si vivace qu'il n'y a qu'à lui faire appel pour faire vibrer le pays. Le nationalisme l'a compris, et de là vient sa force. Pour rallier, derrière lui, une grande partie de l'opinion, il n'a eu qu'à montrer le patriotisme mis en danger par le cosmopolitisme. Cela, certes, la plupart des nationalistes l'ont fait de bonne foi ; mais il ne faudrait pas qu'en surexcitant le patriotisme, contre les soi-disant cosmopolites, ils eussent l'air de s'en faire un instrument de puissance et, tranchons le mot, une réclame électorale.

Le patriotisme n'est le monopole d'aucun parti et, dès lors qu'il s'érige en parti, le nationalisme n'a pas le droit de confondre tous ses adversaires sous le vague nom de cosmopolites.

Le reproche du cosmopolitisme, d'internationalisme, est de ceux dont les patriotes doivent user, avec le plus de scrupules ; il est mal défini ; il prête à l'équivoque et, comme l'accusation de former un État dans l'État, il peut souvent se retourner contre les imprudents qui s'en servent. C'est un des griefs de l'anticléricalisme, comme c'est un des griefs de l'antisémitisme. C'est un de ceux que les factions et les sectes se renvoient le plus volontiers. Il a été lancé, tour à tour, contre les partis les plus divers, contre presque tous les groupes religieux ou politiques, contre les juifs, contre les protestants, contre les catholiques et les congrégations, contre les francs-maçons et contre les socialistes, si bien que tous les hommes dont la foi religieuse ou les espérances sociales dépassent les étroites limites de la patrie, tous ceux qui ont des coreligionnaires au dehors en seraient plus ou moins atteints. A ce compte, la majorité des Français seraient des cosmopolites.

Il ne faut pas cependant que, sous prétexte de patriotisme, on prétende nous cloîtrer, nous murer à l'intérieur de nos frontières mutilées, nous interdisant toute communion de croyances, d'idées ou de sentiments avec le dehors. Ce serait rétrécir l'horizon intellectuel et moral de la France, et rogner les ailes de notre génie national, qui, de tout temps, a plané, au loin, sur le monde. Pour être Français, nous ne sommes pas contraints de nous excommunier nous-mêmes de l'humanité; ce serait, au contraire, une manière d'être infidèles à l'idéal de la France. Toute religion a ses superstitions qui la déparent; et il en est de la religion de la patrie comme de l'autre ; elle prend, chez certains de ses dévots, une étroitesse d'esprit, une sorte de bigoterie plus faite pour en dégoûter que pour la faire aimer. C'est une des raisons pour lesquelles nous entendons parfois blasphémer la patrie, comme d'autres blasphé-

ment le nom de Dieu. S'ils veulent relever le culte de
la patrie, il importe que les nationalistes se mettent en
garde contre de tels excès ; — ou bien serait-il vrai que,
pour le vulgaire, il ne puisse y avoir de religion sans
superstition ou sans fanatisme ?

Lorsque, au lieu de planer au-dessus des luttes politiques, la religion s'abaisse à s'y mêler, elle risque fort
de s'y amoindrir. Peut-être les apôtres du nationalisme
oublient-ils trop ce péril, quand ils prétendent se constituer en parti. Les inquiétudes de notre patriotisme
nous interdisent de le taire. Il ne semble pas que, par
ses méthodes de polémique, ou par ses accointances avec
l'antisémitisme et l'antiprotestantisme, le nationalisme
ait augmenté la cohésion, la sécurité ou la considération
de la France.

Il n'est pas loin le temps où nous aimions à entendre
dire que tout étranger a deux patries, la sienne et la
France. Le nationalisme nous le permettra-t-il encore ?
L'Affaire lui a fourni l'occasion de représenter la France
comme l'objet de la haine des peuples. C'est à nous-
mêmes, c'est à cette noble et généreuse France, à en
croire les feuilles nationalistes, qu'il faudrait appliquer
l'*odium generis humani* de l'historien romain. A l'heure
où nous convoquions le monde à notre Exposition universelle, était-ce bien servir la dignité ou les intérêts
de la France ? Dans l'ardeur de leur passion, trop de
nationalistes n'ont pas rougi de se faire, des échecs de
notre politique, une arme de parti, si bien qu'ils ont

mérité qu'on les traitât d'exploiteurs des humiliations nationales. Le langage de ceux qui se donnent comme leurs chefs n'est pas fait pour nous rassurer ; nous le voudrions plus prudent ; mais, dans les affaires du dehors, tout comme dans la politique intérieure, ils taxent la prudence de pusillanimité ; certains nous auraient poussés volontiers aux aventures sur terre et sur mer à la fois. Au lieu d'enseigner au peuple le tact, le sang-froid, la possession de soi-même, qui seuls permettent aux nations une politique suivie et féconde, ils encouragent, trop souvent, chez lui, ce qui, tant de fois, nous a été funeste, les illusions décevantes et les manifestations vaines. On retrouve, trop fréquemment, chez eux, les boulevardiers qui mettaient naguère leur patriotisme à barrer l'entrée de l'Opéra au cygne de Lohengrin. S'ils ont préconisé l'alliance russe, ils en méconnaissaient, hier encore, le caractère pacifique, comme au temps où M. Déroulède, parcourant la Russie, se flattait de l'entraîner, à notre suite, dans une guerre de revanche. Aveugles à des périls peut-être prochains, ils ne semblent pas voir que la France ne peut s'exposer, simultanément, à la double inimitié de l'Allemagne et de l'Angleterre, et que, si elle veut tenir tête à l'une dans le monde, il lui faut se concilier l'autre en Europe. Voilà, semble-t-il, assez de raisons pour qu'un ami de la liberté et de la paix se défie des plébiscitaires nationalistes. Si excellentes que soient leurs intentions, la France, entre leurs mains, ne serait pas plus en sûreté, au dehors qu'au dedans. Leur politique nous semble, à la fois, trop exclusive et trop confuse dans ses visées, trop sectaire et trop révolutionnaire dans ses procédés, trop bigarrée dans son personnel et trop équivoque dans ses alliances, trop brouillonne enfin, trop provocante et téméraire vis-à-vis de l'étranger, pour être l'instrument du relèvement national. A notre grand regret, il nous faut y voir un danger plutôt qu'une espérance.

Il a beau prétendre fortifier la France en en refaisant l'unité, le nationalisme est plutôt, pour nous, une menace et une faiblesse. La raison en est simple : c'est que, par ses violences et par ses anathèmes, par ses appels aux préjugés et à la haine, le nationalisme a menti à son nom et à son programme, à tel point que j'oserai dire que, si le patriotisme nous unit, le nationalisme nous divise.

III

Comme le nationalisme, et plus encore que le nationalisme, le socialisme s'est fait, chez nous, un agent de haine, en même temps qu'un instrument de division. Loin de rougir de faire appel aux convoitises et aux appétits des foules, loin d'oser se dégager du grossier matérialisme économique, il persiste à exploiter les rancunes et les jalousies des masses, et avec la politique de la lutte des classes, il a élevé la haine à la hauteur d'un principe.

On pourrait dire du socialisme qu'il a deux faces, selon qu'il regarde l'ouvrier ou le patron, le prolétaire ou le bourgeois. A l'un, il se donne comme le représentant de l'amour et de la fraternité ; à l'autre, il apparaît comme la personnification de l'envie et des haines sociales. Ou, ce qui revient au même, on pourrait dire, du socialisme contemporain, qu'il est né de la rencontre de deux sentiments opposés : si son père est l'amour, la haine est sa mère. Il tient, inégalement, de ces deux parents, dont l'influence rivale lutte sans cesse en lui ; si, dans son enfance, il paraissait plutôt s'inspirer de son père, il tend, en grandissant, à prendre surtout conseil de sa mère. Toujours est-il qu'en sa propagande, il montre plus de foi dans la force de la haine que dans celle de l'amour et de la fraternité.

Le socialisme, en outre, tend, lui aussi, à prendre l'aspect et l'esprit d'une secte — et d'une secte qui dresse des autels à la Haine et à la Terreur. Aussi, sans lui faire l'injure de le ravaler au niveau de l'antisémitisme, sommes-nous obligés de lui faire une place, à côté des doctrines de haine.

S'il n'est pas né de l'Affaire, s'il la dépasse, singulièrement, par ses prétentions et par ses aspirations, le socialisme, lui aussi, s'en est nourri et en a vécu, durant des mois. Il l'a exploitée, tout comme l'antisémitisme et tout comme le nationalisme, bien qu'en sens inverse.

Tandis que ce dernier se donnait pour le seul représentant de l'idée de patrie, le socialisme affectait de se dire
le seul défenseur de l'idée de justice, comme si ces deux
grandes choses, la Patrie et la Justice, pouvaient être
séparées, dans un pays tel que la France, ou comme si le
patriotisme ne se refusait pas à tolérer un pareil divorce.

Pas plus que l'idée de patrie, l'idée de justice n'est le
monopole d'aucun parti. En vain, les socialistes s'effor-
cent-ils de l'accaparer, aux yeux de la jeunesse ou aux
yeux des masses. Ce n'est pas que nous mettions en
doute leur bonne foi ou leur amour de la justice. Socialistes ou nationalistes, nous ne voulons suspecter la sincérité de personne, fut-ce de nos adversaires. Nous
croyons que c'est mal servir la France que de traiter de
criminels ou de vendus ceux qui ne pensent pas comme
nous. Ce que nous reprochons aux socialistes, ce n'est
pas d'avoir sans cesse sur les lèvres le mot de justice,
bien que ce mot, nous ne l'entendions pas toujours de la
même façon qu'eux ; c'est de s'être faits les exploiteurs
de cette idée de justice, et de s'en être attribué le monopole, comme les nationalistes ont fait de l'idée de patrie ;
c'est d'avoir prétendu, eux aussi, convertir l'Affaire qui
nous divisait en instrument de parti, jusqu'à se présen-
ter à nous, comme les seuls défenseurs de la République
et du Droit. Prétention inadmissible, pour les Français
qui ont encore souci de la liberté et de la prospérité de
la France. Car, alors même que les socialistes se seraient
montrés, ce que les faits ne nous permettent pas de leur

concéder, les seuls champions du Droit et de la Justice, cela ne prouverait pas la vérité du socialisme, ni le bien fondé de ses thèses sur l'État, sur la famille, sur l'héritage, sur la propriété. Ces grandes questions sociales n'ont rien à démêler avec le procès de Rennes. Elles ne sauraient se trancher par des sympathies ou par des antipathies. Les socialistes ont beau se draper, devant le pays, dans le manteau de la justice, leurs doctrines n'en sont ni plus certaines ni moins dangereuses.

C'est là une vérité qu'il importe de rappeler, car beaucoup, autour de nous, semblent en train de la méconnaître. Il s'établit, au profit du socialisme, une confusion entre ses vagues aspirations vers la justice et ses théories économiques et politiques. C'est là, en grande partie, ce qui fait sa force. D'où provient, en effet, soyons juste envers lui, son ascendant sur les masses et sur tant de nobles esprits ? Est-ce, uniquement, de l'appel aux appétits, à la faim, à l'envie, à la haine ? Non, assurément ; sa force grandissante vient de ce que, au lieu de s'adresser toujours aux instincts vils et violents, il invoque, en même temps, avec une éloquence retentissante, les idées généreuses, les hautes aspirations, trop souvent oubliées ou raillées de notre âge matérialiste, ces idées, d'origine chrétienne, qui sont l'honneur de notre civilisation, et qui, en dépit de toutes les réclames sacrilèges, gardent toujours une prise sur les âmes jeunes, comme sur l'âme populaire, les idées de justice, de fraternité, de solidarité entre les hommes et entre les nations. Le socialisme a su se faire là de belles et nobles patronnes, et l'on comprend qu'elles valent des prosélytes à ceux qui se présentent en leur nom. C'est, en un mot, qu'à l'inverse des politiques terre à terre, uniquement préoccupés des intérêts, le socialisme apporte aux peuples un idéal, si bien qu'on a pu le donner comme un signe de la renaissance de l'idéalisme, quoique, par d'autres côtés, on y puisse retrouver le produit du matérialisme philosophique du siècle et du grossier positivisme des foules.

C'est, en tout cas, grâce à cette invocation à l'idéal, modulée en de mélodieuses variations par d'habiles virtuoses, comme un appel d'en haut à la porte d'un nouvel Éden, que le socialisme, tel qu'un Orphée populaire à la lyre enchanteresse, suscite tant de jeunes enthousiasmes et entraîne, derrière lui, tant de braves cœurs, en dehors même des masses qui attendent, de lui, le pouvoir et le bien-être. Je lui pardonnerais beaucoup, quant à moi, sans, pour cela, croire davantage à ses dogmes, si ses adeptes étaient toujours fidèles à ce haut idéal ; s'ils restaient, jusque dans leurs chimères, les chevaliers de la Justice et les missionnaires de la Fraternité ; s'ils combattaient, avant tout, pour guérir l'âme ou le corps du peuple de ses maladies morales ou de ses tares physiques, pour libérer sa conscience de la servitude des vices dégradants ; si, pareils aux premiers chrétiens, avec lesquels ils ne dédaignent pas de se laisser comparer, ils apportaient, vraiment, à notre monde plus vieux et peut-être aussi malade que le monde romain, un évangile de paix et d'amour.

Mais est-ce bien ce que font, en vérité, dans leurs épîtres à leurs frères, ou dans la solennité de leurs conciles nationaux ou internationaux, les apôtres de cette nouvelle religion qui prétend, à son tour, transformer la face du monde? Comme d'autres évangélistes, dont l'humanité avait béni la venue, ne sont-ils pas, eux aussi, infidèles à leur idéal et, sous le couvert de l'amour fraternel, n'est-ce pas l'envie, la rancune et la haine qu'ils vont, d'habitude, prêchant aux foules rassemblées autour d'eux? La guerre de classes ne demeure-t-elle pas le dernier mot de leur catéchisme? Les pères de leur Église ne l'ont-ils pas proclamée dans leurs derniers synodes? Pour sentir ce que fait, de la doctrine de fraternité, le dogme de la guerre de classes, il n'y a qu'à laisser les socialistes entonner en chœur leurs chants de fête. Nous les avons entendues, ces hymnes de l'Église nouvelle, la *Carmagnole*, le *Ça ira*, avec *les Bourgeois on les pendra!* Voilà les psaumes et les cantiques de la liturgie socialiste; voilà comment s'exprime, à la fin de leurs agapes fraternelles, l'idéalisme humanitaire des nouveaux prophètes. Après cela, comment se scandaliser, s'il est encore de bonnes âmes qui, à ces refrains révolutionnaires, préfèrent « la vieille chanson » et l'antique acte de charité de la foi ancienne?

Le socialisme a la légitime ambition de devenir un grand parti, et à mesurer le nombre de ses adhérents, le zèle de ses prosélytes et l'intelligence de ses chefs, il y est déjà parvenu ; que ne se dégage-t-il des grossièretés de la rue et des gamineries d'estaminet ? Le socialisme prétend se montrer un parti de gouvernement, et l'on ne peut plus le défier d'y réussir, puisque plusieurs de ses chefs sont entrés au ministère, et que le groupe socialiste s'est montré, à la Chambre, le plus ferme appui du Cabinet Waldeck-Rousseau. Dès lors, pourquoi n'abandonne-t-il pas, au Palais-Bourbon, les vocifrations indécentes et les méthodes tapageuses des oppositions sans force numérique ou sans autorité morale, qui n'attendent rien que du vacarme et du scandale ? Pourquoi n'a-t-il pas le courage de rompre avec les violences et avec les violents, et n'ose-t-il point répudier la sauvage propagande et les barbares attentats des sectaires de l'anarchie ? Le socialisme, enfin, compte, aujourd'hui, dans ses rangs un grand nombre « d'intellectuels » issus de la bourgeoisie ; il accueille, à bras ouverts, tous les jeunes gens qui viennent à lui, des bancs de l'Université ou des hautes écoles ; par quelle contradiction s'opiniâtre-t-il à faire de la lutte de classes la pierre angulaire de son programme et de sa politique ? Serait-ce que, dans tous les partis, la direction doit rester aux violents, et que, de tous les appels aux sentiments humains, l'appel à la haine est encore le mieux compris ?

La guerre de classes reste le mot d'ordre des socialistes. La transformation sociale qu'ils nous promet-

tent, ils persistent à la chercher, non dans la conci-
liation des droits et dans l'union des cœurs, mais dans
l'antagonisme du patron et de l'ouvrier et dans le choc
des intérêts. La Jérusalem de leurs songes, leur future
cité fraternelle, ils en confient l'érection à la haine. S'ils
protestent contre le militarisme, s'ils nous invitent à la
paix et à l'amour entre les peuples, c'est pour enrégi-
menter, les uns contre les autres, les citoyens d'un
même pays. Aux rivalités nationales, aux conflits de
peuple à peuple, à tout le moins intermittents, ils
menacent de substituer une guerre intestine, de tous les
jours, entre Français. Ces fervents apôtres de l'humaine
solidarité en viennent, comme les antisémites, à prêcher
la division et la guerre. A la dévotion envers la patrie,
à la solidarité nationale, nombre d'entre eux prétendent
substituer un nouvel esprit de classe ou de caste, ce
qu'ils appellent la solidarité ouvrière ou la solidarité
prolétarienne internationale. Or, qui peut dire que ce
serait là un progrès? L'esprit de caste ou de classe,
qu'il soit représenté par le noble, par le bourgeois, par
l'ouvrier, est étroit et égoïste ; il tend à faire prédo-
miner les intérêts d'une fraction de la société sur les
intérêts généraux du pays ; il est fatalement borné,
exclusif, tyrannique ; il aboutit, partout, à la haine et
aux conflits. Tandis que le patriotisme est un principe
d'union, la haine de classes est un principe de division.
Tandis que l'amour de la patrie est un lien entre tous
les habitants d'un même sol, la jalousie de classe est

une cause d'égoïsme et de désunion. Par elle, la France et l'humanité seraient coupées en couches hostiles, en tranches ennemies et irréconciliables.

Comme les antisémites, les socialistes font, eux aussi, des catégories entre Français, s'efforçant de constituer ceux qu'ils appellent les travailleurs en caste fermée, excluant de leur France socialiste des milliers de Français, non plus sous prétexte de religion ou de race, mais, ce qui ne vaut pas mieux, sous prétexte de classe ou de profession ; rangeant les hommes en deux camps, selon la coupe de leurs habits ou la forme de leur chapeau ; réclamant, pour les travailleurs manuels, le monopole du pouvoir ; écartant, sauf d'inconséquentes exceptions, comme amis ou suppôts du bourgeois détesté, tous ceux qui n'ont pas la main calleuse, sans paraître s'apercevoir que, avec les bourgeois, ils excommunient la plupart des Français qui ont fait la gloire et la force de la France.

Certes, le plus grand nombre de nos socialistes sont de bonne foi (en dehors, au moins, de ceux qui se proclament internationalistes), lorsqu'ils repoussent, comme une injure imméritée, le nom de sans-patrie ; mais s'ils demeurent des patriotes, ou s'ils se persuadent qu'ils le sont, la plupart d'entre eux méconnaissent les conditions d'existence des nations modernes. Emportés par la logique de leur principe, ou aveuglés par les mirages de leurs chimères, ils ne voient pas que l'Europe reste, hélas ! un camp où les forts seuls ont le droit de vivre.

Comme ils forment un parti de classe ou de caste, ils sont enclins à subordonner l'intérêt national aux intérêts de classe. Le socialisme se vante d'avoir pris, dans le cœur du peuple, la place de la religion, mais cette religion sociale qui, elle aussi, a ses fanatiques, il ne craint pas d'en mettre les dogmes ou les superstitions au-dessus de l'idée de patrie. Par là, qu'il en ait conscience ou non, il tend à amoindrir ou à déformer le sentiment national, justifiant, à son insu, les reproches des nationalistes et des antisémites. Il ne se fait pas scrupule, en ses congrès annuels, d'élever drapeau contre drapeau, comme si, au noble étendard de la France, il préférait la rouge bannière du prolétariat international. Il ne craint pas de froisser les légitimes susceptibilités du sentiment patriotique, et, chaque fois que le Tsar est venu faire visite à la République, les socialistes n'ont pas rougi de déverser leurs outrages sur les hôtes de la France, au risque de lui rendre toute alliance et toute politique étrangère impossibles. Ils n'ont pas cessé de montrer leur peu de souci de la puissance française, ne semblant même point comprendre que, pour être libre, une démocratie moderne a besoin d'être forte. Bien plus, dans sa hâte de s'emparer du pouvoir, au profit de ce qu'il appelle le quatrième État, le socialisme s'attaque, simultanément, à toutes les institutions qui ont fait la force de la France, comme s'il ne pouvait régner que sur des ruines.

L'armée, la force nationale organisée, l'armée demeurée, malgré tout, le rempart de notre indépendance, semble devenue l'ennemie de nos socialistes, comme si l'ère de la paix universelle s'était, déjà, levée sur le monde. On l'a bien vu, durant l'Affaire. Si, après des hésitations dont ils n'ont pu effacer toutes les traces, le gros des socialistes s'est jeté du côté opposé à l'État-major, cela n'a point toujours été par pur amour de la vérité et de la justice. C'est qu'ils ont vu là un moyen de déconsidérer l'armée et de discréditer l'esprit militaire, imputant, audacieusement, à tous les chefs, la faute de quelques-uns, appliquant, eux aussi, à l'armée, non pour la justifier, mais pour la condamner, l'inique théorie du bloc. Socialisme semble, ainsi, devenu synonyme d'antimilitarisme ; et si manifeste a été la passion contre l'armée des feuilles collectivistes qu'elle a singulièrement affaibli la portée de leurs plus éloquents plaidoyers en faveur de la justice. Par les excès mêmes de sa polémique, par ses grossières injures à tout ce qui porte l'épaulette, par son odieuse propagande autour des casernes, le socialisme a poussé aux excès, en sens inverse, des nationalistes et des antisémites. Il a été, malgré lui, un des principaux fauteurs du nationalisme, car il a révolté l'instinct national qui sent, confusément, que, dans l'Europe de la Triple Alliance, la France ne saurait se passer d'une armée, et qu'il n'est pas d'armée sans discipline et sans esprit militaire.

Cette vérité, le socialisme s'obstine à la méconnaître, et quand son principe l'y contraindrait, nous ne saurions le lui pardonner. Certes, bien des choses nous séparent de lui ; nous ne pouvons accepter ni ses utopies, ni ses sophismes, ni ses déclamations, ni ses violences ; il ne nous est pas permis de tolérer les équivoques de sa propagande, et nous devons démasquer le double visage sous lequel il se présente tour à tour aux ouvriers et aux paysans. Nous ne saurions, surtout, lui passer d'envenimer les souffrances du peuple et d'aigrir l'âme populaire en y versant, chaque jour, les rancunes et la haine. Mais, quand il ne nous aurait pas montré son dédain des libertés individuelles et son peu de souci des droits de la conscience et de la famille ; quand il ne mettrait en péril ni la propriété privée, ni la richesse publique, et qu'il ne nous menacerait pas d'un appauvrissement universel dont les petits et les humbles seraient les premières victimes ; quand nous n'aurions, contre lui, ni griefs économiques, ni griefs moraux, nous aurions toujours à défendre, contre le socialisme, avec la paix sociale et la cohésion de la patrie, les organes essentiels de la puissance française ; et cela seul nous forcerait à le regarder comme un danger pour la grandeur et pour l'indépendance même de la France.

IV

Il est un autre parti, ou si l'on aime mieux, une autre doctrine, qui s'allie souvent au socialisme et qui, aux esprits libres, inspire plus de répugnance encore, parti tout négatif, fait de préjugés invétérés, d'autoritarisme jacobin et de haines sectaires, le tout recouvert d'un menteur vernis de libéralisme et paré d'une pédantesque défroque scientifique. On sent que nous voulons parler de l'anticléricalisme.

S'il n'avait d'autre but que de défendre, contre des prétentions surannées, la souveraineté de l'État et l'indépendance de la société civile, nous ne serions pas des derniers à combattre, avec lui, les adversaires attardés de la liberté politique ou de la liberté de penser. Mais, à cela, ne se bornent pas, aujourd'hui, chez la plupart de ses adeptes, les efforts de l'anticléricalisme. Pour la plupart d'entre eux, « clérical » est devenu synonyme de catholique ; tout homme fidèle à la vieille Église est un adversaire secret ou déclaré, qui doit être tenu en suspicion, et qui mérite d'être écarté de toute fonction publique. Au lieu d'un instrument d'émancipation, l'anticléricalisme s'est ainsi montré un agent de discorde et d'oppression. Bien plus, l'anticléricalisme, chez nombre de ses fervents, emporté, à son tour, par un zèle fanatique, en vient à s'attaquer, par delà le clergé et par delà l'Église, à tout vestige de l'idée chrétienne, à toute trace du sentiment religieux, à la notion même de Dieu, comme à de périlleuses et d'immorales superstitions, que l'État doit s'efforcer de déraciner. L'anticléricalisme finit ainsi par devenir une sorte de cléricalisme retourné, animé, lui aussi, d'un esprit de secte, intolérant des croyances d'autrui et jaloux, à son tour, d'employer contre elles l'autorité publique et l'ascendant du pouvoir. Cet anticléricalisme sectaire, infidèle aux idées de tolérance dont il prétend se couvrir, les libéraux, demeurés respectueux de la liberté et de la conscience d'autrui, sont contraints de le repousser, parce qu'au lieu d'un défenseur de la liberté de penser, force leur est de voir, en lui, un adversaire de la liberté religieuse et un agent de haine et de discorde.

S'il ne forme pas, à proprement parler, un parti, l'anticléricalisme est l'âme ou le principe du radicalisme. Il est le lien habituel de la concentration républicaine, lien fait d'antipathies et d'inimitiés communes, plutôt que de communes convictions. Opportunistes, radicaux, socialistes communient dans la haine de la soutane et dans l'effroi de la cornette des sœurs.

Cet anticléricalisme, prétentieux et vulgaire à la fois, arme favorite des politiciens dans l'embarras, de naïfs adeptes nous le donnent comme l'émancipateur prochain de l'intelligence française et le fondateur de la liberté future, comme le seul ou le meilleur garant de l'unité nationale. Ces promesses, les faits et les actes nous ont montré ce qu'elles valent. A le voir à la besogne, l'anticléricalisme militant ne procède guère autrement que l'antisémitisme, si bien qu'on peut dire que, à bien des égards, ils ne sont que la contre-partie et comme le pendant l'un de l'autre. Tous deux ont volontiers recours aux mêmes méthodes de propagande ou de polémique, ne craignant pas de faire appel aux préjugés et aux passions des foules, ne reculant pas devant les insinuations calomnieuses et les légendes mensongères; grossissant, démesurément, la force ou la fortune d'adversaires, réels ou imaginaires; ne réclamant rien moins, contre eux, que la confiscation et la proscription. Avec les mêmes terreurs enfantines ou simulées, ils cherchent, l'un et l'autre, aux événements des causes occultes, signalant partout la main de spectres mystérieux, l'un découvrant partout le col blanc du jésuite, comme l'autre aperçoit partout l'or du juif. Ainsi que l'anti-sémite, l'anticlérical prétend libérer le sol français de la domination étrangère et rétablir, parmi nous, l'unité morale de la nation; et tout comme l'antisémite, il commence par établir des catégories entre Français, il ne se fait pas scrupule de couper en deux la France, déchirant, de ses mains, cette unité nationale qu'il prétend resserrer. De même, l'anticléricalisme nous promet d'établir, à jamais, le règne de la liberté et, pour en préparer les fondements, il a hâte de supprimer la liberté d'enseignement et la liberté d'association. Il nous annonce la paix religieuse par la neutralité de l'État, et, sous prétexte d'établir la paix, il nous précipite dans les querelles confessionnelles.

Pourquoi ces contradictions entre les doctrines et les actes? C'est que, pour les plus ardents de ses adeptes, l'anticléricalisme n'est qu'un instrument de règne, à moins qu'il ne soit une façon de secte. L'anticlérical, en effet, n'est souvent qu'un clérical à rebours, dont le zèle

iconoclaste prétend renverser, de *leurs autels* branlants,
Dieu et le Christ, pour y placer la Raison et l'Humanité.
En ses révoltes contre la vieille foi, il apporte une intolérance tranchante et un prosélytisme arrogant, dogma-
tisant avec hauteur, comme si, du portique des temples
de la Science, il parlait vraiment au nom de la Raison
infailllible.

Cet anticléricalisme sectaire, comment s'étonner qu'il
apporte, partout, en politique, l'esprit de secte, se rendant trop souvent coupable de ce qu'il reproche amè-
rement aux cléricaux? Il ne craint pas de mettre les
intérêts de la libre pensée, ce qu'il appelle les intérêts
de la Raison et de la Science laïques, au-dessus des intérêts nationaux. Il ne lui répugne point de se faire, à cet
égard, le complice de nos adversaires ou de nos rivaux,
pour peu qu'il ait chance de faire pièce à une soutane
ou à un tricorne. Ne l'entendons-nous pas, chaque
année, réclamer, avec une ignorante infatuation, le re-
trait de notre ambassade auprès du Vatican, l'abandon
de notre protectorat religieux, la dispersion des Congrégations et des Missions, la fermeture de leurs écoles et
de leurs noviciats? Peu lui importe qu'en Orient, en
Asie, en Afrique, dans le monde entier, les missionnaires et les religieux de toute robe soient les principaux
et souvent les seuls propagateurs de la langue et de l'influence françaises! Sa haine de l'Église est plus forte que
son amour de la France. En face des intérêts de la laïcisation, qu'importe, à l'anticlérical; le rôle de la France

dans le monde? Son unique souci est le triomphe du dogme nouveau et la ruine de l'Église.

Cet anticléricalisme haineux, honte des esprits vraiment libres, était en baisse, il y a quelques années; à l'honneur de la France et de la République, il paraissait vieilli, démodé, suranné. La large politique de Léon XIII semblait lui avoir enlevé ses forces, sinon sa virulence. Comment s'est-il tout à coup ranimé, plus menaçant que jamais? Comment l'intelligente initiative du grand pape n'a-t-elle pas produit des effets plus abondants et plus durables? C'est, il faut bien le dire, que l'anticléricalisme s'est retrempé, lui aussi, dans l'Affaire. Il a pris prétexte des violences de quelques feuilles soi-disant religieuses et des emportements d'un antisémitisme soi-disant catholique, pour identifier le clergé avec les ignominies de l'antisémitisme et pour exiger, contre les congrégations et contre l'Église, des mesures de défense nationale, analogues à celles réclamées, par les antisémites, contre les juifs et contre la Synagogue. C'est en vain que, dans toute la procédure de l'Affaire, il a été malaisé de surprendre l'ingérence du clergé; on a accusé les Pères d'avoir tout conduit dans l'ombre. Cela est de tradition, pour l'anticlérical. Des esprits soupçonneux, tout pleins des vieilles légendes sur « la Congrégation », ont découvert, dans les incidents de l'Affaire, le doigt invisible des jésuites. Car, il faut bien le répéter, à notre confusion, l'anticlérical raisonne tout comme l'antisémite; il voit, lui aussi, partout, des influences occultes et des moteurs secrets. La différence est que l'un attribue tout au génie corrupteur d'Israël, tandis que l'autre rejette tout sur l'esprit d'intrigue et de domination de Loyola. A les en croire, le juif et le jésuite seraient les deux grands acteurs, ou mieux les secrets protagonistes du grand drame de l'histoire, dont ils font mouvoir tous les ressorts. Ils sont, en tout cas, les deux boucs émissaires de nos contemporains; c'est, sur leurs têtes que, avec des malédictions presque identiques, le vulgaire fait retomber toutes les hontes et tous les malheurs de la France. C'est que l'antijuif et l'antijésuite sont deux visionnaires, également atteints d'une monomanie soupçonneuse, analogue à la folie des persécutions, qui leur fait voir partout un ennemi secret et omnipotent, contre lequel leur délire furieux somme, impérieusement, la France de se mettre en garde. Et, naturellement, c'est par des mesures de proscription et par des lois d'exception que l'un et l'autre de ces hallucinés prétendent protéger le pays.

Antijuif et antijésuite, ces deux maniaques s'exaltent, réciproquement, par leurs divagations et par leurs mutuelles extravagances. C'est ainsi que l'antisémitisme a une grande part dans la recrudescence de l'anticléricalisme. On se demande, avec tristesse, comment la politique conciliatrice de Léon XIII et les avances du pape à la République n'ont pas mieux assuré la paix religieuse. La faute n'en est pas, uniquement, aux préjugés ou à l'intolérance de nos modernes jacobins, ou au méfiant scepticisme de nos gouvernants; la faute en est, non moins, aux inquiétudes et aux colères provoquées par la fanatique croisade des antisémites. L'épiscopat et le haut clergé ont eu beau s'en tenir prudemment à l'écart, on a exploité leur silence pour les en rendre solidaires. La prétentiou, presque avouée, des antisémites ou des anti-protestants, de faire, au seuil du xxe siècle, de l'unité religieuse, le signe et la condition de l'unité nationale, s'est retournée contre les catholiques. L'unité nationale, l'unité morale de la nation, que de téméraires amis rêvaient de refaire au profit de l'Église, ses adversaires ont prétendu la faire, contre elle, au profit de la libre pensée et des sociétés anticléricales. C'est qu'on ne remue pas impunément, dans un pays troublé comme le nôtre, les vieux fanatismes et les haines confessionnelles. L'intolérance invite à l'intolérance et, comme nous l'avons montré, dès longtemps[1], l'antisémitisme et l'anticléricalisme tendent à se susciter et à se renforcer, réciproquement. Ils sont, à cet égard, le produit aussi bien que le pendant l'un de l'autre. Si nous avons vu reprendre, avec une animosité nouvelle, la campagne ancienne contre les congrégations, contre la liberté d'association et la liberté d'enseignement, les déclamations de l'antisémitisme n'y ont guère moins de part que les haines sectaires et les passions des jacobins. En réclamant, chaque jour, des lois d'exception ou des mesures

---

1. Voyez *Israël chez les nations* (Calmann Lévy).

de proscription contre les juifs, l'antisémitisme suggé-
rait, follement, des lois d'exception contre d'autres que
les juifs. Ce qu'un peuple retient, le plus aisément, des
lois d'exception, c'en est le principe, et ce principe se
retourne vite contre qui l'invoque. Liberté d'enseignement ou liberté d'association, que revendiquent les
catholiques français? Ils revendiquent le droit commun.
Or, comment leurs justes revendications ne seraient-
elles pas affaiblies, lorsque, à côté d'eux et à l'ombre
même de la Croix, de prétendus catholiques ne craignent pas de refuser à autrui le bénéfice du droit commun? Aux yeux des non catholiques, dissidents ou
libres penseurs, aux yeux même de nombre d'indifférents, les retentissantes polémiques des antisémites ont
discrédité les plus justes doléances des catholiques ; car
on est toujours mal venu d'exiger pour soi des libertés
qu'on semble dénier à autrui.

Mais quand les violences des antisémites explique-
raient la recrudescence de l'anticléricalisme, irons-nous
dire qu'elles la justifient? Quand on les présenterait
comme une réponse aux provocations des antisémites,
les lois contre les associations ou contre les écoles
catholiques en seraient-elles, à nos yeux, plus libérales ?
Qui ne sent que ce serait là le pire des sophismes ?
Est-ce donc par l'intolérance qu'on guérit l'intolérance ?
Et quand les libéraux reprochent aux antisémites de
réclamer des lois d'exception contre la Synagogue et
contre les circoncis, comment pourraient-ils pardonner

aux hommes qui veulent édicter des lois analogues contre l'Église et contre les élèves des jésuites? Est-ce que, pour s'en prendre à des chrétiens, voire à des religieux en froc blanc ou noir, l'intolérance serait moins coupable? ou la liberté et l'égalité des droits, que nous nous faisons un devoir de revendiquer pour les minorités religieuses, jugerons-nous équitable de les refuser au clergé de la majorité? Qui ne voit que ce serait là, précisément, justifier les doléances et les accusations des antisémites ou des antiprotestants, leur fournir de dangereux griefs et des armes nouvelles contre les républicains et contre la République elle-même? Parce que les antisémites veulent interdire toute fonction publique aux disciples des rabbins, est-ce une raison d'en fermer l'accès aux élèves des congrégations?

Pour combattre les lois d'exception, nous ne voulons pas, quant à nous, regarder ceux qu'elles frappent. Ce que nous dénions aux antisémites, aussi bien qu'aux socialistes, le droit de faire des catégories entre Français, de créer, parmi nous, au-dessous d'une classe privilégiée, une caste de parias, par quel mépris des principes, pourrions-nous le concéder aux haines anticléricales? Et ce que l'esprit de liberté ne saurait tolérer, de la part de ceux qui se réclament de l'intégrité de la race française, comment le permettrait-il aux jacobins qui se couvrent de l'unité morale de la nation? car, antisémites ou anticléricaux, c'est toujours au nom de l'unité nationale que les passions sectaires ou les factions politiques prétendent couper la France en camps ennemis, et enlever à leurs adversaires les droits de Français.

L'égalité de droits, pour tous les Français, sans distinction de confession ou d'origine, de classe ou de parti. telle est la seule règle qui puisse garantir la liberté et rendre la paix à la France. Cette vérité, il est dur d'être contraint de la rappeler à l'aube du xxe siècle. N'en déplaise aux sectaires de droite ou de gauche, ce n'est point par des mesures de proscription ou par des lois d'exception, contre telle ou telle catégorie de Français, qu'on assurera la paix du pays et l'unité de la nation. L'unité nationale, ce sont les violences des factions et l'intolérance des sectes qui la mettent en péril. L'unité nationale, à l'époque actuelle, on ne peut la chercher ni dans l'unité de race ou d'origine, ni dans l'uniformité religieuse, ni dans le monopole de l'enseignement. Sous quelques formes qu'elles se manifestent, et de quelques sophismes qu'elles s'appuient, de pareilles prétentions, dans un pays comme la France contemporaine, ne sont qu'un archaïsme suranné ou un périlleux anachronisme. L'unité nationale, la France moderne ne peut la trouver que dans la liberté religieuse et dans l'égalité devant la loi, dans le respect des droits de tous et de chacun, dans une large tolérance mutuelle, qui inspire, à tous les Français, un égal amour pour la commune patrie. Au lieu d'un instrument de division et de haine, le patriotisme doit rester un lien de concorde et de fraternité, fait pour rapprocher tous les enfants de la France, dans un même sentiment, le filial amour de fils de la même mère, qui se sentent tous également aimés d'elle et également à l'aise chez elle, qui, lui devant la même liberté et les mêmes droits, peuvent tous avoir, pour elle, la même tendresse et le même dévouement.

Opposer à l'antisémitisme ou à l'antiprotestantisme, à l'anticléricalisme, au socialisme qui prêchent la haine, voire aux excès d'un nationalisme qui nous divise, le patriotisme qui nous unit; lutter, partout, contre l'esprit de secte et l'esprit d'intolérance, contre la manie de l'exclusivisme et la fureur des proscriptions, tel me semble, à l'heure actuelle, le premier devoir des Français que n'aveuglent pas les préjugés ou la passion. Assurément, ce n'est pas le seul; mais, c'est le plus urgent; devant lui, toutes les autres questions et toutes les querelles politiques semblent secondaires. Travailler à la pacification religieuse, en même temps qu'à la pacification sociale, aider au rapprochement des hommes, comme au rapprochement des classes, c'est encore, aujourd'hui, la meilleure, sinon l'unique manière de sauver la liberté et d'assurer, par la solidarité nationale, l'unité et la grandeur de la France.

CHAPITRE PREMIER

LES TROIS « ANTI »

Antisémitisme, Antiprotestantisme, Anticléricalisme.

Ressemblance et parenté de l'antisémitisme, de l'antiprotestantisme et de l'anticléricalisme. — I. Comment on retrouve, chez tous les trois, des passions et des raisonnements analogues. — Comment ils se présentent, tous les trois, sous les mêmes aspects et avec des griefs semblables. — II. Le grief religieux : l'intolérance. — Le grief national : la dénationalisation ; la tendance à enchaîner l'idée religieuse à l'idée de race. — Le grief politique : l'accusation de former un État dans l'État ; le cosmopolitisme religieux. — Le grief économique ou social : « Ils sont trop riches ; ils monopolisent la fortune et les emplois ». — III. Comment les griefs des trois « anti » se discréditent les uns les autres. — Pourquoi ce sont, également, des doctrines immorales et antisociales. — Comment, d'après eux, le principe de nos maux ne serait pas en nous. — Comment les trois « anti » s'engendrent et se fortifient mutuellement.

MESSIEURS,

Une des choses les plus attristantes de ce triste temps, c'est la diffusion parmi nous de ce que, faute d'autres termes, j'appelle les doctrines de haine : antisémitisme, antiprotestantisme, anticléricalisme. Ces haineuses doctrines, nourries de tout le fiel de l'esprit de secte, les patriotes et les amis de la liberté doivent les réprouver également. Rétrogrades ou révolutionnaires, les fanatiques qui vont les prêchant aux masses ne méconnaissent pas seulement les droits de la liberté ; ils sont en train de corrompre l'âme française, et, si nous les laissions faire, ils dénatureraient, aux yeux des nations, le génie de la France, fait de large tolérance et d'humaine sympathie.

A l'aube du siècle nouveau, qui célèbre, en tant de langues, la fraternité et la solidarité, y a-t-il, vraiment, dans notre pays de France, des doctrines de haine ? Se peut-il que les antipathies et les inimitiés entre enfants d'un même pays aient pris un tel ascendant qu'elles aient érigé la haine en principe ?

C'est là, hélas ! un des plus inquiétants phénomènes de notre époque, moralement troublée. La haine a été glorifiée, la haine a eu ses apôtres et ses panégyristes, en plusieurs partis et jusqu'en des camps opposés.

Haines religieuses, haines de races, haines nationales, haines sociales ont été saluées, autour de nous, comme l'instrument nécessaire de notre émancipation, ou de notre régénération. Nous avons entendu, de divers côtés, au nom même de forces qui semblaient faites pour rapprocher les hommes, au nom de la foi religieuse, au nom de la patrie, au nom de la société future, faire appel à la « Haine créatrice », à la « Haine féconde »

Paradoxale et immorale alliance de mots ! qui est la négation des lois de la nature ; car, dans l'ordre moral et dans l'ordre social, comme dans l'ordre naturel, l'amour seul est fécond, l'amour seul est créateur.

I

Cet esprit de haine et de violence, presque identique sous ses formes diverses, est venu aigrir et envenimer toutes nos luttes religieuses, sociales ou politiques. Avec lui, s'est réveillé l'esprit d'intolérance et ont reparu, chez nous, comme des revenants d'un passé évanoui, tous les vieux fanatismes que la France moderne croyait morts à jamais.

Ainsi en est-il de l'antisémitisme dans lequel revivent les préjugés ataviques, et qui, plus d'un siècle après la Révolution, prétend nous ramener à l'intolérance ou à l'exclusivisme médiéval ; comme si, à défaut de haines religieuses, la France et l'Europe devaient devenir la proie des haines de races.

Ainsi en est-il de l'antiprotestantisme qui, en pleine République et en pleine démocratie, ne rougit pas de célébrer la politique de la révocation de l'édit de Nantes, comme si, pas plus que la France de l'ancien régime, la France moderne ne pouvait tolérer les dissidences confessionnelles.

Ainsi en est-il de l'anticléricalisme que, de son vrai nom, l'on pourrait appeler l'anticatholicisme ou l'anti-christianisme, qui prétend nous ramener aux maximes et aux procédés des plus sombres jours de la Révolution ; comme si la liberté de penser excluait la liberté de croire et de prier, ou comme si, après s'être affranchi de la tutelle de l'Église, l'État devait assujettir la religion et asservir les consciences.

Entre l'antisémitisme et l'antiprotestantisme, d'un côté, et l'anticléricalisme, de l'autre, les ressemblances restent frappantes, à travers tous les contrastes. Ils se ressemblent comme des frères, nés et nourris de haines et de passions analogues ; ce sont des frères ennemis qui, dans leur inimitié même, gardent un air de famille. Ils ont, tous les trois, le même tempérament, les mêmes colères et les mêmes violences ; ils ne diffèrent guère, au fond, que par l'objet de leur antipathie et de leurs emportements ; parce que, avec les mêmes instincts d'intolérance et les mêmes habitudes d'exclusivisme, ils ont été à des écoles opposées et ont appris, de maîtres ennemis, des doctrines contraires.

L'objet de leurs défiances et de leur aversion est autre ; mais leurs haines sont faites de préjugés analogues et les entraînent à d'égales violences.

Le parallélisme entre ces trois « anti » est tel, que, lorsqu'on prend la peine de les analyser, on est surpris de découvrir, chez tous les trois, les mêmes éléments, les mêmes facteurs ou les mêmes griefs, qu'il est aisé de classer, sous les mêmes chefs ou les mêmes rubriques.

De quoi, en effet, sont composés l'antisémitisme, l'anti-protestantisme, l'anticléricalisme ou anticatholicisme ? Quels en sont les ingrédients, les éléments ou facteurs principaux ? Ils sont, d'habitude, au nombre de trois ou quatre, que nous retrouverons, également, chez chacun des « anti », si bien que, pour les étudier, il nous sera facile de leur appliquer, à tous les trois, la même méthode.

Essayons de les classer. Ce sont :

1º Les antipathies religieuses ou irréligieuses, les passions sectaires, l'intolérance des croyances d'autrui, la prétention d'user de l'autorité de la loi et de la puissance publique, contre ceux qui ne pensent point comme nous ;

2º Les antipathies de races ou les préjugés nationaux ; un nationalisme jaloux, qui accuse les divers groupes confessionnels de dénaturer l'esprit français, de compromettre l'unité nationale ou l'unité morale du pays ;

3º Les rivalités et les rancunes économiques ; la concurrence vitale et la lutte pour la richesse ; le désir d'évincer des concurrents gênants ; l'accusation réciproque de tenir trop de place dans le pays et d'accaparer une trop grande part de la fortune nationale ;

4º Les antipathies et les rancunes politiques ; la passion du pouvoir et l'ambition d'en écarter des adversaires détestés ; l'accusation réciproque de tendre au monopole des emplois publics et de préparer l'asservissement du pays et de l'État.

Tout ce qui peut diviser les hommes et les aigrir les uns contre les autres : diversité de croyances, antipathies de races, rancunes des luttes anciennes, préjugés nationaux, jalousies sociales, compétitions politiques, se trouve ainsi réuni, dans les trois « anti », pour fomenter l'esprit de suspicion et de haine.

Mais, si les passions sectaires, les préventions nationales, les rivalités économiques et les luttes politiques, si l'intolérance, les préjugés et la haine en forment le fond, ils ne s'y montrent pas toujours à nu. Tout au contraire, chez la plupart de leurs adeptes, l'antisémitisme, l'antiprotestantisme, l'anticléricalisme se couvrent, également, de mobiles désintéressés et de passions nobles. Par là s'expliquent leur vogue auprès de tant d'esprits simples et leur ascendant sur tant d'âmes droites.

Le plus grand nombre des adhérents de ces trois « anti » ne sont que les dupes innocentes des préventions de leur monde ou de leur milieu.

Antisémites, antiprotestants, anticléricaux, se flattent, pareillement, de servir la cause de la vérité, de la justice et de la patrie. La plupart le font, avec une sincérité passionnée, que notre devoir est de reconnaître; mais, si elle est leur excuse, cette bonne foi ne les rend que plus redoutables.

Que nous écoutions leurs partisans ou leurs adversaires, la ressemblance et la parenté des trois « anti » éclatent, du reste, aux oreilles les moins prévenues. Les homélies de leurs apôtres, les invectives de leurs tribuns, nous font entendre des doléances analogues, et avec les mêmes colères et la même indignation, presque les mêmes griefs et les mêmes promesses.

Antisémitisme, antiprotestantisme, anticléricalisme, chacun des trois « anti » se présente à nous, avec une égale assurance, comme le défenseur de la vérité religieuse ou philosophique, — comme le gardien de la tradition française et de l'unité nationale ; — comme le vengeur de la fortune publique et de la morale sociale ; — comme le champion des droits de l'État et des libertés publiques. En d'autres termes, nous retrouvons, chez chacun d'eux, jusque dans leurs prétentions et dans leurs revendications, les differents aspects que je vous signalais tout à l'heure : l'aspect religieux, — l'aspect national, — l'aspect économique ou social, — l'aspect politique.

L'affinité entre ces trois « anti », de loin si différents, ne se borne pas à l'analogie de leurs griefs ou de leurs prétentions ; elle s'étend à leurs façons de raisonner, à leurs méthodes de discussion, à leurs procédés de polémique, parce que, chez tous les trois, se rencontrent des haines et des passions de même sorte. Comment s'étonner qu'on y reconnaisse le même fiel, avec le même venin, les mêmes déclamations et les mêmes préventions, le même exclusivisme, avec les mêmes sophismes ? Ce sont des mixtures composées d'ingrédients similaires, faites pareillement d'un bizarre mélange de vérités et d'erreurs, de sentiments vils et de générosités dévoyées, le tout aigri et ranci par des haines sectaires et des préjugés surannés.

II

Avant de les prendre chacun à part, pour les étudier successivement, il convient donc de rechercher ce qu'ont de commun l'antisémitisme, l'antiprotestantisme et l'anticléricalisme. Un examen parallèle de ces trois « anti » est peut-être la meilleure manière de les comprendre et de les juger ; et comme ils sont en lutte et qu'ils ignorent leur parenté, comme ils se détestent et se méprisent réciproquement, rien ne peut mieux les discréditer ou les désabuser que de leur montrer, comme en un miroir, combien ils se ressemblent. La seule révélation de cette ressemblance suffirait à les condamner et à nous les rendre également odieux, en nous faisant voir qu'ils sont presque également laids et également haïssables.

Antisémitisme, antiprotestantisme, anticléricalisme, la première chose que nous découvrons, au fond de ces trois « anti », c'est, naturellement, sous les antipathies confessionnelles et les passions sectaires, une égale intolérance des croyances d'autrui. Si chacun d'eux n'a pas pour point de départ l'intolérance, chacun d'eux aboutit, fatalement, à l'intolérance. Ce reproche d'intolé-

rance, ils le repoussent, tous les trois, avec une égale
colère, et je l'admets volontiers, avec une égale sincérité.
Ils s'en défendent passionnément, avec des distinctions
presque identiques et des raisonnements analogues, allant
au besoin, tous les trois, jusqu'à se donner comme les
véritables défenseurs de la liberté de conscience contre
l'intolérance d'autrui.

Écoutez l'antisémite : il n'en veut pas, chez le juif,
à la religion, il n'en veut qu'à la race, à l'esprit « sémitique », à la prépondérance économique et politique
d'Israël. Pour un peu, il affirmerait son respect envers
la Synagogue et envers les rabbins.

Écoutez l'antiprotestant : il ne fait pas la guerre à la
Réforme et à ses pasteurs ; il combat, seulement, l'esprit
envahissant des protestants, leurs tendances à l'hégémonie politique ou à la prépondérance sociale, leurs
efforts pour dominer la France ou pour assujettir l'État.

Écoutez l'anticlérical, celui qui pérore le plus souvent
dans les cafés : il ne veut détruire ni la religion, ni
l'Église ; il veut, seulement, résister aux empiètements
du clergé et des congrégations ; il n'a d'autre but que
d'affranchir l'État et la société laïque de la domination
cléricale. Pour un peu, il vous prouvera qu'en s'attaquant
aux couvents, aux écoles, aux œuvres catholiques, il
sert, en réalité, la cause de l'Église catholique.

Et ce raisonnement presque identique des trois « anti »,
la foule moutonnière de leurs adhérents le répète,
chaque jour, avec une égale conviction. L'intolérance,

à en croire les uns ou les autres, elle est dans l'autre camp ; ils ne font, chacun, que se défendre contre le fanatisme de leurs adversaires. Ils le disent, et ils se le persuadent, d'autant plus aisément que, l'intolérance leur étant commune, il leur est plus facile de s'autoriser de celle d'autrui pour couvrir la leur.

Les faits nous montrent qu'en dépit de leurs désirs et de leurs protestations, les trois « anti » sont, presque également, poussés vers l'intolérance. Antisémite, anti-protestant, anticlérical ont beau s'en défendre, chacun d'eux en vient, malgré lui, à s'attaquer à la religion, au culte, à la morale de ses adversaires. Ils n'épargnent ni leurs dogmes, ni leurs livres ; ils ne se font pas scrupule de se servir d'armes déloyales, citant à l'envi des écrits sans autorité, des textes tronqués, parfois des pamphlets mensongers. L'un incrimine le Talmud ou la Cabale, dont il n'a jamais lu une page; il ne rougit pas de rééditer, sur les cérémonies du judaïsme, d'ineptes et perfides légendes, telles que le meurtre rituel ; — l'autre, fier d'une érudition d'emprunt, prétend fouiller les casuistes anciens ou modernes, découpe, chez eux, à son choix, des passages scabreux; ou bien encore il recourt, triomphalement, aux *Monita Secreta* des Jésuites, un libelle calomnieux, rédigé par les ennemis de la Compagnie de Jésus. L'un et l'autre invoquent l'histoire, se réclamant des actes d'intolérance du passé. Dans les deux camps, les procédés sont identiques, et pareilles sont la bonne foi et l'ignorance.

On sait comment chacun des trois « anti » traite la
morale du culte adverse. L'antisémite s'en prend à la
morale judaïque, à la morale « talmudique » ; l'antiprotestant, au « puritanisme », au « pharisaïsme » calvinistes ; l'anticlérical à la morale catholique, taxée par
lui de « jésuitique ». A entendre ces « anti », on dirait
que les grandes religions, sorties du même tronc
biblique, ne sont, toutes trois, que des écoles d'immoralité ou d'hypocrisie, faites pour pervertir les générations et démoraliser les peuples.

A cette intolérance, religieuse ou antireligieuse,
s'ajoute ce que, faute d'autre mot, on est obligé d'appeler
une intolérance nationale, issue d'un nationalisme étroit
et jaloux. Chacun des trois « anti » cherche à soulever,
contre ses adversaires, les défiances patriotiques et les
préjugés nationaux, au nom de l'unité nationale ou de
l'unité morale de la patrie. Chacun des trois « anti »
conteste, à ses adversaires, le titre ou les droits de
Français, si bien qu'à entendre certains de ces soi-
disant patriotes, les Français finiraient par être en
minorité en France.

Interrogez l'antisémite : « Le juif, vous dira-t-il, n'est
pas Français. Comment le serait-il ? C'est un Sémite, et
les Français sont des Aryens ; il n'a rien de commun
avec nous ; c'est, partout, un étranger ; sa patrie est
Jérusalem — ou mieux, comme il s'est fait chasser de la
Palestine, c'est un cosmopolite, un sans-patrie.

Interrogez l'antiprotestant : « Les protestants, vous
dira-t-il, ont été expulsés ou supprimés par Louis XIV ;
d'où viennent ceux que nous voyons aujourd'hui ? Ils
ne peuvent tous sortir de leurs repaires des Cévennes ;
ils nous sont venus de Suisse, de Hollande, d'Allemagne ; ce sont des étrangers, imbus d'un esprit
étranger ; leur patrie est Genève ; leur cœur est à
Londres ou à Berlin. »

Interrogez l'anticlérical. S'il n'ose affirmer que les
catholiques sont étrangers de race ou d'origine, car les
catholiques sont trop nombreux, et ils peuvent se vanter
d'avoir fait la France, l'anticlérical vous apprendra que
les cléricaux, c'est-à-dire, pour lui, les catholiques pra-
tiquants, sont moins des citoyens français que les sujets
d'un « souverain étranger ». Ce sont des « ultramon-
tains » ; leur cœur est au Vatican ; leur patrie est Rome.

Et, de même, chacun des trois « anti » accuse ses
adversaires de fausser, de dénaturer l'esprit français, en
altérant le génie de la France et en lui imposant un
idéal étranger. A en croire l'antisémite, le juif, ce fils
de Sem, cet Oriental, est en train de « judaïser » la
France et la société française. A en croire l'antiprotestant, le calviniste et le luthérien nous menacent d'un
péril pire que la mutilation de 1871 ; ils menacent de
germaniser l'âme française. A en croire l'anticlérical,
l'Église, le clergé, les congrégations, représentant l'esprit
de Rome, s'efforcent d'éteindre, en nous, toute velléité
d'indépendance pour nous romaniser, malgré nous,

pour nous latiniser à jamais. Et ainsi, selon les trois
« anti », le génie français, le génie celte ou gaulois, de
quelque côté qu'il se tourne, se trouve menacé de dénationalisation. Le sémite le judaïse; le protestant le
germanise ; le catholique le romanise.

S'ils ne partent pas toujours d'un nationalisme outré,
l'antisémite, l'antiprotestant, l'anticlérical aboutissent,
tous trois, bon gré mal gré, à un nationalisme jaloux.
Est-il nécessaire de faire ressortir la similitude de leurs
arguments et l'analogie de ce grief national, qu'on
retrouve, ainsi, sous des formes à peine différentes, chez
les trois « anti »? Tous trois tendent à enchaîner la
religion à la race, par suite, à matérialiser l'idée religieuse et à la dénaturer. Tous trois s'efforcent de
rendre la confession, objet de leurs antipathies, suspecte
au naïf patriotisme des foules, en rappelant ses origines
étrangères et en la représentant comme un instrument
de dénationalisation. Ils oublient qu'avec de pareils
raisonnements, il ne nous resterait, pour demeurer
Français, qu'à rejeter, en bloc, tous les éléments de
notre civilisation, tout l'héritage religieux, littéraire ou
politique d'Israël, de la Grèce et de Rome, pour revenir
au druidisme et au « gui l'an neuf ». Et encore, les
Druides et les Celtes eux-mêmes n'étaient sans doute
pas des autochtones en Gaule ; pour complaire à ces
théoriciens de l'exclusivisme national, il nous faudrait
remonter à la barbarie et au fétichisme de l'homme des
cavernes.

A ce grief national vient se joindre, pour les trois « anti », un grief politique. S'il faut en croire l'antisémite, l'antiprotestant, l'anticlérical, les juifs, les protestants, les catholiques constituent un péril pour l'État, aussi bien que pour l'esprit français ; car les uns et les autres forment « un corps », et qui pis est, un corps ennemi, un « État dans l'État », qui obéit à un mot d'ordre de l'étranger.

Ici encore, écoutez-les, vous serez frappés de l'identité des griefs et de la similitude des accusations.

Que dit l'antisémite ? Les juifs, l'« Alliance Israélite Universelle », la Haute Banque israélite forment une sorte d'Internationale, aux loges publiques ou secrètes, qui, à la faveur des principes de la Révolution et de la toute-puissance de l'or, poursuit la domination universelle. Ils constituent un État dans l'État, un État sémite dans l'État français, un État occulte, dont la politique et les intérêts sont en opposition avec les intérêts de la nation française, un État ennemi, qui menace la France et les peuples modernes de la pire des servitudes. Voulons-nous assurer l'indépendance de l'État et le salut de notre nationalité, il est urgent de protéger l'État et la nation contre le péril juif.

Que dit l'antiprotestant ? Les protestants, aujourd'hui, comme sous l'ancien régime, forment un parti politique, affilié à l'étranger, qui obéit aux inspirations de l'Alliance Évangélique et place ses intérêts de secte au-dessus des intérêts français. Eux, aussi, constituent une Internationale, dont les menées se découvrent dans toute la politique. Eux, aussi, sont redevenus un État dans l'État ; ils ont, déjà, la main sur le gouvernement, et leur vieux dessein d'asservir la France, que la vigilance de nos rois ne leur a pas permis d'exécuter sous l'ancien régime, ils le poursuivent, audacieusement, sous le couvert des principes de la Révolution et des lois de la République. Veut-on sauver l'indépendance de l'État, il faut mettre la France en garde contre le péril protestant.

Que dit l'anticlérical ? L'Église catholique, les jésuites, les congrégations forment une immense Internationale, qui a pour but la conquête de la France et des peuples contemporains. Son rêve obstiné de domination, qu'ont fait échouer, autrefois, les résistances de l'ancienne monarchie et des anciens parlements et que la Révolution se flattait d'avoir à jamais brisé, l'Église romaine n'y a point renoncé. La suprématie qu'elle n'a pu établir ou maintenir sous l'ancien régime, elle prétend la conquérir par des voies indirectes, sous le couvert des libertés modernes, à la faveur de l'aveuglement des libéraux et de la faiblesse des républicains. Plus que jamais, le clergé et les congrégations forment un État dans l'État, un État romain dans l'État français, un État théocratique dans l'État démocratique, un État ecclésiastique, inspiré du moyen âge, dont les idées, les visées, les ambitions sont inconciliables avec les institutions, avec les intérêts, avec l'existence même de l'État laïque. Sommes-nous résolus à défendre la République, à sauver la démocratie et la souveraineté de l'État, il faut, avant tout, armer l'État contre le péril clérical.

C'est ainsi que, sous le coup de terreurs analogues, les trois « anti » dénoncent, chaque jour, bruyamment, en des formules presque identiques, les périls que font courir à l'État français et à la France moderne le cosmopolitisme juif, le cosmopolitisme protestant, le cosmopolitisme catholique. Ils ne s'aperçoivent pas qu'à la prendre à la lettre, leur double accusation de constituer une Internationale et de former un État dans l'État retombe, forcément, sur toutes les grandes religions ; car toutes ont leur constitution propre, et toutes, les plus grandes au moins et les plus élevées, prétendent s'adresser à tous les hommes et à tous les peuples, et sont, par là-même, cosmopolites ou internationales. Cette sorte de cosmopolitisme religieux, dénoncé par les trois « anti », est une des choses qui font la force et l'honneur de la religion, une des choses aussi qui ont fait d'elle un incomparable instrument de rapprochement entre les peuples, et un merveilleux agent de haute civilisation. Antisémites, antiprotestants, anticléricaux oublient, également, que prétendre interdire à une religion de chevaucher par-dessus les frontières des États, c'est nier le principe même de la religion, et nier, avec lui, le fondement de la liberté religieuse. Ils ne voient point que, sous prétexte de maintenir l'indépendance nationale ou d'assurer la suprématie de l'État, ils nous ramènent à l'asservissement de la conscience, en plaçant la religion dans la dépondance de l'État. Leur défiance de toute société particulière, de toute association religieuse autonome, leur répulsion pour tout ce qu'ils appellent un « État dans l'État », leur prétention d'établir partout l'omnipotence avec la suprématie de l'État, les pousse vers un étatisme tyrannique, en même temps que vers un nationalisme soupçonneux. Sans qu'ils voient toujours où leurs idées les mènent, la logique de leur principe entraîne les trois « anti » à identifier la nation et l'État avec une doctrine, à restaurer l'unité de croyances, à réclamer une religion ou une irréligion d'État.

Sous prétexte de défendre l'unité nationale ou de rétablir l'unité morale du pays, ils prétendent couler tous les Français dans le même moule spirituel ; ils aboutissent à l'absorption de l'individu et de la société par l'État ; ils ont, pour dernier terme, la négation des libertés individuelles, la suppression de la liberté de la famille, de la liberté d'enseignement, de la liberté d'association, aussi bien que de la liberté de conscience.

Le parallélisme entre l'antiprotestantisme, l'antisémitisme et l'anticléricalisme se retrouve, bien qu'à un moindre degré, jusque dans leurs griefs sociaux ou économiques. Écoutez-les : chacun d'eux accuse ses adversaires de tenir trop de place dans le pays ou dans l'État, de tendre au monopole de la fortune, des emplois, du pouvoir. Les juifs, les protestants, dit l'un, sont trop riches ; ils accaparent la fortune nationale. — Les congrégations, répond l'autre, se sont prodigieusement enrichies ; la mainmorte devient un péril public. On se jette, mutuellement, les milliards à la tête. Et quelle est, se demande-t-on, l'origine de ces colossales fortunes ? Pour les financiers juifs, pour les banquiers protestants, c'est, répète l'antisémite, l'usure, la spéculation, l'agiotage, autant dire le vol. Il faut en revenir à la coutume ancienne, il faut leur faire rendre gorge selon les pratiques du bon vieux temps. — Et les congrégations, s'écrie à son tour l'anticlérical, d'où proviennent leurs millions ? que dis-je ? d'où provient ce milliard, dont un gouvernement prévoyant vient de faire faire le relevé ? Ces scandaleuses richesses de gens qui ont fait vœu de pauvreté, elles procèdent de la captation des vieillards et des esprits faibles, elles ont pour source l'exploitation de la crédulité populaire, quand ce n'est pas l'exploitation de la charité. Il est temps de rendre à la nation ce qui a été frauduleusement dérobé à la nation.

Ces millions et ces milliards, quel usage en font les juifs, les protestants, les cléricaux ? Les trois « anti » nous feront la même réponse. Ces milliards sont employés à corrompre le pays, à corrompre la presse, à corrompre le parlement. Le juif et le protestant soudoient la presse anticatholique, les feuilles radicales ou socialistes ; les congrégations subventionnent

la presse réactionnaire, les feuilles antisémites ou nationalistes. Il faut arracher le pays à cette dépravation ; il
faut l'affranchir de la démoralisante domination de ces
corrupteurs, dût-on, pour cela, recourir aux violences de
la confiscation ; — et ni l'antisémite, ni l'anticlérical ne
reculent devant la confiscation. Tout est permis contre
le juif, ou contre le jésuite.

Une des causes principales de la diffusion de ces trois
« anti », c'est la lutte pour les emplois publics. Chacun
sait quelle est, chez nous, l'importance du fonctionna-
risme. La France, hélas ! est en train de devenir un
peuple de fonctionnaires. L'accès aux fonctions publiques
est un des droits auxquels tiennent le plus nos contemporains ; de tous ceux que garantissent aux Français les
Droits de l'Homme et du Citoyen, c'est peut-être celui
qui leur est le plus cher. Or, l'antisémite, l'antiprotestant,
l'anticlérical accusent chacun leurs adversaires de vouloir monopoliser tous les emplois. Interrogez l'anticlérical, il vous dira que, dans l'armée, pour avoir quelque
chance d'avancement, il faut avoir été élève des jésuites.
Interrogez l'antisémite ou l'antiprotestant, ils vous
diront que, pour être admis dans les administrations
publiques ou pour avoir chance d'y faire son chemin, il
faut être juif, il faut être protestant, ou au moins franc-
maçon. Libre, à chacun de nous, de juger ce que valent
ces accusations réciproques. Le malheur de la France
et de la République est que l'exclusivisme des partis a
semblé leur donner un fondement. Un fait est certain,

c'est que les catholiques se croient, depuis quinze ou vingt ans, exclus systématiquement de toutes les fonctions et surtout de tous les hauts emplois. Rien n'a plus contribué à en jeter un grand nombre dans l'antisémitisme et dans l'antiprotestantisme; rien ne fait plus obstacle à la pacification religieuse.

III

Que nous examinions leurs griefs religieux, leurs griefs nationaux, leurs griefs économiques, leurs griefs politiques, l'on voit combien se ressemblent et, en quelque sorte, comment se réfléchissent et se reproduisent, mutuellement, les doléances et les accusations de l'antisémite, de l'antiprotestant, de l'anticlérical. Les trois « anti » sont comme une image renversée l'un de l'autre. Cette ressemblance même, cette sorte de parenté dans leurs griefs et dans leurs vœux nous met, d'avance, en garde contre leurs violences et contre leurs outrances. Il nous suffit de leur prêter également l'oreille, pour nous sentir moins inquiets du triple péril qu'ils nous signalent. Au lieu de nous épouvanter, les cris simultanés de l'anticlérical, de l'antiprotestant, de l'antisémite sont plutôt faits pour nous rassurer. Notre pays de France ne peut courir, à la fois, des dangers aussi divers.

Si elles ne s'annulent pas entièrement, leurs accusations et leurs doléances réciproques se discréditent les unes les autres. Le vrai péril, pour la France et pour l'esprit public, n'est peut-être, en réalité, ni le péril juif, ni le péril protestant, ni le péril clérical ; c'est l'apparition et la vogue, autour de nous, de l'antisémitisme, de l'antiprotestantisme, de l'anticléricalisme. Voilà le phénomène dont doit, avant tout, s'alarmer notre patriotisme, parce que, ils ont beau s'en défendre, antisémitisme, antiprotestantisme, anticléricalisme, sont tous trois, presque également, des doctrines de haine. S'ils ne proviennent pas uniquement de la haine, ils aboutissent fatalement à la haine, ils prêchent la haine et la division, en même temps qu'ils fomentent l'esprit de secte et de fanatisme.

C'en serait assez pour que, sans même examiner la valeur de leurs griefs, on fût en droit de les condamner, également, comme des doctrines immorales et antisociales.

Ce sont des doctrines immorales et antisociales, à un autre titre encore, parce que l'antisémite, l'antiprotestant, l'anticlérical, nous enseignent, tous les trois, que le principe de nos maux et de nos vices n'est pas en nous-mêmes, doctrine décevante et pernicieuse, s'il en fût. A les en croire, le principe des maux de notre société serait tout extérieur ; il serait dans le virus juif, le virus protestant, le virus clérical, que nous n'aurions qu'à éliminer ; il serait dans un corps étranger que

nous n'aurions qu'à extirper, pour recouvrer une parfaite
santé morale. Une simple opération chirurgicale y
suffirait. Or, pareille doctrine est un sophisme qui
s'oppose à toute réforme morale sérieuse. La France et
la société contemporaine ont, assurément, besoin de
réforme morale, sinon de réforme sociale, mais cette
réforme, pour être profonde et efficace, doit porter sur
nous-mêmes, sur nos idées, sur nos mœurs et nos
habitudes, sur notre vie privée et notre vie publique.
Autrement, toutes les réformes politiques et toutes les
revisions constitutionnelles, toutes les réformes légales
comme toutes les révolutions demeureront stériles.

Au lieu de reconnaître cette vérité, les trois « anti »
nous montrent, chacun, un bouc émissaire sur lequel ils
se plaisent à entasser tous nos péchés et à faire retomber
la responsabilité de tous nos maux. C'est là un emprunt
aux traditions sémitiques dont il est malaisé de les louer.
Il y a, aujourd'hui, en France, pour les foules et, hélas !
parfois aussi, pour l'élite, deux boucs émissaires que,
dans les camps opposés, on rend responsables de toutes
les difficultés que traverse le pays. Ces deux boucs
émissaires, est-il besoin de les nommer? C'est le juif,
et c'est le jésuite. A en croire l'antisémite et l'anticlérical, qui grandissent et magnifient également l'objet de
leurs haines, ce seraient là les deux grandes puissances
de notre temps. Rien, dans la vie publique, ne se ferait
sans leur impulsion, ou sans leur autorisation. Ils tien-
draient les fils invisibles de toutes les intrigues; on

sentirait leur main ténébreuse dans toutes les agitations contemporaines. Les politiques en vue, les journalistes en renom, les ministres, les chefs de partis ne seraient que des instruments dociles ou des marionnettes inertes, entre les mains de ces deux maîtres occultes, qui se disputent l'empire et la suprématie. Le juif et le jésuite, double objet de superstitieuses terreurs, sont ainsi deux épouvantails, comme deux spectres, pour ne pas dire deux croquemitaines, que nos passions sectaires et notre ignorante crédulité nous font entrevoir partout dans l'ombre.

L'antisémite et l'anticlérical se font, ainsi, de la politique et de l'histoire contemporaine, une conception analogue, également étroite et également fausse. Dupes de la terreur judaïque ou victimes de la terreur jésuitique, ils ne comprennent pas les faits auxquels ils assistent; ils n'en saisissent ni les proportions ni la portée; ils en dénaturent le sens et la valeur. Les événements qui se passent sous leurs yeux prévenus, l'antisémite et l'anticlérical en donnent aux masses une explication enfantine. A une époque où les rivalités des peuples et la mise en valeur de vastes continents, où les inventions scientifiques et les compétitions de classes sont en train de changer la face du monde, entre toutes les forces qui se disputent l'empire du globe, entre tous les acteurs qui s'agitent sur la scène élargie de l'histoire, ils n'en distinguent guère que deux, que grandit, démesurément, leur effroi et auxquels leur myopie et leur

manie attribuent toutes les impulsions et tous les mou-
vements de la politique, toutes les révolutions et tous
les maux des sociétés modernes.

Tout en se combattant mutuellement, ils se trouvent,
par là, d'accord pour pervertir l'esprit public, pour le
détourner des grands problèmes urgents, des réformes
nécessaires et efficaces, au profit de querelles surannées
et de luttes mesquines et stériles. Les yeux pareillement
fixés sur le passé, ils font également appel aux préjugés et à l'ignorance, aux rancunes et au fanatisme,
à tout ce qui divise et désunit.

Ne fût-ce que pour cette raison, je serais en droit
d'affirmer que ce sont là des doctrines antipatriotiques
et antinationales, aussi bien que des doctrines immorales
et antisociales. Car elles ne se bornent pas à dénaturer
le sens des faits et à fausser l'esprit public ; sous prétexte de nous délivrer et de nous sauver, elles nous
prêchent également la discorde et la violence. Antisémites, antiprotestants, anticléricaux sont d'accord pour
ne voir de salut que dans l'anéantissement de leurs
adversaires.

Chacun de ces trois « anti » répète à sa manière :

La maison est à moi, c'est à vous d'en sortir.

A les entendre, la maison, c'est-à-dire la France, est
trop petite pour loger à la fois tous ses enfants. Chacun
des « anti » prétend expulser ses adversaires ; chacun

demande contre eux des lois de proscription et de confiscation, et, comme l'intolérance appelle l'intolérance
et que la haine provoque la haine, l'antisémitisme,
l'antiprotestantisme, l'anticléricalisme s'engendrent et
s'alimentent mutuellement. Ils sont en quelque sorte le
produit l'un de l'autre. Ils se répondent comme un écho.
Chacun d'eux excuse ses haines et ses violences par les
violences et les haines d'autrui. Demandez à l'antisémite
ou à l'antiprotestant par quoi se justifient leurs passions
sectaires ; ils vous diront que c'est par les prédications
haineuses et les appels à l'intolérance de l'anticléricalisme.
Demandez à l'anticlérical d'où lui viennent ses
indignations et ses colères contre les catholiques et
contre le clergé ; il vous répondra, le plus souvent,
qu'elles proviennent des emportements et des fureurs
de l'antisémitisme. On pourrait soutenir que le principal
facteur de l'anticléricalisme est, à l'heure actuelle,
l'antisémitisme, comme le premier facteur de l'antisémitisme est, aujourd'hui, l'anticléricalisme. On l'a bien
vu en ces dernières années. La recrudescence de l'anticléricalisme — j'espère le démontrer — est sortie des
violences de la campagne antisémite, à la suite de
l'affaire Dreyfus.

Aussi, j'oserai dire que la meilleure manière de combattre l'antisémitisme ou l'antiprotestantisme, c'est de
repousser l'anticléricalisme. Et de même, la façon la
plus sûre de lutter contre l'anticléricalisme, c'est de
réprouver l'antisémitisme et l'antiprotestantisme. Qui

prétend livrer bataille à l'un de ces trois « anti » doit déclarer la guerre à tous les trois, également.

Voulons-nous rendre la paix à la France et nous affranchir de ces doctrines de haine, sachons nous élever au-dessus des préjugés et des passions sectaires, en revendiquant, hardiment et loyalement, la même liberté et les mêmes droits, pour tous les Français, sans distinction d'origine, de classe, de religion.

CHAPITRE II

L'ANTISÉMITISME

Les principaux aspects de l'antisémitisme. — I. Le grief religieux.
— Le Juif a deux morales. — L'antisémitisme et la charité chrétienne. — Les Juifs et la sécularisation des sociétés contemporaines. — Les Juifs et la franc-maçonnerie. — II. L'esprit juif.
— Qu'entend-on par là, et quels en sont les types? — L'esprit
juif est-il étranger au judaïsme? — Comment ce qu'on appelle
ainsi n'a souvent rien de proprement juif. — III. Le grief national et politique. — Le juif est un étranger. — Sémites et
Aryens. — Le particularisme juif et l'esprit de tribu. — La
solidarité et le cosmopolitisme juifs. — IV. Le grief social et économique. — Le juif est un parasite. — Haute Banque et monopole financier. — Le prolétariat juif. — Les juifs et la concurrence. — Comment l'antisémitisme aboutit à une contrefaçon
du socialisme. — V. Conclusion. — Quelles solutions nous offre
l'antisémitisme? — Il n'y a qu'une solution, la liberté et l'égalité.
— Qu'y aurait-il de changé, s'il n'y avait pas de juifs en France?
— De la prétendue judaïsation des sociétés contemporaines.

MESSIEURS,

L'antisémitisme est le type de ce que j'appelle une
doctrine de haine ; à ce titre, il est naturel que nous
commencions par lui. C'est un sujet très vaste, très

complexe et qu'il est malaisé de traiter en une heure.
J'en ai, déjà, pour ma part, discouru et écrit plusieurs
fois [1] ; je serai, probablement, obligé de me répéter, sur
plus d'un point. Je compte, aujourd'hui, me cantonner
en France, et même, en ne parlant que de la France, je
serai condamné à être bref, peut-être superficiel ; je me
contenterai d'une course à vol d'oiseau, pour ainsi dire,
en m'arrêtant, seulement, aux sommets de la question.

L'antisémitisme se présente à nous sous trois ou
quatre aspects principaux : il se donne, d'abord, comme
le vengeur du christianisme et de la religion ; il se
donne, également, comme le champion de la patrie et
de l'unité nationale ; il se donne, enfin, comme le défenseur de la fortune publique et de la morale sociale. Nous
allons, successivement, examiner chacun de ces aspects
de la question, afin de juger en quoi sont fondées ces
prétentions de l'antisémitisme.

<h2 style="text-align:center">I</h2>

Prenons d'abord l'aspect religieux, ou le grief religieux
de l'antisémitisme. Les antisémites n'aiment pas qu'on
répète que leur campagne a comme point de départ
un sentiment religieux, pour ne pas dire un préjugé
religieux.

1. Voyez *Israël chez les Nations* (Calmann Lévy) et *l'Antisémitisme*, conférence faite à l'Institut catholique (même librairie).

Il serait injuste, assurément, de prétendre, comme le font quelques personnes, que l'antisémitisme est, uniquement, une réminiscence des anciens préjugés du moyen âge. Mais, d'un autre côté, il est incontestable que, malgré tout, les antipathies religieuses y tiennent une place, et parfois même une large place.

Chaque « anti », je l'ai déjà constaté, a bientôt fait de s'attaquer à la religion qu'il a en face de lui. C'est ainsi que les antisémites s'en prennent au judaïsme, à son culte, à ses traditions, à ses livres, à sa morale.

Prenons la morale : il y a un reproche qu'on fait, tous les jours, aux juifs, à leurs rabbins, à leur enseignement, au Talmud, parfois même à la Bible. On dit : le juif a deux morales ; il a une morale pour ses congénères, et il a une morale pour les autres, une morale pour les *goïm*. Vous remarquerez, en passant, que les antisémites ont un goût singulier pour les termes hébraïques ; cela donne à leurs doléances une sorte de couleur locale qui fait illusion ; cela fait croire qu'ils sont versés dans la lecture des livres bibliques, et au besoin talmudiques ; mais cette érudition antisémite est toute de surface ; elle est toute verbale ; elle n'est, le plus souvent, qu'un trompe-l'œil.

Le juif donc a deux morales : une pour les siens, une pour les autres. La Bible enseigne bien qu'il faut aimer son prochain ; c'est un précepte antérieur au christianisme, et, comme sur beaucoup d'autres, c'est un point sur lequel l'Évangile continue l'Ancien Testament.

Mais que faut-il entendre par prochain? Au dire des antisémites, c'est bien simple : le prochain, pour le juif, c'est le juif; pour lui, aimer son prochain, c'est aimer le juif. — Et l'on vous cite des textes plus ou moins probants. C'est encore une des choses à signaler dans toutes ces campagnes anti ?, l'abus des textes, de textes plus ou moins authentiques, plus ou moins tronqués. Je n'ai pas le temps de m'appesantir ici sur la valeur d'un pareil grief. Il me suffira de constater que la morale juive et les livres qui font autorité dans le judaïsme, à commencer par la Bible, enseignant, catégoriquement, l'amour du prochain, entendu d'une manière large. La Bible parle même de l'amour de l'étranger qui habite au milieu des Juifs. La notion fondamentale du judaïsme en morale, c'est l'idée de justice et, par elle-même, cette idée de justice s'étend à toutes les relations sociales.

Sans nous arrêter plus longtemps à cette question, nous la retournerons contre les antisémites; nous leur demanderons, à ceux qui accusent le judaïsme d'avoir deux morales, si les antisémites n'ont qu'une seule et même morale, vis-à-vis des juifs et vis-à-vis des chrétiens.

Quelle est la vertu qui est, en quelque sorte, l'essence du christianisme? C'est la charité; — la charité chrétienne, les deux mots, pour nous, sont si intimement unis qu'il nous est presque impossible de les séparer. Or, cette charité chrétienne, l'antisémite se croit-il obligé de l'étendre jusqu'aux juifs? Lisez ses journaux, scs opuscules, ses libelles, vous verrez comment l'anti-sémite entend la fraternité vis-à-vis des juifs. Aussi, je me permets, en qualité de chrétien, — car je m'honore du titre de chrétien, — de constater que l'antisémitisme, en tant que doctrine, n'a aucun droit à se réclamer du christianisme et de l'Évangile, attendu que ce serait leur faire injure que de concevoir le christianisme ou l'Évangile sans la charité. « Quand je parlerais les langues des hommes et des anges, nous dit l'Apôtre, si je n'ai la charité, je suis comme un airain sonnant ou une cymbale retentissante. » Un airain qui sonne la chasse et la curée, de creuses et aigres cymbales qui provoquent à la haine et à la violence, n'est-ce pas là, faute de charité, ce que sont les voix les plus bruyantes de nos antisémites ?

Le grief religieux, je le reconnais volontiers, prend souvent, dans l'antisémitisme contemporain, une forme plus sérieuse. Les juifs, dit-on, sont les ennemis nés du christianisme et de la civilisation chrétienne. Comme tels, ils sont, partout, au premier rang des adversaires de l'Église et des institutions animées de l'esprit chrétien. Ils sont les promoteurs ou les bailleurs de fonds, les pourvoyeurs intellectuels ou matériels des sectes et des partis, qui, sous couleur de sécularisation de l'État et de neutralité confessionnelle, travaillent à ruiner, avec la foi et les traditions chrétiennes, l'esprit religieux. Les juifs, en un mot, sont les grands agents, pour ne pas

dire les grands entrepreneurs de la « déchristianisation »
des peuples contemporains.

Le juif, ajoute d'habitude l'antisémite, est le maître
et l'inspirateur de la société envahissante qui, au moins
dans les pays latins, incarne la haine de la religion et
du christianisme, de la franc-maçonnerie, pour l'appeler
par son nom. Juifs et francs-maçons, pour nombre de
nos antisémites, c'est tout un. L'assimilation est devenue
banale et, comme pour l'affirmer aux yeux de tous,
nous avons vu, récemment, se dresser, à Paris, en face
du « Grand-Orient », le « Grand-Occident », hautaine
citadelle de l'antisémitisme.

C'est là un grief sérieux, auquel ne restent insensibles
ni le chrétien qui a le légitime désir de conserver la foi
chrétienne, ni le politique qui croit qu'un peuple ne
saurait se passer, impunément, de toute espérance religieuse. Entre tous les griefs agités, aujourd'hui, par l'antisémitisme, c'est un de ceux que les juifs auraient le
plus d'intérêt à écarter, comme un de ceux qui leur
valent le plus d'aversion ou le plus de défiance, jusque
parmi les gens les moins hostiles. Les juifs qui ne le
comprennent point, ceux qui, pour repousser les agres-
sions des antisémites, se font les propagateurs de l'anticléricalisme, font fausse route ; ils fournissent des
aliments et des arguments à l'antisémitisme ; car, ainsi
qu'il me faudra plus d'une fois le rappeler, l'anticléricalisme et l'antisémitisme ont, pour premier effet, de se
provoquer et de se renforcer l'un l'autre.

Mais ce grief est-il aussi fondé que le croient nombre de nos contemporains ? Les juifs sont-ils, vraiment, partout, les promoteurs de la sécularisation ou de la déchristianisation des peuples modernes ? n'est-ce point là une œuvre qui remonte au xviiie siècle et à la Révolution, c'est-à-dire à une époque où les juifs n'avaient aucune influence chez nous, où les plus fougueux antisémites n'oseraient parler de prépondérance juive? Est-ce que le xviiie siècle, est-ce que la Révolution ont jamais été imbus de l'esprit juif? Et puisqu'on se plaît à identifier l'action d'Israël et celle de la franc-maçonnerie, cette assimilation entre l'Alliance Israélite Universelle et le Grand-Orient, entre l'esprit juif et l'esprit maçonnique, est-elle justifiée ? C'est là une question sur laquelle je n'insisterai pas ici, parce que je l'ai traitée ailleurs, dans une conférence faite à l'Institut catholique de Paris[1]. Quelque opinion qu'on ait de la maçonnerie, de son but, de son ascendant, de sa politique; qu'on la considère comme une des puissances du jour, ou qu'on regarde comme grandement surfaite l'influence que certains lui attribuent, une chose reste hors de doute, c'est qu'en dépit de son légendaire cérémonial et des noms ou des titres hébreux, dont ses adeptes aiment à s'affubler, la maçonnerie n'a rien de juif, ni dans ses origines, ni dans son organisation, ni dans son inspiration. Venue d'Angleterre, au commencement du

---

1. Voyez *l'Antisémitisme*, conférence faite à l'Institut catholique (Calmann Lévy), pp. 9-24. — Cf. *Israël chez les Nations*, chap. iii.

xviii° siècle, et d'abord cantonnée dans les couches aristocratiques, la maçonnerie continentale, malgré ses fastueuses maximes de fraternité universelle, est restée
longtemps fermée aux juifs. Aujourd'hui encore, en
Allemagne, en Roumanie surtout, nombre de loges
repoussent les Israélites, si bien que les juifs roumains
qui veulent ceindre le tablier du maçon demeurent
contraints de fonder, entre eux, des loges exclusivement
juives.

L'obstination des antisémites à identifier les francsmaçons et les juifs, dans ce qu'ils appellent la Judéomaçonnerie, montre seulement leur mauvaise foi ou leur
ignorance. Si l'histoire et les faits interdisent de considérer la maçonnerie comme une institution juive, fondée
ou dirigée par les juifs, dans un intérêt juif, l'antisémitisme se rabat sur la parenté de l'esprit juif et de
l'esprit maçonnique. A l'entendre, les loges, sur le
continent au moins, en pays latins surtout, ne seraient
plus que de dociles instruments aux mains d'Israël.
Lorsque, rompant avec les traditions maçonniques, le
Grand-Orient rejetait l'autorité du Grand Architecte de
l'Univers, les loges françaises auraient obéi aux suggestions de l'esprit juif, comme si la Synagogue avait
abjuré son antique monothéisme, et comme si le juif, en
révolte contre le Dieu de ses pères, n'aspirait plus qu'à
détrôner Jéhovah.

L'esprit juif est, en effet, l'objet des craintes et de la
répulsion, non seulement des antisémites, mais d'un

grand nombre de nos contemporains. Et ce que je dis de l'esprit juif, on pourrait le répéter, *mutatis mutandis*, de « l'esprit protestant » et de « l'esprit clérical ». Religieuses ou politiques, les polémiques engagées autour des trois « anti » font une grande place à ce qu'elles nomment « l'Esprit juif », — « l'Esprit protestant », — « l'Esprit clérical ». Cela seul nous contraindrait de nous y arrêter.

II

Y a-t-il un esprit juif? S'il en est un, en quoi consiste-t-il ? Quels en sont les traits, et quelle en est la marque? — Chose singulière, lorsque nous voulons analyser ce qu'on entend, le plus souvent, par esprit juif, nous trouvons que, sur nombre de points, l'esprit juif incriminé par les antisémites est la négation des doctrines et des traditions du judaïsme.

Qu'est, en effet, « l'esprit juif », aux yeux d'un grand nombre de nos compatriotes? C'est, nous y reviendrons tout à l'heure, un esprit étranger, hostile au génie de notre race. C'est, en même temps et du même fait, un esprit de révolte et un esprit de négation ; — certains, nous le verrons bientôt, ont la même opinion de l'esprit protestant. Par suite, l'esprit juif, — et, pour des raisons analogues, l'esprit protestant, — ne saurait être, pour notre France et pour l'Europe chrétienne, qu'un

dissolvant ; lui laisser le champ libre, lui permettre de
« judaïser » nos lois et nos institutions, ce n'est pas
seulement compromettre la puissance nationale, c'est
ruiner les bases de la société française.

Quand l'esprit juif serait, vraiment, un esprit de
révolte et de négation, quand le juif se rencontrerait,
partout, au premier rang des destructeurs et des nive-
leurs, ou qu'il pousserait, sournoisement, dans l'ombre,
les ennemis de l'ordre politique et de l'ordre social,
cela s'expliquerait par l'éducation historique que les
peuples chrétiens ont, eux-mêmes, donnée à Israël, par
les souffrances que cet ordre politique ou social lui a
longtemps infligées et par les ressentiments qu'il lui a
laissés. Comment le juif n'aurait-il pas de défiance ou
de rancune pour des institutions ou pour des autorités,
qui l'ont maintenu, si longtemps et si obstinément, hors
du droit commun, pour ne pas dire hors de l'humanité ?
Qu'on songe à ces douze ou quinze siècles de persécution et d'abaissement, et l'on comprendra que les
massacres et les bûchers du passé ont pu laisser, sur le
juif, sur son intelligence, sur son âme, sur ses idées, une
marque, et, si l'on veut, des stigmates, que les courtes
années d'émancipation n'ont pas encore eu le temps
d'effacer. La trace de tant de siècles de souffrances et
d'humiliations ne peut disparaître, d'un coup, sur la
promulgation d'un décret, ou sur le vote d'une loi
d'affranchissement.

Comment s'étonner « du ferment de révolte qui bouillonne », encore, en tant de cœurs israélites, alors qu'on se rappelle combien longue et dure a été, pour Israël, la période d'abaissement et d'oppression ; combien récente et parfois incomplète, combien précaire et disputée est encore, pour nombre de juifs, leur tardive émancipation? Après tout, ce sont, pour la plupart, des affranchis ou des fils d'affranchis ; ils se ressentent souvent de l'esclavage de leurs pères, et, pour être plus sûrs de ne pas perdre leur liberté, ils se tiennent en garde contre les partis ou contre les puissances qui les ont, si longtemps, tenus dans les fers, et qui, parfois encore, font mine de vouloir les y ramener. Comment nous scandaliser de ce que la Révolution et l'esprit de la Révolution conservent une prise sur la plupart des juifs d'Occident, parfois même sur les « grands juifs » dont la fortune et les intérêts sont ouvertement menacés par les revendications révolutionnaires? de ce que, dans nos luttes politiques ou nos compétitions sociales, beaucoup de juifs semblent incliner vers les partis ou vers les doctrines dont la témérité est justement faite pour nous effrayer? Est-ce là, vraiment, un trait de race? et peut-on y voir la marque de l'esprit juif ou du génie sémitique? Si la tradition des vieux prophètes n'y est pas étrangère, si la « fille de Sion » a légué aux tribus dispersées, avec les espérances messianiques, un vague idéal de justice sociale, les tendances révolutionnaires ou socialistes de nombre de juifs contemporains dérivent d'une source moins ancienne ; elles proviennent, avant

tout, d'un fait bien simple, c'est que leur affranchissement, les juifs le doivent à la Révolution, et que les
hommes qui menacent de les replacer sous le joug
suranné des lois d'exception sont, d'habitude, les
adversaires déclarés de la Révolution et de ce que, à
tort ou à raison, on a nommé l'esprit moderne.

Si c'est en cela que consiste l'esprit juif, on n'y saurait donc reconnaître un caractère ethnique, un trait de
race. Tout au rebours, dans les contrées d'Orient où ils
vivent isolés, enfermés dans leurs vieilles juiveries, sous
l'autorité de leur loi et de leurs rabbins, j'en ai fait plus
d'une fois la remarque, les juifs sont plutôt demeurés
conservateurs, défiants des nouveautés, respectueux de la
tradition, parfois même esclaves de la routine. Les accu-
ser ou les glorifier d'être les instigateurs de la Révolution, les pionniers des idées nouvelles, c'est ne pas les
connaître. Sephardim ou Askenazim, il en était de
même, autrefois, des juifs d'Occident, des contemporains de Spinoza ou de Moïse Mendelssohn. Loin d'avoir
donné le branle au monde nouveau, l'esprit juif en a
subi l'impulsion. En fait de révolution, le juif des
temps modernes a été moins initiateur qu'imitateur.
Comme je l'écrivais naguère [1], le juif du xviii° siècle
était si bien lié et garrotté par le Talmud et les observances rituelles que, si nous n'avions tranché ses liens,
ou si nous ne lui avions prêté des ciseaux et des limes

1. Voyez *Israël chez les nations.*

pour les couper, il n'aurait peut-être jamais eu la force
de les briser. Ne renversons pas les rôles ; ce n'est pas
le juif qui a émancipé la pensée chrétienne et boule-
versé les sociétés contemporaines, c'est la pensée chrétienne, ou mieux, la pensée moderne, qui a émancipé le
juif.

L'esprit d'innovation lui est, presque partout, venu
du dehors ; mais une fois qu'il en a été touché, on ne
peut être surpris qu'il ait souvent suivi les adversaires
des traditions religieuses ou monarchiques. Comment
serait-ce, parmi les juifs, que l'idée chrétienne recruterait
ses défenseurs, ou que l'ancien régime et l'ancienne
monarchie garderaient des partisans ? et, religieuses
ou politiques, comment les échappés du ghetto ne se
défieraient-ils pas des traditions d'un passé qui leur
a laissé des souvenirs si cruels ? Cette défiance envers
les idées ou les institutions du passé, ne la rencon-
trons-nous pas, également, pour des raisons analogues, chez d'autres victimes de l'ancien régime,
chez nos protestants français, si bien que nos antisémites n'ont pas craint d'assimiler l'esprit huguenot à
l'esprit juif ?

De ce que les vexations ou les souffrances de l'ancien
régime ont prédisposé les juifs à la révolte ou à la
défiance contre les institutions du passé, s'ensuit-il que
le principal trait de l'esprit juif soit la lutte contre l'esprit chrétien et l'esprit religieux, poussée jusqu'au matérialisme militant ? Peut-on affirmer, avec un écrivain de

talent [1], que, si l'Hébreu de l'antiquité biblique « fut le
déiste (ou mieux le théiste) type », le juif est, aujour-
d'hui, l' « irréconciliable Ennemi de Dieu ? ».

Si vous érigez le juif en ennemi de Dieu et en apôtre
de l'athéisme, que faites-vous des milliers, ou mieux des
millions de juifs qui, en Occident comme en Orient, et
en Amérique comme en Asie, s'obstinent à adorer Jéhovah et à vénérer la Bible, les Prophètes, ou même le
Talmud ? Direz-vous que le judaïsme est étranger à l'esprit juif ? que, pour saisir ou pour définir cet esprit
juif, il faut commencer par écarter tous les israélites qui
restent attachés aux traditions d'Israël et à la foi de
Juda ?

C'est ainsi, pourtant, que procèdent, d'habitude, les
coryphées de l'antisémitisme contemporain. Pour ex-
traire du juif moderne ce qu'ils appellent l'esprit juif,
ils excluent, *a priori*, ou ils laissent systématiquement
de côté tous les docteurs, tous les rabbins, tous les
croyants, toute la littérature ou la presse religieuse
d'Israël, comme si les israélites fidèles aux croyances de
leurs ancêtres étaient devenus, par là même, étrangers
à « l'esprit juif ».

Quels sont les hommes qu'on nous donne, le plus souvent, comme les représentants légitimes et authentiques
de l'esprit juif ? C'est un Spinoza, un Heine, un Lassalle,
un Karl Marx, pour ne citer que des morts, c'est-à-dire,

1. Maurice Muret, *L'Esprit juif*, Paris, Perrin, 1901.

d'habitude, des écrivains ou des agitateurs détachés du judaïsme et de la tradition juive. Qu'auraient dit les juifs d'Amsterdam qui ont frappé Spinoza du « Herem », si on leur avait annoncé qu'un jour viendrait où ce disciple des *goïm*, excommunié par la Synagogue, serait donné comme un des représentants attitrés de l'esprit juif? Et ce qui est vrai de Spinoza l'est, plus encore, de Heine ou de Marx. Ce sont là des juifs détachés de la tradition juive, ce que j'ai appelé, dans *Israël chez les Nations*, des juifs « déjudaïsés, » c'est-à-dire des hommes qui, à notre contact et sous l'influence de notre civilisation occidentale, ont abandonné les croyances et les traditions de leurs pères pour y substituer des idées et des notions nouvelles, empruntées à un milieu étranger au judaïsme.

Ces juifs déjudaïsés, formés à notre école, il est permis de découvrir, chez eux, la marque persistante des origines israélites et même d'y surprendre les traces du génie juif ou hébraïque. L'erreur, pour ne pas dire le paradoxe, est de les regarder comme les seuls ou les principaux représentants de l'esprit juif. Si fidèles, ou si habilement peints que puissent être les portraits de tous ces juifs déserteurs du judaïsme, ils ne sauraient nous donner, du juif moderne, qu'une image fausse, parce qu'incomplète, ne nous en montrant qu'un côté, et précisément, la face la moins juive. Or, cette erreur est celle de la plupart de nos écrivains et de nos polémistes. Lorsqu'ils veulent dépeindre le caractère ou l'esprit du juif moderne, ils écartent, inconsciemment ou de parti pris, tous les juifs restés fidèles au Dieu de la Bible, comme si, pour personnifier l'esprit juif, il fallait s'adresser, uniquement, à des juifs baptisés ou à des renégats de la foi du judaïsme. C'est à peu près comme si, pour étudier l'esprit catholique, on choisissait, pour le représenter, Voltaire, Diderot et les encyclopédistes sortis des collèges des Jésuites. Je sais que, chez les juifs, les antisémites ont eu vue la race et non la religion ; mais, chez le juif, race et religion sont malaisées à séparer, entièrement, d'autant qu'elles sont, en quelque sorte, le produit l'une de l'autre. C'est sa religion qui a formé et qui a conservé le juif ; et quand on ne verrait en elle que l'expression du génie de la race, il est peu conforme à l'histoire ou à la raison de n'y pas reconnaître un des facteurs de l'esprit juif.

Pour faire du juif, avec les antisémites, l'esprit négateur par excellence, et « l'irréconciliable ennemi de Dieu », il faut, par une sorte de paradoxe historique et philosophique, isoler le juif de la Synagogue, le couper de sa Bible, de son Talmud et de toute la littérature proprement juive.

Assurément, l'esprit de négation ou de scepticisme est fréquent parmi les juifs occidentaux qui, à notre contact et à notre école, se sont, pour ainsi dire, vidés de toutes les croyances de leurs ancêtres et de toutes les traditions d'Israël, sans que rien ait encore comblé pareil vide. C'est de cela, sans doute, que s'autorise tel de nos

compatriotes pour écrire que le juif contemporain est un
« ardent entrepreneur de démolition ». Si cela est vrai
de plus d'un juif d'Occident, ces penchants négatifs ou
ces instincts destructeurs ne sortent pas de la race; ils
n'ont, en eux-mêmes, rien de sémitique ou de judaïque ;
ils proviennent surtout de l'histoire, des haines anciennes
ou des vivaces rancunes accumulées, chez les fils
d'Israël, par la longue persécution du moyen âge et par
les longs abaissements de l'ancien régime. Il est malaisé
d'y reconnaître une philosophie et une politique juives.
Religieuses ou politiques, ces doctrines négatives, —
pour ceux mêmes des révolutionnaires israélites qui
peuvent se vanter d'avoir une doctrine, — ne sont pas
sorties, spontanément, du sein d'Israël ; elles lui sont,
presque toujours, venues du dehors. J'en puis citer un
exemple récent et frappant. On a souvent reproché aux
juifs russes, durant les vingt dernières années du
XIXᵉ siècle, d'être enclins au « nihilisme » et à l'anarchisme. Cette sorte de nihilisme théorique, les émi-
grants juifs poussés par l'intolérance et par la misère,
des bords de la Baltique ou de la mer Noire au Nouveau
Monde, ont été accusés, plus d'une fois, de l'avoir trans-
porté, avec eux, de l'autocratique Russie dans la libre
Amérique. Or, ce nihilisme anarchique, étranger à leurs
coreligionnaires d'Occident ou d'Orient, où ces juifs
russes l'avaient-ils puisé ? Était-ce dans leurs synagogues, dans leurs *heder* ou leurs Talmud-Thora ? Non,
c'était dans les écoles russes, dans les universités impé-

riales, auprès des compatriotes de Bakounine et de Kropotkine[1].

Il en est des juifs d'Occident, des juifs de France ou d'Allemagne, comme de ceux de Russie. S'ils se laissent souvent entraîner aux théories révolutionnaires et aux idées négatives, s'ils en deviennent parfois les champions ou les apôtres, les juifs en sont rarement les inventeurs. Tout au plus, leur donnent-ils parfois, comme Karl Marx, une forme, une façon nouvelle. Qui veut se donner la peine d'examiner les juifs, pays par pays, État par État, découvre que le radicalisme juif garde, d'habitude, un goût de terroir, selon le sol dont il provient. Ce serait le cas, pour les antisémites, de s'en tenir à leur thèse de prédilection, de dire que le juif n'invente rien, qu'il ne vit jamais que d'emprunts, qu'en fait d'idées, comme en fait d'industrie, le Sémite n'est jamais qu'un courtier. Ce qui, en d'autres domaines, n'est qu'une accusation inepte et inique serait, d'ordinaire, justifié en politique et en révolution.

L'esprit juif, si l'on entend, par là, l'esprit de négation et de destruction, n'a ainsi, le plus souvent, rien de vraiment juif. S'il est des israélites matérialistes, des israélites athées, ces fils d'Israël, infidèles à l'antique foi de Juda, sont loin d'avoir importé, chez nous, le matérialisme ou l'athéisme ; ils l'ont respiré, d'habitude, dans notre atmosphère ; ils l'ont emprunté, autour d'eux, à

1. Voyez l'*Empire des Tsars et les Russes*, tome II, liv. VI, chap. I.

leurs voisins non juifs, à des chrétiens, à des « aryens »,
si bien que, à le prendre à ses origines et à remonter
jusqu'à sa source, cet esprit juif dérive de l'esprit
« aryen ». Le plus souvent, ce soi-disant esprit juif
est, tout bonnement, l'esprit du xviiie siècle et de la
Révolution. Veut-on que, à cet esprit de la Révolution
qui, pour beaucoup de nos contemporains, s'identifie
encore à l'esprit moderne, il se mêle, chez les israélites,
outre une naturelle aversion pour l'ancien régime,
quelque chose de proprement juif ou hébraïque, c'est
— la remarque en a souvent été faite — la foi au Progrès,
le grand dogme moderne, à laquelle le juif était préparé,
de longue date, par les visions de ses prophètes et par
ses aspirations messianiques. Pour devenir d'ardents
prosélytes de cette humaine foi au Progrès, il a suffi, aux
fils d'Israël, de lire la Bible à la lumière de l'Encyclopé-
die et des philosophes. Ils ont cru retrouver, dans les
promesses des profanes voyants des gentils, les prédic-
tions des « nabis » du Jourdain. Ainsi s'explique comment, du petit juif routinier des vieilles juiveries,
émerge, si facilement, un homme moderne et, à certains
égards, le plus moderne des modernes. N'importe, en
fait de négation et de radicalisme philosophique ou politique, le juif a été notre élève, et non pas notre maître.
Ce n'est pas nous, quoi qu'en pensent les antisémites,
qui nous judaïsons à son contact, c'est lui, plutôt, qui se
« déjudaïse » au nôtre. S'il y a, vraiment, entre lui et nous,
contagion de scepticisme et de matérialisme, il y aurait

9.

injustice, de notre part, à l'en rendre responsable ; car les germes de ce mal moral, il les a pris, chez nous, il ne nous les a pas apportés.

Mais est-il vrai que les juifs modernes sont tous les zélateurs des doctrines négatives, les ennemis de l'idée de Dieu et les champions acharnés de la grande révolte contre toute autorité[1] ?

Si nombre de juifs modernes sont ainsi les adeptes du matérialisme, cela n'est guère vrai que des juifs d'Occident, plus ou moins « déjudaïsés » à notre école. Il semble qu'il en ait été de même, dès l'antiquité. Les juifs demeurés fidèles au Talmud ont un nom ancien pour désigner ceux de leurs frères devenus matérialistes ; ils les appellent des *Apikorim*, c'est-à-dire des Épicuriens, indiquant, par ce sobriquet, l'origine étrangère du matérialisme en Israël. J'ai, quant à moi, visité, en Europe, en Asie, en Afrique, la plupart des grandes juiveries d'Orient ; j'ai pu constater que, s'il s'y rencontre, le juif athée, le juif « irréconciliable ennemi de Dieu » y est encore fort rare. Et, dans notre Occident même, les juifs en sont-ils tous, vraiment, à l'athéisme en religion, au collectivisme ou à l'anarchie en politique ? En est-il ainsi de l'Angleterre, par exemple, qui,

---

1. Pour connaître le véritable esprit juif, il faudrait être en contact avec les milieux proprement juifs et suivre la littérature juive, dans les feuilles israélites en « jargon » ou en néo-hébreu. Or, d'après ce qu'en traduisent les journaux ou revues israélites, toute cette littérature juive reste dévouée à l'idée du Dieu Un.

depuis vingt ans, a servi de refuge à tant de milliers de fugitifs israélites? Disraeli, ce petit juif séphardi, drapé en lord anglais, que l'on prend parfois comme un des représentants de l'esprit juif, n'était, malgré ses velléités démocratiques, ni a iée ni socialiste; et les juifs anglais demeurés fidèles au judaïsme ne le sont pas plus que lui. Beaucoup, comme Beaconsfield, soutiennent le parti conservateur. Aux États-Unis, où leur nombre va sans cesse grossissant, les juifs, comme les chrétiens, se partagent entre les deux grands partis politiques. C'est que (toute son histoire en suggère la remarque) le juif varie suivant les pays, comme suivant les époques. Des trois facteurs principaux d'une civilisation ou d'une littérature, selon Taine, la race, le milieu, le moment, les deux derniers sont, à tout prendre, ceux qui ont le plus d'empire sur le juif moderne. Ici, comme en toutes choses, l'erreur des antisémites est d'appliquer aux fils d'Israël l'inique et grossière théorie du bloc. Juifs ou chrétiens, protestants ou catholiques, la pensée et l'activité contemporaines sont plus complexes que ne l'imaginent l'antisémite, l'antiprotestant ou l'anticlérical.

Qui de nous peut s'en étonner, quant aux juifs, alors que la souplesse, la flexibilité, le don d'adaptation sont les qualités que leurs adversaires contestent le moins aux israélites? Comme l'esprit moderne lui-même, dont il n'est à bien des égards qu'un reflet, l'esprit juif se laisse malaisément enfermer en de courtes et sèches formules. Cela est d'autant plus vrai que, au cours même du xixe siècle, le siècle où ils ont eu le plus à lutter pour leur émancipation, il s'est rencontré des juifs, dans toutes les écoles philosophiques ou sociales. Israël n'a réellement fait bloc que contre les adversaires de son affranchissement, et encore, malgré sa légendaire solidarité, les ennemis des juifs ont-ils souvent trouvé des complices, jusque dans les rangs des juifs.

Est-il nécessaire de montrer, par des exemples, que l'esprit juif n'est pas forcément athée ou matérialiste? Sans remonter jusqu'à Spinoza, grande âme religieuse à sa façon, dont les antisémites aiment à citer le nom sans peut-être comprendre ses doctrines, nous trouvons Moïse Mendelssohn, moins grand assurément que le philosophe de la Haye, mais plus voisin de nous et bien autrement représentatif de l'esprit juif. Le promoteur de la réforme du judaïsme, celui qu'on appelait le Socrate de Berlin, Mendelssohn, l'ami de Lessing et, comme on le sait, le prototype de son « Nathan der Weise », a été l'auteur du *Phédon* et l'éloquent défenseur de l'idée de Dieu et de l'immortalité de l'âme. Combien de chrétiens eussent osé, en plein xviiie siècle, refaire ainsi le *Phédon?* Si Mendelssohn en a eu le courage, c'est qu'il était encore imbu du véritable esprit juif; et si le scepticisme ou le matérialisme ont prévalu, depuis lors, chez tant de ses congénères, c'est qu'ils se sont détachés de la tradition d'Israël; c'est que, malgré la défense des vieux rabbins d'Allemagne, ils ont ouvert les livres profanes et goûté aux fruits défen-

dus de la science moderne. Tout comme les juifs de
Russie, pour le nihilisme, j'ai eu plusieurs fois l'occasion de le constater, c'est en effet à l'Université, à l'*Alma
Mater*, fondée par l'Église ou par l'État, que les juifs
d'Allemagne ou d'Autriche ont pris leurs tendances
radicales.

L'antique foi en Jéhovah aurait-elle, vraiment, déserté
la Synagogue ? ou n'est-elle plus, chez les juifs émancipés de l'Occident, qu'un cas isolé d'atavisme intellectuel ?
Tout juif civilisé est-il l'ennemi de Dieu, en même
temps que le contempteur de l'idée de patrie [1] ? Pour ne
pas sortir de France, je pourrais citer le nom d'un
homme de bien, d'un poète que nous accompagnions au
cimetière Montmartre, il y a seulement quelques semaines, et qui fut, durant près d'un demi-siècle, l'ami de
J. Simon et de Pasteur, M. Eugène Manuel. Celui-là ne
rougissait pas de ses origines israélites, et, tout en
ne restant étranger à rien de ce qui fait l'honneur de
la civilisation moderne, il n'a jamais renié le Dieu des
prophètes. Il avait été, en sa jeunesse, avec cinq autres
jeunes gens, tous français, comme lui, un des fonda-

1. On me reprocherait de no pas mentionner ici le nom d'un
israélite français, Joseph Salvador, en qui s'alliaient si curieuse-
ment les antiques espérances d'Israël et les plus hautes aspirations
modernes. Aucun fils de Juda, peut-être, n'eût eu plus de droits à
être admis comme un des représentants de l'esprit juif, au xix° siècle, que l'auteur de *Rome, Paris, Jérusalem*, le penseur original
qui rêvait d'une sorte de synthèse entre la Bible, l'Évangile et la
science contemporaine.

teurs de l'*Alliance Israélite Universelle*, que l'ignorance haineuse des antisémites voudrait ériger en épouvantail, et dont les écoles d'Asie et d'Afrique rendent tant de services à la culture européenne et à la langue française. L'auteur des *Ouvriers* n'a jamais chanté que les choses nobles : Dieu, l'âme, la famille, la patrie, l'amour chaste, la paix sociale ; c'est-à-dire, justement, tout ce qu'on nous assure être la négation de l'esprit juif.

Eugène Manuel était un poète, et les poètes, race d'artistes et de rêveurs, répugnent à bannir de leurs songes Dieu et l'âme ; veut-on un philosophe, il serait facile d'en citer, sans sortir de France. J'en nommerai un que j'ai également connu, un homme modeste et un sage, comme Manuel, et comme lui, un Français et un patriote, qui avait su associer à une haute culture moderne ce qu'il y a de plus élevé dans les traditions d'Israël, M. Adolphe Franck. Chaque fois que, à l'Académie des Sciences morales, Dieu ou l'âme semblait en cause, ce vieux philosophe, qui avait appris à lire dans le Talmud, les défendait avec un accent de foi et d'indignation qui étonnait, pour ne pas dire détonnait, en ces froides séances académiques. On eût cru entendre un prophète des bords du Jourdain. Je n'ai jamais connu plus bouillant champion de l'idée de Dieu. Nous avons, en France, une Ligue nationale contre l'athéisme que présidait, avant qu'il nous fût enlevé, M. Arthur Desjardins. Sait-on par qui cette ligue contre l'athéisme a été fondée ? par un juif, M. Adolphe Franck, avec l'appui de

J. Simon et le concours de plusieurs savants de diverses confessions, entre autres de M. Ch. Wadington, lui aussi, philosophe spiritualiste, dont l'exemple montre que, pas plus que l'esprit juif, l'esprit protestant n'est toujours négatif, ni toujours sectaire. Nombreux du reste, parmi les membres de la *Ligue contre l'athéisme*, sont les juifs et les protestants de Paris et de province qui, pour lutter contre le grossier matérialisme des foules, n'ont pas craint de donner la main à des catholiques. Et chose qu'on me permettra de noter, un des derniers écrits publiés, pour ses adhérents, par cette Ligue contre l'athéisme, est une étude traduite de l'italien, intitulée *Science et Foi*, et il se trouve que ces pages, où la foi en Dieu est glorifiée, avec un éloquent enthousiasme, sont de la plume d'un israélite, M. Luigi Luzzatti, le savant économiste italien qui a succédé à Gladstone, comme associé de l'Institut de France. De tels exemples suffisent à prouver qu'en pareille matière, si l'on ne veut point dépasser les bornes de la vérité et de la justice, il faut se garder des généralisations hâtives, au lieu de ranger, en bloc, tous les juifs, ou tous les protestants, derrière les étendards de l'athéisme et du cosmopolitisme.

A l'homme curieux de saisir l'esprit juif, ou les tendances et les aspirations du juif contemporain, en philosophie, en politique, en science sociale (autant du moins que les juifs diffèrent de leurs compatriotes d'autre origine), je conseillerais, volontiers, de porter son attention sur les juifs d'Italie, d'Angleterre, des États-Unis. Et cela, pour cette raison que ce sont des pays où le juif n'est pas aigri par les violences de l'antisémitisme, où, n'ayant plus à redouter les revenants du passé, l'opprimé de tant de siècles peut en quelque sorte désarmer; tandis que, dans les États où la lutte entre les traditions anciennes et les institutions modernes est encore ardente, où la liberté religieuse et l'égalité civile ne semblent pas encore au-dessus de tous les assauts, l'affranchi du ghetto, inquiet pour ses droits récemment acquis et irrité des injures ou des mépris de ses adversaires, est enclin à batailler contre tout ce qu'il croit hostile à Israël; et comme il arrive en toute guerre, il passe, lui aussi, sans scrupule, de la défensive à l'offensive. Ce qu'on nous dépeint comme l'esprit juif n'est souvent que l'humeur combative d'hommes qui, se sentant ou se croyant en péril, se tiennent obligés, vis-à-vis de leurs anciens oppresseurs, de demeurer sur le pied de guerre.

Il se peut que, chez nous, en France, le juif, comme le protestant, n'ait pas toujours su s'affranchir des rancunes du passé ou des appréhensions de l'avenir. Esprit juif, ou esprit protestant, les passions, les antipathies, les ressentiments, l'exclusivisme sectaire qu'on leur prête sont, le plus souvent, le fait de l'état de guerre confessionnelle où, depuis la croisade prêchée par les antisémites, nous vivons, hélas! en France.

Antisémites, antiprotestants, anticléricaux, par leurs mutuelles provocations, s'en partagent la responsabilité.

L'esprit qui les anime n'est ni l'esprit catholique, ni l'esprit juif, ni l'esprit protestant, mais, tout bonnement, l'esprit d'intolérance, nourri de l'esprit de guerre et de haine.

III

Il y a, je le sais, nombre d'antisémites indifférents aux doctrines religieuses, qui se proclament libres-penseurs, qui peuvent l'être effectivement; mais ceux-là mêmes, s'ils ne partent pas de l'intolérance religieuse, aboutissent, fatalement, à l'intolérance. Ils disent : nous nous attaquons, chez le juif, non à la religion, mais à la race, au sang d'Israël. Leur grief est purement ethnique.

Mais comment isoler, dans le juif, la religion de la race? Lorsqu'on réclame des lois d'exception contre les juifs, lorsqu'on demande le retour aux lois du Moyen Age ou de l'Ancien Régime, peut-on imaginer que de pareilles lois n'auraient aucun caractère religieux? Vous parlez de race; vous dites : c'est à la race que nous en voulons; mais à quel signe la reconnaîtrez-vous, cette race? Si vous aviez affaire à des noirs, à des jaunes, voire à des peaux-rouges, ce serait aisé; il y a des États, par exemple, des colonies européennes, où les noirs, les jaunes sont frappés de certaines incapacités civiles et politiques. Avec les juifs, cela serait moins facile; car les juifs sont, par malheur, de race blanche comme nous. A quoi les reconnaîtrez-vous? sera-ce, vraiment, à l'ovale de leur visage ou à la courbe de leur nez? On risquerait fort de s'y tromper et de prendre d'excellents chrétiens ou « aryens » pour des sémites. La preuve, c'est qu'aux époques où il y avait des lois d'exception contre le juif, les chrétiens ou les musulmans ont inventé de lui infliger des marques distinctives ; c'est ainsi qu'ils l'obligeaient à porter la rouelle jaune, ou le bonnet jaune, et différents signes extérieurs de ce genre, de manière que les chrétiens ne fussent pas exposés à prendre ce mécréant de juif pour un de leurs frères.

En somme, il n'y a, pour le juif, qu'un seul signe distinctif, ou ce qui revient au même, entre le chrétien et lui, il n'y a qu'une ligne de démarcation : la religion. Le juif a été fait par sa religion ; il a été conservé par elle, et s'il venait à s'en détacher entièrement, il disparaîtrait, fatalement, en tant que juif. C'est le sort, du reste, qui semble réservé, sinon à tous, au moins à un grand nombre. Il n'y a, encore une fois, d'autre signe certain d'origine juive, que la religion juive. Par suite, toute loi d'exception contre les juifs prendra un aspect religieux. Et il en est ainsi, remarquez-le, dans tous les pays où il y a eu des lois d'exception contre eux, dans tous ceux où il en existe encore. Prenez l'Espagne ancienne, prenez la Russie contemporaine, vous trouverez que les lois d'exception sur es juifs ont toujours eu un caractère religieux; que les juifs qui se faisaient chrétiens n'étaient plus assujettis à ces lois, ou s'ils le demeuraient encore, comme les marranes d'Espagne, c'était pendant une période do transition, et parce qu'on doutait à bon droit de la sincérité de leur baptême.

Qui veut donc édicter des lois spéciales sur les juifs et contre les juifs est acculé, bon gré mal gré, à la persécution religieuse. Tel est, en somme, l'aboutissement fatal de l'antisémitisme, et pour moi, comme chrétien et comme Français, cela seul suffirait à me le faire condamner.

Chez le juif, on doit les en croire, nos antisémites en veulent surtout à la race. Nous en venons, ainsi, à un autre grief, plus grave peut-être, parce qu'il touche un plus grand nombre de personnes : le grief national. Le juif, dit-on, est un élément étranger, inassimilable, qui dénationalise les peuples au milieu desquels il s'établit. Terrible reproche en un siècle comme celui-ci, où les différents peuples se montrent si fortement et si justement attachés à leur nationalité. Le juif, dit-on, ne peut être Français, parce que le juif est un Sémite, et que nous autres, Français, nous sommes des Aryens. Voilà, dans toute sa simplicité, la thèse des antisémites, et sur cette thèse simpliste repose tout l'antisémitisme. S'il a, comme il ose s'en vanter, une base scientifique, c'est celle-là ; il n'en saurait avoir d'autre. Or, est-il vrai que le juif soit un pur Sémite, et que nous autres, chrétiens d'origine, nous soyons tous des Aryens ? — Beaucoup d'entre vous savent que ce qu'on a pris longtemps pour des races n'était, le plus souvent, que des groupes de peuples, et que là où l'on disait des races sémitiques et des races aryennes, il eût été beaucoup plus juste de dire des langues sémitiques et les langues aryennes.

L'erreur fondamentale de l'antisémitisme, c'est, précisément, de partir de l'idée de race, d'attribuer, à cette idée de race et à l'opposition de l'Aryen et du Sémite, une valeur à tout le moins outrée. Il oublie que, de la race elle-même, en tant que race, de ses origines, de ses éléments, de ses aptitudes, nous savons, d'ordinaire, peu de choses et, qu'au lieu d'être fixe et immobile, la race se modifie sans cesse, à travers les siècles, au point de vue intellectuel, surtout, selon le hasard des croisements, ou selon l'influence des événements et des milieux.

Nous avons des écrivains, des journalistes fiers d'un mince vernis d'érudition, qui vont répétant, chaque matin, que la lutte soutenue par l'antisémitisme n'est que la continuation des longs combats de Rome contre Carthage, de Scipion contre Annibal, de Charles Martel contre les Arabes d'Espagne, des Croisés contre Saladin, et ainsi de suite. C'est là une philosophie de l'histoire déjà démodée. Il est difficile de prendre au sérieux cet antagonisme, en quelque sorte irréductible, de l'Aryen et du Sémite, alors surtout qu'à s'en tenir aux faits, il y a si peu d'opposition, on pourrait dire si peu de différence entre l'Aryen et le Sémite que, fréquemment, il est malaisé de les distinguer. Puis nous savons, aujourd'hui, que si nos langues sont aryennes, le fond de nos populations françaises et européennes n'est probablement pas aryen.

Je ne voudrais pas m'étendre ici sur ces fastidieuses questions d'ethnologie, mais force m'est de suivre l'antisémite dans sa théorie sur les races : il vous dira que cette race sémitique, il faut s'en garder, il faut la mettre à l'index, parce que c'est une race qui tend, à la fois, à corrompre les autres et à les assujettir. Dans l'anthropologie ou l'ethnologie antisémite, les Aryens, c'est-à-dire ceux qui ne sont pas juifs, ont toutes les qualités, toutes les vertus, la générosité notamment; eux seuls comprennent le sentiment de l'honneur. Le Sémite, au contraire, a tous les défauts, tous les vices, toutes les bassesses. C'est un être vil, tandis que l'Aryen est un être noble, antithèse qu'il est aisé de développer et à laquelle je pourrais m'amuser, moi aussi. A l'un, à l'Aryen, — nos voisins d'Allemagne disent au Germain, — tout ce qu'il y a de généreux, d'idéal, d'élevé dans notre civilisation ; à l'autre, au Sémite, tout ce qu'elle recouvre de passions sordides et d'instincts matériels [1].

1. Telle est, dans son enfantine simplicité, la thèse soutenue récemment encore, par un écrivain d'origine anglaise, admirateur et commentateur de Wagner, M. Houston Stewart Chamberlain, dans un ouvrage publié en allemand : *Die Grundlagen des neunzehnten Jahrhunderts* (Munich, Brachmann, 2 vol.).

Les antisémites n'oublient guère qu'une chose, c'est que, si les peuples sémitiques ou de langue sémitique ont joué un rôle dans le monde, ils l'ont joué, surtout, par la religion, par le monothéisme d'Israël, et par le christianisme, qui est sorti d'Israël.

La race sémitique, la race juive, particulièrement, est-elle une race inférieure, mercantile, dénuée d'idéal, comment expliquer que d'elle est sorti le tronc de toutes les grandes religions? comment un chrétien, notamment, peut-il regarder le sang d'Israël comme un sang impur, ou comme un sang ignoble, alors que de ce sang d'Israël est issu le fondateur du christianisme, et sa mère, et ses disciples, et les apôtres qui ont apporté au monde la foi chrétienne?

A cet égard encore, j'oserai dire que, non seulement l'antisémitisme n'est pas fondé scientifiquement, qu'il répugne à toutes les notions de la science contemporaine, mais qu'il est en opposition avec l'histoire et avec les traditions du Christianisme, aussi bien qu'avec l'esprit de l'Évangile.

Prenons les juifs contemporains; ils forment, dit-on, une race isolée des peuples au milieu desquels ils habitent. Si cela est vrai, surtout en certains pays, cela tient, d'abord, à ce que le juif a été isolé par la religion; et à cet égard, le fait de l'isolement du juif n'est pas aussi singulier qu'il le semble au premier abord. Allez en Orient, vous rencontrerez des populations qui sont dans une situation analogue à celle du Juif, d'anciens peuples qui, eux aussi, ont été en quelque sorte embaumés et conservés, durant des siècles, dans leur Église ; tel l'Arménien, tel le Copte, tel longtemps le Grec lui-même.

Il y a donc là un phénomène qui n'est pas particulier au juif. Pour lui, comme pour le Copte, comme pour l'Arménien ou le Parsi, que les ethnologues rattachent tous deux au tronc aryen, ce que l'on est porté à attribuer à la race est, le plus souvent, le fait de l'histoire et de la persécution. Israël, je ne puis me lasser de le redire, est bien moins le fruit d'une race que l'œuvre de l'histoire. Deux choses, surtout, ont fait le juif et lui ont donné, sous toutes les latitudes, un aspect particulier : l'isolement séculaire et le rituel traditionnel [1].

Défauts et qualités, le juif s'explique moins par ses origines ethniques et par sa parenté avec les vieux Sémites que par les multiples et douloureuses péripéties de son histoire, plus de trente fois séculaire. Le juif moderne, surtout, a été formé, a été façonné par mille ans de persécutions, par les lois d'exception, par l'isolement et la réclusion du ghetto. Il porte, jusque dans sa récente liberté, la marque des chaînes de sa longue servitude. C'est une des choses qui, pour moi, donnent tant d'intérêt à l'étude des Juifs. Le philosophe, le politique, le sociologue, pour ne pas dire le naturaliste, y appren-

1. Voyez *Israël chez les nations* (ch. XIII).

nent comment l'histoire peut former et peut déformer
l'homme ; comment elle peut modeler et sculpter, en
quelque sorte, un groupe humain, ajoutant ou retran-
chant sans cesse à son œuvre. S'il y a une race juive,
c'est, oserai-je dire, le produit artificiel de la loi
mosaïque et de nos lois du moyen âge, c'est l'œuvre de
la Thora et du ghetto, bien plus que le produit naturel
d'un sol ou d'un climat, ou le fruit spontané du tronc
sémitique et du sang des patriarches. Aucune race
peut-être n'est plus manifestement issue de l'évolution
historique.

Aussi, pour comprendre le juif, pour faire sa « psychologie » aussi bien que sa « physiologie », ou sa
« pathologie », faut-il toujours en revenir à l'histoire
d'Israël, — à son histoire, surtout, depuis la chute du
Temple et la dispersion.

Nulle part, le passé n'éclaire mieux le présent. Ainsi
en est-il de presque tous les traits physiques ou moraux
prêtés aux juifs contemporains, soit comme individus,
soit comme groupe ethnique. Ainsi en est-il, notamment,
d'un des principaux reproches que leur font les antisémites, de l'esprit de clan, de l'esprit de tribu.

Cet esprit de tribu, il s'est maintenu longtemps chez
les juifs ; beaucoup d'entre eux, eu Orient, au moins,
n'en sont pas encore dégagés. Mais, cet esprit de tribu,
d'où vient-il ? Est-ce uniquement du juif ? Il vient, en
partie, de sa loi, de cette loi mosaïque qu'il a conservée,
qui l'astreint à des pratiques compliquées ; il vient

des préceptes talmudiques qui, après la dispersion d'Israël, pour l'empêcher de se dissoudre dans la masse des peuples païens, l'ont pour ainsi dire entouré d'une haie protectrice d'observances de toute sorte.

Mais est-ce la seule raison de l'esprit de clan attribué aux juifs? Si les juifs, pendant des siècles, ont vécu, dans nos villes, enfermés dans les murs d'un quartier distinct, était-ce bien toujours eux qui s'obstinaient à s'isoler des autres habitants du pays? Lorsque le ghetto fermait ses portes, chaque soir, était-ce, uniquement, sur l'ordre ou sous l'inspiration des rabbins? Est-ce que les lois des peuples chrétiens n'y étaient pas aussi pour quelque chose? Voulons-nous être justes et respecter l'histoire, force nous est de reconnaître que si l'esprit de tribu des juifs a été, en partie, fomenté par eux-mêmes, par leur culte, par leurs rabbins, il l'a été, bien plus encore, pendant des siècles, par les lois des peuples au milieu desquels ils vivaient, par les restrictions que nos ancêtres apportaient à leur liberté. Encore aujourd'hui, vous le savez, il est des pays où les juifs demeurent parqués en de certaines régions; en Russie, par exemple, ils ne peuvent sortir de ce qu'on appelle le territoire ouvert aux juifs; en certaines villes d'Orient, ils restent confinés dans un quartier d'où il leur est interdit de s'échapper. Est-ce, aujourd'hui, les juifs qui persistent à se tenir à l'écart des autres habitants du pays? Non, certes; ils y sont, le plus souvent, contraints, malgré eux. Si l'on trouve encore, de nos

jours, des traces de cet ancien esprit de tribu, la responsabilité en retombe, avant tout, sur les lois qui
avaient condamné les israélites à un isolement pro-
longé.

J'irai plus loin ; il est une réflexion que j'ai souvent
entendu faire à des antisémites, à propos des relations
mondaines : ces juifs, disaient-ils, prétendent s'imposer
à nous, ils veulent nous forcer à frayer avec eux.
Mais si les juifs veulent frayer avec nous, cela prouve
qu'ils ne tiennent pas à s'isoler de nous. Osons l'avouer,
s'il se rencontre, aujourd'hui encore, un esprit d'isolement et de séparation entre chrétiens et juifs, cela
vient plutôt des chrétiens que des israélites.

L'esprit de clan, l'esprit de tribu, toujours vivant
chez les juifs, les pousse, dit-on, à une excessive confraternité et solidarité de race, en même temps qu'il les
rend étrangers aux intérêts et au patriotisme des peuples parmi lesquels ils vivent. Aujourd'hui, comme au
moyen âge, le juif campé au sein des nations chrétiennes ne connaîtrait d'autres compatriotes que les
juifs, ses frères. Il n'a pas, comme nous, pris racine
dans le sol du pays où il habite; il y reste moralement
étranger; il demeure, partout, un cosmopolite, et pour
tout dire un « sans patrie ».

S'il y a quelque fondement à ce reproche, la faute
en est encore à l'histoire dans le passé, à l'antisémitisme dans le présent. La solidarité juive, parfois

peut-être trop vantée, cette solidarité que les chrétiens
pourraient parfois prendre pour modèle, a été fortifiée
par les persécutions séculaires, et à l'heure où la liberté
et l'égalité des droits commençaient à en relâcher les
liens, les menaces de l'antisémitisme sont venues les
resserrer et les consolider.

On en pourrait dire autant du patriotisme. En tous
les pays où ils avaient été émancipés, les juifs se laissaient aller, avec joie, au naturel sentiment d'amour
du pays natal. Ils étaient fiers de devenir des citoyens
et se faisaient honneur d'en remplir les devoirs. L'antisémitisme est venu leur en contester le droit ; il leur a
dénié la faculté d'avoir une patrie ; il leur a montré, du
geste, les routes de l'exil ; en plusieurs pays, il les a
contraints, à force de vexations, à chercher une nouvelle demeure, sur des terres moins intolérantes. Si l'on
a vu des juifs d'Autriche et d'Orient prêcher le Sionisme, engager leurs coreligionnaires à se créer, de nouveau, en Palestine, une patrie juive, avec un État juif,
c'est que les fureurs de l'antisémitisme les faisaient
désespérer de pouvoir ailleurs posséder une patrie et
d'être jamais regardés, par les chrétiens, comme des
compatriotes.

Le Sionisme n'est que la conséquence de l'exclusivisme
antisémite. Il s'est offert, comme un port de refuge, aux
juifs de Roumanie et d'Orient, auxquels les lois ou les
mœurs refusaient une patrie, sur le sol natal. Mais, partout ailleurs, dans tous les pays où ils ont été admis

aux droits de citoyens, les juifs se sont trop attachés
à la terre hospitalière qui les avait accueillis, pour aller
à la recherche d'une autre patrie, fût-ce sur les rives
bibliques du Jourdain.

Dans les États qui leur ont accordé l'égalité et les
droits du citoyen, là surtout où il leur a été permis de
prendre part aux affaires publiques, en Allemagne, en
Angleterre, en Italie, en France même, je ne crois pas
que les juifs se soient montrés moins bons patriotes que
leurs concitoyens chrétiens, ou que l'on puisse signaler,
chez eux, une politique proprement juive, uniquement
inspirée des intérêts d'Israël.

Parmi les juifs d'origine parvenus au faîte du pouvoir, celui qui est monté le plus haut est sans doute
Disraeli, lord Beaconsfield. S'il gardait, dans sa personne
et dans ses goûts, la trace de ses origines israélites, le
noble lord, qui fut le premier patron de l'impérialisme
britannique, n'en était pas moins dévoué à la grandeur
de l'Angleterre. S'est-il montré, par certains côtés,
inférieur à son grand rival, Gladstone, ce n'est certes
point par le patriotisme.

Non seulement les juifs ont su témoigner leur affection
aux pays qui les avaient émancipés, aux États qui leur
ouvraient l'accès de la liberté, mais ils ont souvent fait
preuve d'amour envers les pays opprimés, où l'égalité
des droits leur était refusée, tels que la Pologne ou
naguère l'Italie.

Ce n'est pas en Italie qu'on serait bien venu à

reprocher aux israélites de manquer de patriotisme.
Beaucoup, comme M. L. Luzzatti, ont été au premier rang
des champions du *Risorgimento* et de l'unité italienne.
Entre les noms demeurés particulièrement chers aux
patriotes italiens, brille celui d'un homme dont l'Italie a
dressé le tombeau sous les portiques de Saint Marc de
Venise, Daniel Manin. Manin, qui, aux heures les plus
sombres de la révolution de 1848, disputa seul, durant
des semaines, Venise aux armées de l'Autriche, Manin,
on le sait, était d'origine juive. Voilà encore un exemple
à opposer aux pamphlétaires qui enseignent que tous
les juifs et fils de juifs sont des cosmopolites et des sans-
patrie. La vérité, qu'on prenne l'Europe, qu'on prenne
l'Amérique, est que le juif s'est attaché à sa patrie,
dans tous les États où les lois et les mœurs lui permettent d'avoir une patrie; et qu'en plus d'un pays,
comme en Italie ou en Hongrie, il a contribué, de ses
efforts et de son sang, à l'affranchissement de cette
patrie. Veut-on chercher quelles nuances particulières
prend ce noble sentiment du patriotisme dans l'âme
juive contemporaine, on pourrait dire, avec un récent
historien [1], que s'il est souvent de fraîche date,
comme leur émancipation elle-même, « s'il ne repose
pas encore sur une longue hérédité, ou sur le
simple et naïf instinct du terroir, le patriotisme
des juifs tire sa source des inspirations réfléchies de

---

1. M. Théodore Reinach, *Histoire des Israélites depuis la chute
de l'état juif* (Hachette, 2ᵉ édit., 1901).

la raison et naît de l'élan reconnaissant du cœur ».
Par là, aussi, selon la juste observation du même
historien, le patriotisme juif, loin d'être forcément
moins pur et moins élevé que le nôtre, est plus
aisément dégagé de tous les préjugés, dits nationaux,
« de toutes ces haines sucées avec le lait », qui vicient
trop souvent le patriotisme des foules et le transforment
en un chauvinisme inepte ou en un nationalisme étroit.

Quant au reproche si souvent adressé aux juifs de
former partout un État dans l'État, c'est un des griefs
que nous rencontrons chez les trois « anti »; nous
devrons l'examiner, également, à propos des protestants,
à propos des catholiques. Former un État dans l'État,
c'est une vieille accusation dont on a singulièment
abusé, que les partis ou les groupes religieux se
plaisent à se renvoyer les uns aux autres et qu'ils
feraient mieux de laisser tomber, parce qu'elle peut se
retourner contre chacun d'eux. A en croire les trois
« anti », il y aurait, aujourd'hui, tant d'États dans l'État
que le danger en serait grandement diminué, d'autant
que tous ces États dans l'État sont en lutte les uns avec
les autres. C'est là, du reste, un point sur lequel nous
aurons à revenir. Je ne saurais admettre, quant à moi,
que les États modernes soient si peu robustes ou les nations contemporaines si débiles qu'il leur soit malaisé de
résister au cosmopolitisme israélite, au cosmopolitisme
protestant, ou même au cosmopolitisme catholique.

IV

J'en arrive au grief qui touche peut-être le plus grand nombre de nos concitoyens, au grief économique, au grief social. On nous dit : les juifs ne sont pas seulement une race d'origine étrangère, c'est une race de parasites ; ils n'exercent, volontiers, que les professions où l'on vit aux dépens d'autrui.

Le reproche se rencontre partout, je n'ai pas besoin d'y insister ; il est assez connu. Le Sémite est une race parasitaire. C'est sa vocation. Est-ce vrai du Sémite. Il y a, sur le globe, d'autres races parasitaires ; il y a, en Orient, par exemple, des populations chrétiennes qui, pour des raisons semblables, se trouvent dans une situation analogue à celle des juifs. Prenez les malheureux Arméniens que la politique du sultan a entrepris d'exterminer, et dont l'Europe chrétienne a laissé le massacre impuni. Lorsque les musulmans égorgeaient les Arméniens de Trébizonde et de Stamboul, parmi lesquels se trouvait plus d'un prêteur d'argent, les débiteurs qui allaient régler leurs dettes en supprimant leurs créanciers les traitaient aussi de parasites. Ils appliquaient aux Arméniens les principes de l'antisémitisme.

Race parasitaire! C'est un terrible reproche, par le temps qui court! Réfléchit-on bien au sens de ce mot? Si le juif est un parasite, est-il le seul parasite de notre société? Ignorons-nous que d'autres groupes, d'autres partis que les antisémites se servent, couramment, eux aussi, de ce reproche de parasitisme? Ne savons-nous pas qu'on l'adresse à d'autres qu'aux israélites? Ne l'avons-nous jamais entendu résonner à nos oreilles? A en croire certains de nos contemporains et de nos compatriotes, nous serions, presque tous, ici, des para-sites, parce que tous ceux qui ne vivent pas du travail de leurs mains, à la sueur de leur front, selon la parole biblique, seraient, selon les nouvelles théories, des parasites. Or, c'est bien là, il faut le dire, le genre de parasitisme des juifs; le grief des antisémites contre eux est à peu près identique au grief des socialistes contre le bourgeois.

Peut-on traiter de parasites les hommes qui vivent des professions libérales, ou encore ceux qui se livrent à l'industrie, ou même au commerce? Alors, il y aurait bien d'autres parasites que les juifs et, comme dans nos sociétés contemporaines, les affaires, le commerce, la banque prennent une place de plus en plus grande, il en résulterait que nos sociétés deviendraient de plus en plus parasitaires. C'est, faut-il le rappeler? ce que sou-tiennent les socialistes.

Je n'ai pas à montrer ici l'inanité de cette thèse; je me permettrai seulement de constater que, à cet égard, l'accusation des antisémites contreles juifs se rencontre avec celle des socialistes contre la société bourgeoise. Il est vrai, ou il semble vrai, — car, pour élucider entièrement cette question, il faudrait avoir le loisir de l'examiner en détail, dans chaque pays, presque dans chaque ville, — il semble vrai que, à prendre leur nombre, vous trouvez, chez les juifs, une plus grande proportion d'hommes s'occupant d'affaires, de commerce, de finance. Ces professions, malgré tout, elles sont nécessaires, elles sont indispensables ; l'inconvénient serait de voir un trop grand nombre d'hommes s'y livrer, et si, dans notre démocratie, on craint, de ce côté, une rupture d'équilibre, la faute n'en est pas aux juifs. Ils sont loin d'être les seuls à fuir le travail manuel, ou les seuls à vouloir faire des affaires. Comme nous le verrons tout à l'heure, le principal grief contre eux, c'est qu'ils y réussissent peut-être mieux que d'autres.

Mais pourquoi les juifs se jettent-ils ainsi dans les affaires? Et pourquoi beaucoup d'entre eux y réussissent-ils? L'histoire nous l'explique. Pourquoi font-ils notamment de la finance? c'est que le passé les a dressés à cette profession, et, non seulement le passé les y a dressés, mais les lois religieuses ou les lois civiles des peuples au milieu desquels ils vivaient les y ont contraints et les y ont confinés, pendant des siècles. A-t-on oublié que les lois de l'ancien régime leur interdisaient presque tous les autres métiers?

On dit que beaucoup de juifs font de la banque, que beaucoup de juifs sont changeurs ; contrairement au préjugé vulgaire, le nombre des banquiers et financiers juifs est infiniment moindre que le supposent les antisémites, en France, notamment. N'importe, pendant longtemps, autrefois, la finance, le change ont été le monopole des juifs, et un monopole qui leur avait été imposé.

Ce monopole, c'est nous, aryens ou chrétiens, qui le leur avions en quelque sorte conféré par nos lois. Pendant des siècles, les lois des peuples chrétiens ont, sous le vague nom d'usure, interdit le commerce de l'argent, les prêts d'argent, à tous les chrétiens ; et comme il fallait bien que ces affaires d'argent fussent traitées par quelqu'un, on les abandonnait au juif. C'est ainsi que nous avons, nous-mêmes, développé, chez lui, laborieusement, artificiellement, pendant des générations, ces facultés financières et commerciales que beaucoup d'entre nous viennent, aujourd'hui, reprocher au juif. Il cherche, vous le savez, à en sortir, et alors se dresse, devant lui, un autre reproche : Comment ! il ne vous suffit pas d'accaparer la finance, de primer dans le commerce, vous voulez encore envahir les autres carrières !... Non, cela est intolérable, retournez à votre comptoir de change. — Et, en effet, il se trouve qu'en Europe, en France même, un grand nombre d'israélites qui avaient essayé de vivre d'autres professions, qui avaient étudié pour d'autres carrières, qui avaient

commencé à y réussir, ont été obligés de les abandonner
pour revenir, malgré eux, aux affaires et au comptoir
paternel. Ici, encore, le cas des juifs n'est pas aussi
particulier que l'imaginent les antisémites ; leur histoire
est celle d'autres groupes, celle de ces peuples isolés
par la religion, dont je parlais tout à l'heure, des Grecs,
des Arméniens, des Coptes, des Parsis, de certains
Syriens. Mais est-il vrai que, chez nous, tout le commerce, toute la finance soient entre les mains des
israélites ? Est-il vrai qu'à l'aide de cette éducation
séculaire et forcée qui leur a été donnée par le moyen
âge et par l'ancien régime, ils y soient devenus si supérieurs que nous soyons incapables d'y rivaliser avec
eux ?

Si l'on examine les faits, il est impossible de nier que
la prétendue suprématie financière des juifs a été singulièrement exagérée. Si nous comptions les grandes
maisons de banque de France, par exemple, nous trouverions qu'il y en a très peu d'israélites. La haute
banque, aujourd'hui, chez nous, est en majeure partie
en des mains chrétiennes, — pour une bonne part, en
des mains protestantes ; et c'est un reproche qu'on fait
parfois aux protestants, comme si d'exceller en une
profession était une tare ou un crime. L'a-t-elle jamais
possédée, la haute banque juive a perdu la prépondérance qu'on lui attribuait sur la Bourse et sur le marché
français. C'est, à tout le moins, un anachronisme que
de nous entretenir, avec les antisémites ou avec les

socialistes, de la féodalité financière juive [1]. Et, si nous sortons de France, nous voyons qu'il y a des pays — et précisément les plus riches, où la situation des juifs est moindre que chez nous ; où, parmi les très grandes fortunes, il ne s'en trouve peut-être pas aux mains de ces Sémites, représentés par nos antijuifs, comme les rois naturels, sinon comme les rois légitimes de l'or.

On a fait, en Angleterre et aux États-Unis, des tableaux comparatifs des grandes fortunes; sur les quinze ou

1. Sur ce point, les antisémites et les socialistes, en dénonçant les Sociétés de crédit, commettent souvent la même erreur. On me permettra de citer, en note, quelques lignes de mon frère Paul Leroy-Beaulieu (*Économiste français* du 13 avril 1901) à propos des attaques de M. Viviani, dans le journal *la Lanterne*, contre les « deux milliards » des Sociétés de crédit, représentées par le député socialiste comme un instrument de « M. de Rothschild ».

« Cette proposition, qui fait des Sociétés de crédit les filiales en quelque sorte, les associées ou les servantes de M. de Rothschild, est la plus surprenante qui soit. Chacun sait, au contraire, que les Sociétés de crédit sont les concurrentes et, qui plus est, les concurrentes heureuses et grandissantes, aussi bien de la grande maison de la rue Laffitte que de la Banque de France elle-même. Nous ne voudrions rien dire qui portât atteinte à la célèbre banque familiale qui mérite l'estime par sa fidélité à ses traditions et à l'esprit de travail; mais il est absolument certain que la situation de cette maison était beaucoup plus prépondérante sous la Restauration, sous le règne de Louis-Philippe et dans la première partie du second Empire qu'elle ne l'est aujourd'hui.

» Les Sociétés de crédit sont nées à côté d'elle, en dehors d'elle, sans elle et en partie contre elle. Ces Sociétés ont considérablement grandi, leur clientèle s'accroît, leur puissance de placement et d'émission aussi. Elles ont précisément représenté l'essor de la vingt grandes fortunes de l'Angleterre, il ne s'en rencontrait qu'une ou deux israélites ; et sur les douze ou quinze grandes fortunes d'Amérique, il ne s'en trouvait pas une seule juive. En Angleterre, comme aux États-Unis, les juifs cependant ont libre carrière ; ils sont très nombreux, et ils ont pleine liberté. Je me rappelle, à cet égard, un mot curieux, qui mérite d'être cité. Il y a peu d'années, la ville sœur de New-York, Brooklyn, aujourd'hui annexée au nouveau New-York, inaugurait

démocratie financière, contre les anciennes maisons, ce que l'on appelait autrefois la haute banque. Celle-ci est maintenant confinée dans quelques entreprises, quelques Sociétés d'assurance, quelques vieilles affaires. Tout le personnel des Sociétés de crédit est un personnel relativement nouveau ; à prendre les noms des hommes qui sont à la tête de ces institutions, on n'en trouve quasi aucun qui eut une notoriété un peu étendue, il y a un demi-siècle ; les grandes maisons de banque de la fin du xviiie siècle et de la première moitié du xix° ont encore, plusieurs du moins, des représentants actifs et honorés, tout comme la célèbre maison de la rue Laffitte. Mais les organes financiers principaux, ceux qui ont la clientèle la plus vaste, l'influence la plus décisive, sont aux mains de nouvelles couches.

» Et il en est ainsi, non seulement des Sociétés de crédit, mais de toutes les entreprises nouvelles par actions ; qu'on les étudie, qu'on les juge depuis un quart de siècle ou presque même un demi-siècle, on verra qu'elles ont, presque toutes, à leur tête des hommes nouveaux, des hommes dont les noms ne figuraient pas dans l'état-major financier sous le règne de Louis-Philippe.

» Nous ne sachons pas de preuve plus convaincante que la situation des Sociétés modernes ne comporte aucune féodalité financière, c'est-à-dire aucune transmission héréditaire prolongée de la prépotence en finance ou en industrie. »

un hôpital israélite, construit aux frais des israélites. Le maire de Brooklyn, qui assistait à l'ouverture de cet hôpital, y fit un discours dans lequel il vantait les qualités des juifs : « Mais, leur dit-il en terminant, ne soyez pas trop fiers; vous croyez peut-être que vous êtes les rois du commerce, les rois du dollar? nullement, vous n'êtes que des enfants à côté de nous; pour faire de l'argent, *to make money*, il n'y a encore que le Yankee. »

Est-il nécessaire d'examiner le reproche, fait si souvent aux juifs, d'être trop riches ; on dirait, pour un peu, qu'ils sont tous millionnaires, à entendre certaines feuilles, presque tous milliardaires? Si nous considérons la masse des juifs, dans le monde contemporain, nous découvrons, au contraire, qu'ils sont très pauvres ; je crois qu'il n'y a pas, sur notre planète, de race en proie à un pareil paupérisme. Si l'on veut en juger, il faut voyager en Pologne et en Russie. A Paris même, il y a des rues où habite une population juive assez dense, et cette population est pauvre. Si vous allez à Londres, et que vous soyez curieux de visiter ces quartiers de l'East-End, de White-Chapel, où le bas peuple est entassé dans des taudis infects (quoique depuis une quinzaine d'années on ait fait, à cet égard, de sérieux progrès), vous trouverez que la population des *slums* les plus malsains et les plus misérables de Londres est, en grande partie, israélite.

Il y a même, à Londres et à New-York, un antisémitisme d'un genre particulier. Quel reproche l'Anglais et l'Américain font-ils aux israélites ? Ils disent : le prolétaire juif (car il y a là un véritable prolétariat, au sens étymologique, comme au sens économique du mot), le prolétaire juif, par sa pauvreté, par sa faculté de travail, par son endurance, par sa sobriété, tend à faire baisser les gages des ouvriers. Et pour s'opposer à cet avilissement des salaires par la main-d'œuvre israélite, des Américains et des Anglais ont demandé que la loi fît obstacle au débarquement des immigrants sans ressources. En certaines professions, en effet, de celles où le travail est le plus mal rémunéré, dans la couture, dans le métier de tailleur ou de cordonnier, un grand nombre d'ouvriers sont juifs ; à Londres, comme à New-York, ils sont les principales victimes de ce mode d'exploitation justement flétri du nom de *sweating system*.

Si la masse des juifs est restée pauvre et misérable, il n'en est pas moins vrai que quelques-uns d'entre eux sont arrivés à une grande fortune, quelques milliers à une large aisance, et cela suffit pour leur attirer beaucoup de jalousies. On ne veut voir, parmi les juifs, que l'élite parvenue à la richesse ou au succès. A une époque où le nombre est tout, ou prétend être tout, les juifs montrent que le nombre n'est pas tout ; c'est là peut-être une des choses qu'on leur pardonne le moins. Le juif, dit-on, en prend plus que sa part. Nous verrons, à propos des protestants, auxquels on fait le même reproche, jusqu'à quel point ce grief est fondé. Ce qui nous irrite, en pareil cas, contre les juifs, c'est le plus souvent leurs succès, et par là même, les qualités qui les leur font obtenir. On dit bien que ces victoires, dans les luttes économiques, ils les doivent à leur manque de scrupules, mais on ne doit pas de victoires durables à la mauvaise foi ou à la fraude. Non, si le juif réussit dans les affaires, s'il fait son chemin en tant de carrières diverses, c'est grâce à ses qualités, grâce à son esprit d'initiative, à sa patience, à son énergie, à sa souplesse, à sa persévérance. Ce sont là des qualités fréquentes, chez lui ; c'est elles qui lui valent le succès ; et, au lieu de les lui reprocher, nous ferions mieux de les acquérir et de faire preuve, nous-mêmes, d'autant d'énergie.

J'entendais, par exemple, il n'y a pas longtemps, une mère de famille, parlant d'un collège de Paris où était son fils, s'écrier : « Les juifs sont toujours les premiers ; ils remportent tous les prix ; c'est intolérable ! » Est-ce que nous allons vraiment trouver là un motif d'exclusion ? allons-nous débarrasser la France d'un groupe, parce qu'à ce groupe appartiennent trop d'enfants, trop de jeunes gens intelligents ? J'avoue, que ce n'est pas ainsi, pour ma part, que je comprends le patriotisme. Je dirai plus : je suis profondément humilié, lorsque je rencontre tant de nos compatriotes, qui ont l'air de se croire incapables de soutenir la concurrence de ceux qu'ils nomment, dedaigneusement, des sémites. Quant à moi, comme Français de vieille race, comme aryen, pour employer le terme cher aux antisémites, je n'ai point une pareille humilité. Il a pu m'arriver, à moi aussi, au collège, ou ailleurs, de rencontrer des concurrents « sémites » ; mais, si redoutables qu'ils fussent, je ne craignais pas de me mesurer avec eux ; et pour moi, et pour les miens, dans toutes les luttes de la concurrence, je ne réclame aucun privilège ; je ne revendique qu'une chose : la liberté et l'égalité.

Lorsque nous examinons les reproches adressés par les antisémites à ce qu'ils appellent le capitalisme juif, une chose nous frappe : c'est que l'antisémitisme aboutit à une sorte d'anticapitalisme, et par suite à une sorte de socialisme. Sur ce terrain, les antisémites donnent la main aux socialistes ; ils arrivent à la même conclusion, avec cette différence que les socialistes, plus logiques, étendent leurs attaques contre le capitalisme à tous les capitalistes, tandis que l'inconséquence des antisémites s'en prend seulement aux juifs, aux protestants, qu'ils regardent comme des demi-juifs, ou à ceux des catholiques qu'ils désignent du nom singulièrement élastique, de judaïsants.

L'antisémitisme aboutit ainsi au socialisme, socialisme de droite, si vous le voulez, socialisme soi-disant conservateur ; mais socialisme illogique, socialisme bâtard, socialisme sans idéal, socialisme qui n'est même pas nimbé d'une auréole de fraternité. Ce socialisme antisémite est celui des hommes qui n'ont pas réussi dans leurs affaires ; c'est aussi celui de certaines catégories sociales ; c'est, par exemple, le socialisme du propriétaire foncier qui a vu ses revenus décroître, et qui compare sa situation à celle des grands commerçants, des grands industriels, des grands financiers. C'est une espèce de socialisme provincial et rural ; c'est aussi, j'en ai déjà fait la remarque, mais il est bon de le répéter, un socialisme de salon, un socialisme de château, un socialisme en gants blancs, un socialisme de hobereau et de douairière. Pour les hommes mécontents de leur sort, pour ceux qui trouvent que la fortune n'a pas répondu à leurs espérances, pour tous ceux dont les revenus sont inférieurs aux appétits, il est précieux d'avoir, comme cible vivante, un groupe restreint sur lequel on puisse diriger, avec ses rancunes et ses jalousies, les colères des masses.

C'est ce qui, aux yeux de tant de bonnes gens, fait l'avantage de l'antisémitisme sur le socialisme. Le socialisme, c'est compromettant, c'est périlleux ; l'antisémitisme ne l'est point, ou ne le semble point. Le socialisme signale « le bourgeois » à l'envie et aux haines du peuple. Le « bourgeois », cela est mauvais, c'est là un terme vague, un terme imprécis ; le bourgeois, on ne sait pas où cela commence ; s'attaquer au bourgeois, ce peut-être dangereux pour nous-même. Le juif, au contraire, c'est comme une espèce de caste ; c'est un groupe défini, on peut le signaler, impunément, aux colères de la populace. Peut-être, ne faudrait-il pas trop s'y fier. L'antisémitisme demande la revision des fortunes, tantôt par la loi, tantôt par le pillage ; cette revision des fortunes, qu'elle s'effectue d'une manière ou de l'autre, elle pourrait être périlleuse pour d'autres que les juifs. Le jour où le fisc ou les masses populaires voudraient l'entreprendre, je craindrais que ni le fisc, ni l'émeute ne s'arrêtassent, respectueusement, devant les maisons chrétiennes. En Russie, en Roumanie, lors des émeutes contre les juifs, les chrétiens, pour se mettre à l'abri des violences, se hâtent de dresser, sur leurs portes, de saintes icones ; si les haineuses prédications des antisémites doivent jamais soulever, chez nous, les fureurs populaires, je doute fort que, pour s'en préserver, il suffise aux chrétiens de marquer leurs maisons d'une croix, ou de mettre leurs magasins sous la protection de la Vierge.

V

Il est temps de conclure. En supposant que leurs griefs soient fondés, y a-t-il moyen de donner satisfaction aux antisémites? J'avoue que, pour ma part, je ne le vois pas. Que faire des juifs? Leur appliquer les procédés du sultan-calife envers les Arméniens, les exterminer, par le fer et par le feu, en soulevant contre eux le fanatisme ou les colères des foules ? c'est la solution à laquelle poussent, inconsciemment peut-être, les énergumènes de l'antisémitisme ; mais si exaltées que soient leurs haines, la plupart de nos antijuifs sont trop hu-

mains pour oser recommander cette sanglante méthode ;
ils sentent que, s'il est demeuré un procédé de la politique orientale, le massacre n'est plus une ressource de
la politique française. Que faire donc des juifs? Les
exiler? Mais où les envoyer? N'oublions pas que les antisémites veulent les bannir de tous les pays à la fois ; le
moyen est radical, mais il n'est pas pratique.

Il y a bien une solution préconisée par certains juifs,
précisément sous la menace de l'antisémitisme, c'est ce
qu'on appelle le Sionisme, c'est la reconstitution d'un
État israélite. Le Sionisme est une idée du moyen âge,
un vieux rêve des anciens ghettos, qui semblait mort
avec l'émancipation des juifs; s'il a reconquis des adhérents parmi les juifs, il le doit, comme je le disais tout à
l'heure, aux menaces de l'antisémitisme. Mais peut-on
voir là une solution? La Palestine, la Syrie même est
trop petite ou trop pauvre pour nourrir les dix millions d'israélites que l'on compte aujourd'hui ; puis,
supposez un État juif en Palestine, supposez que les
chrétiens aient consenti à abandonner les lieux saints
aux soins d'Israël ; tous les juifs voudront-ils se trans-
porter dans la Terre Sainte? Interrogez ceux qui vivent
en France, ceux qui y sont nés, y ont grandi ; ils vous
diront qu'ils se trouvent bien en France, que la France
est leur pays, et qu'ils y veulent rester ; il n'y a donc
pas là de solution.

De solution, il n'y en a qu'une, c'est le droit commun,
c'est la liberté. On se trouve devant cette alternative, ou

le bûcher, ou la liberté; j'avoue que, quant à moi, j'opte, résolument, pour la liberté.

Une dernière remarque, que je me permets de livrer à vos méditations. Je me suis souvent demandé ce qu'il y aurait de changé, autour de nous, s'il n'y avait pas de juifs en France. Interrogez-vous, chacun, sur cette question ; réfléchissez-y, en conscience ; qu'y aurait-il de changé, chez nous, si tous les juifs de France avaient été expulsés ou brûlés par les antisémites des temps passés ? J'y ai beaucoup songé, et voici à quoi ont abouti mes réflexions : il n'y aurait rien, ou presque rien de modifié en France. Nous y aurions perdu quelques hommes d'une haute distinction, des savants, des philologues, par exemple, comme M. Bréal et M. Oppert, des physiciens comme M. Lippmann, des poètes comme M. Eugène Manuel, des artistes comme Sarah Bernhardt, et je pourrais citer d'autres noms, rien que parmi les vivants. Il y aurait çà et là quelques changements de personnes ; on verrait quelques noms exotiques de moins sur les enseignes des boulevards, et quelques chrétiens de plus sous les portiques de la Bourse ; mais, en dehors de là, qu'y aurait-il de changé ? J'ai beau chercher, je ne puis le découvrir.

Comment n'y aurait-il rien de changé ? s'écrieront les antisémites : vous ne voyez donc pas que la France est en train de se judaïser !... Mais, précisément, c'est une chose que je ne vois pas ; j'ai beau ouvrir les yeux, je n'aperçois pas la judaïsation de la France et de l'Europe. Qu'entendez-vous par judaïsation de nos sociétés? Vous entendez, sans doute, la prédominance des intérêts matériels, la prépondérance de l'industrie, du commerce, de la finance; vous entendez le règne de l'argent, la tyrannie de l'or. En admettant, avec les antisémites, que l'or est le roi et le tyran de notre époque, je ne vois pas, en vérité, en quoi cela est proprement judaïque. Cela n'est pas plus conforme à l'esprit israélite qu'à l'esprit chrétien. Cette prépotence de l'argent, que les esprits chagrins exagèrent peut-être, car tout n'est pas encore à vendre en notre pays de France, cette royauté de l'or qui choque justement nos délicatesses, d'où sort-elle? Elle sort de toutes les conditions de la vie moderne, elle sort d'abord de notre Révolution française; elle résulte de la destruction de tous les privilèges; elle provient de ce que, dans la société contemporaine, le sol a été systématiquement nivelé. Il ne reste plus guère, entre les hommes et les familles, qu'une distinction, celle de la fortune, devenue du reste accessible à chacun, selon ses talents et ses chances. Qu'y a-t-il donc là de proprement juif, de spécifiquement sémite? C'est un phénomène social qui s'explique par l'ensemble de nos conditions politiques et économiques, et qui persisterait, alors même que nous ne posséderions plus un juif en France [1].

1. Voyez, sur ce sujet, une série d'articles publiés par nous dans la *Revue des Deux Mondes*, en 1897 et 1898, sous ce titre « le Règne de l'Argent ».

Voulons-nous émanciper nos sociétés contemporaines de cette prédominance excessive des intérêts matériels ; voulons-nous nous affranchir de la prépondérance ou de la tyrannie de l'argent ; nous n'avons pas besoin de chasser les juifs ; il nous faut faire une chose singulièment plus urgente et plus difficile, il nous faut travailler à nous réformer nous-mêmes, à réformer nos cœurs, nos sentiments, nos idées, nos mœurs. Il nous faut rapprendre le goût de la simplicité, et nous libérer de la servitude du luxe ou des exigences excessives du bien-être. Et cela, juifs ou chrétiens, nous ne pouvons guère le faire qu'en revenant à l'esprit de la Bible et à l'esprit de l'Évangile qui, sur ce point, comme sur tant d'autres, s'inspirent en réalité des mêmes principes. [1]

---

1. Si, parmi les solutions que proposent les antisémites, il n'est pas parlé ici de lois d'exception, c'est un point que nous examinons, plus loin, dans notre Conclusion, en traitant simultanément des mesures de ce genre réclamées par les antisémites et par les anticléricaux. Quand de pareilles lois contre les juifs ne seraient pas des lois d'ancien régime, inapplicables à la France moderne, l'exemple de la Russie, où elles sont encore en usage, suffirait à en montrer les inconvénients et l'inefficacité. — Voyez *l'Empire des Tsars et les Russes*, tome III, liv. IV, chap. II.

CHAPITRE III

L'ANTIPROTESTANTISME

Que l'antiprotestantisme est une sorte de décalque de l'antisémitisme. — Comment on y trouve les mêmes éléments. — I. L'antiprotestantisme et le grief religieux. — Le Protestantisme et la
Franc-Maçonnerie. — La Réforme et la Révolution. — II. De
l'esprit protestant; qu'entend-on par là? — L'esprit protestant es
un dissolvant. — L'esprit protestant et l'esprit de négation. — Ce
qui doit être imputé à la situation des minorités confessionnelles. — III. Le grief national : le protestantisme personnifie
l'esprit étranger. — Comment, en France, la Réforme a eu des
racines françaises. — Que les Huguenots ont représenté une des
faces de l'esprit français. — Conséquences pour l'esprit national
de la révocation de l'édit de Nantes. — Du patriotisme des protestants français. — IV. Le grief social et le grief politique. —
Les protestants et les juifs tiennent trop de place en France. —
Raisons sociales et politiques de ce phénomène. — Les protestants et les juifs accaparent les emplois publics. — Ils se servent
de leur influence pour opprimer les catholiques. — Dangers de
ce grief. — Comment l'anticléricalisme risque ainsi de se retourner contre les protestants et les juifs.

MESSIEURS,

L'antiprotestantisme est le frère de l'antisémitisme,
un frère cadet, mais un frère qui ressemble beaucoup

à son aîné. Il n'y a pas à en être surpris ; ils sont nés, tous deux, des mêmes sentiments, des mêmes passions, des mêmes préjugés, des mêmes rancunes. Il y a donc, entre eux, un air de famille très marqué ; on pourrait même dire que l'antiprotestantisme a été fait à l'image de l'antisémitisme ; à bien des égards, il en est une imitation, une copie, presque un décalque.

Comment nous étonner qu'après s'en être pris aux juifs, on se soit attaqué aux protestants ? Il y avait, à cela, plusieurs raisons ; il y en a, d'abord, une très simple, c'est que, pour ses premiers propagateurs, l'antisémitisme s'était montré assez avantageux, assez lucratif, pour leur attirer des émules. Mais tout le monde ne pouvait jouer les premiers rôles dans l'antisémitisme. La place était prise. C'est ainsi que des hommes avisés, heureux d'avoir découvert un nouveau filon de préjugés, une nouvelle veine d'intolérance à exploiter, se sont rejetés sur l'antiprotestantisme, et ont cherché à en faire leur domaine. Après le « péril juif », on a découvert le « péril protestant » ; après la « conquête juive », on a dénoncé la « conquête protestante ».

Les protestants devaient en effet venir après les juifs. Ils sont, les uns et les autres, en France, une minorité religieuse ; les uns et les autres ont été persécutés, à une époque heureusement déjà lointaine ; les uns et les autres ont été émancipés par la Révolution, ou à la veille de la Révolution. En outre, les antisémites ne pouvaient bientôt manquer de s'en prendre aux protestants ; ils devaient voir, dans les sectateurs de la Réforme, les alliés naturels et comme les complices des juifs ; bien mieux, ils devaient découvrir en eux des « judaïsants » ou des demi-juifs, car, en revenant à l'Ancien Testament, les protestants ont été se désaltérer aux antiques sources hébraïques, ils se sont imbus de cet esprit d'Israël, qu'ont partout en horreur les antisémites. C'est ainsi, que, de ces deux minorités religieuses, des pamphlétaires ou des tribuns, en quête de popularité, ont formé une sorte de caste, qu'ils appellent couramment les judéo-protestants.

Examinons quels sont les différents facteurs de l'anti-protestantisme. Si nous analysons les ingrédients dont est composée cette trouble et malsaine mixture, nous trouvons que ce sont, à peu près, les mêmes éléments que ceux dont est formé l'antisémitisme. Il s'y montre, d'abord, des antipathies religieuses, des rivalités confessionnelles ; il s'y rencontre, ensuite, une sorte d'exclusivisme national, un nationalisme étroit, qui s'inquiète de toutes les dissidences, une fausse conception de l'unité de la France ; nous y découvrons, encore, avec la concurrence universelle de notre époque, les rivalités et les jalousies sociales ; nous y retrouvons, enfin, les luttes politiques, les luttes autour du pouvoir, les compétitions pour les places et pour les emplois publics.

Il y a donc, par suite, dans l'antiprotestantisme, comme dans l'antisémitisme, trois ou quatre facteurs principaux que nous allons examiner rapidement.

I

Je ne m'arrêterai pas longtemps sur le grief religieux. De quoi incrimine-t-on, à cet égard, les protestants? On leur reproche, d'abord, comme aux juifs, d'être des dissidents qui rompent l'unité religieuse du pays ; on leur reproche, ensuite, de faire de la propagande pour leurs doctrines. C'est là un grief qu'on n'a pas contre les juifs. Mais peut-on en vouloir, à une confession religieuse, de faire de la propagande? Le droit de recruter des prosélytes ne fait-il plus partie de la liberté de conscience? ou bien, allons-nous, en France, entendre la liberté de conscience, à la façon de nos amis, les Russes, comme un privilège de l'Église dominante? Mais, dit-on, vous oubliez que les protestants se servent, pour leur prosélytisme, de moyens déloyaux, qu'ils recourent sans vergogne à l'argent, qu'ils achètent les consciences ! Acheter les consciences ! c'est là un crime contre la religion et contre la liberté humaine ; mais, j'avoue que je ne crois pas qu'à notre époque, dans notre pays de France, tout au moins, si grand que soit, prétend-on, le pouvoir de l'argent, il soit aisé d'acheter des consciences. Et puis, s'il s'est rencontré, par malheur, quelques protestants qui aient eu le triste courage de pratiquer cet odieux trafic, ils ne sont peut-être pas les seuls qui aient ainsi empiété sur la liberté des âmes.

Faut-il rappeler, ici, un livre que je ferais peut-être mieux de laisser à l'oubli dans lequel il est presque tombé, un roman, pour ne pas dire un pamphlet d'Alphonse Daudet : *l'Évangéliste* ? S'il faut y voir autre chose qu'une satire ou une caricature, je ne crois pas que le grand romancier ait prétendu là peindre le monde protestant ; ce qui l'aura, au contraire, frappé et séduit, dans cette histoire, c'est ce qu'elle présentait de singulier et de rare. En tout cas, quels qu'en soient les auteurs et quelles qu'en soient les victimes, protestants, catholiques, juifs ou libres penseurs, de tels actes de fanatisme sont également haïssables, et de pareils rapts d'âmes, également criminels.

Passons à un grief plus grave ou plus sérieux. On dit, des protestants, ce que l'on reproche souvent aux juifs, on dit qu'ils travaillent, sinon à déchristianiser la France, puisqu'ils sont eux-mêmes chrétiens, du moins, à la décatholiciser ; et, pour beaucoup de nos compatriotes, l'un vaut l'autre. On va répétant, autour de nous : les protestants sont à la tête de toutes les campagnes anti-religieuses, anticatholiques ; ils sont les inspirateurs ou les grands meneurs de la Franc-Maçonnerie. On n'a pas craint de l'écrire, en des libelles que je préfère ne pas nommer : « Protestantisme et Maçonnerie ne font qu'un. »

Nous savons tous quelle place tend à prendre, dans nos querelles confessionnelles et nos luttes politiques, cette institution venue, autrefois, d'Angleterre. Je n'ai pas, ici, à en apprécier le rôle ; mais, peut-on dire, vraiment, que les protestants sont les inspirateurs, avoués ou occultes, de la Maçonnerie? Ce serait peut-être un peu moins faux d'eux que des juifs, en ce sens que les juifs ont été longtemps exclus de la Maçonnerie, tandis qu'elle nous est venue d'un pays protestant, puisqu'elle nous est arrivée d'Angleterre, vers le commencement du xviii° siècle. Cela suffit-il pour soutenir que la Maçonnerie est un produit de la Réforme? pour affirmer surtout que l'esprit maçonnique, tel qu'il se présente à nous, en France, est un esprit protestant? Seraient-ce, par hasard, les protestants qui auraient rayé, des statuts de la Maçonnerie française, le nom du Grand Architecte de l'Univers, ce nom, conservé respectueusement par les Loges d'Angleterre ou d'Allemagne? Comment, alors, n'est-ce pas dans les pays protestants, mais bien dans les pays catholiques, que la Maçonnerie se montre antireligieuse et antichrétienne? Quelque place qu'y puissent tenir des protestants ou des juifs, quelque appui qu'aient pu y trouver, pour leurs intérêts ou pour leurs ambitions, certains d'entre eux, la Maçonnerie n'est pas plus protestante qu'elle n'est juive. Le Grand Orient ne peut pas plus se réclamer de Calvin ou de Luther, que de Moïse ou de Salomon, l'allié d'Hiram.

Il est un autre grief, du même ordre, que nous voyons figurer souvent dans les réquisitoires contre le protestantisme et l'esprit protestant. La Réforme, dit-on, a été la mère de la Révolution, et non seulement elle a enfanté la Révolution, mais elle est restée, pour les peuples modernes, un principe d'anarchie et de ruine. L'esprit protestant est un dissolvant politique et social, un dissolvant par l'individualisme rationaliste, un dissolvant par le libre examen.

Est-ce là un grief dont les protestants ne puissent se défendre ? Est-on bien certain, que la Révolution procède de la Réforme? C'est, à certains égards, je le veux bien, une filiation assez vraisemblable ; de grands historiens l'ont admise. Comment cependant expliquer qu'en Europe, au moins sur le continent, la Révolution ait éclaté dans un pays catholique, un pays d'où le protestantisme avait été presque entièrement extirpé? J'incline plutôt, quant à moi, vers la théorie de Taine qui fait découler la Révolution française de l'esprit classique, ou vers le sentiment d'un des esprits les plus distingués de notre époque, M. Tarde, qui voit la mère ou l'aïeule de la Révolution, non pas dans la Réforme, mais dans la Renaissance.

Les protestants, en tout cas, peuvent nous dire : Voyez les États où le protestantisme a triomphé; sont-ce des pays voués à l'anarchie et à l'esprit révolutionnaire? Ils ont bien eu, il est vrai, leurs révolutions; mais ces révolutions, peut-être fomentées et limitées à la fois par l'esprit de la Réforme, n'ont eu ni la même durée, ni la même intensité, ni la même fréquence que les nôtres. Prenez l'Angleterre, prenez la Hollande, prenez la Prusse, allez aux États-Unis, sont-ce des pays où l'esprit révolutionnaire est plus développé, plus menaçant qu'en France? Non, force nous est de l'avouer, c'est, assurément, l'inverse. Et les protestants, après nous avoir engagés à jeter les yeux sur les pays où leurs coreligionnaires sont en majorité, nous font, à leur tour, cette autre question : Examinez les États protestants, et dites-nous si, pour eux, si pour l'Angleterre, pour l'Allemagne, pour l'Amérique, la Réforme a été une cause de décadence ou de dissolution ? Dites-nous, en conscience, si vous jugez les pays protestants inférieurs aux pays catholiques ?

II

Lorsqu'ils incriminent, chez nous, « l'esprit protestant », il est souvent difficile de préciser ce qu'entendent, par là, antiprotestants et antisémites. Avant de parler d'esprit protestant ou d'esprit juif, il faudrait, d'abord, savoir quels sont les véritables et légitimes représentants de ce qu'on appelle « esprit juif », — « esprit protestant ». C'est ce qu'oublient la plupart des antiprotestants et des antisémites, si bien qu'à les entendre, l'esprit protestant ou l'esprit juif n'aurait plus rien de commun avec l'esprit du protestantisme ou l'esprit du judaïsme ! De même que ce qu'ils nomment l'esprit juif n'est souvent que l'esprit de juifs « déjudaïsés », ce qu'ils appellent l'esprit protestant n'est, le plus souvent, que l'esprit de protestants « déchristianisés », qui ont abandonné la foi et les traditions de la Réforme.

Pour les antiprotestants et les antisémites, il en est de l'esprit protestant comme de l'esprit juif; car, à leurs yeux, esprit protestant, esprit juif, c'est presque tout un. Tous deux se ressemblent et sont également haïssables. Tous deux, d'abord, représentent, presque au même degré, un esprit étranger, hostile au génie et aux instincts de notre race, inconciliable avec les traditions qui ont fait, pendant des siècles, la force et l'honneur de la France. Tous deux, ensuite, quoique peut-être à un degré inégal, personnifient, chez nous, l'esprit de révolte et l'esprit de négation : juif et protestant sont deux réfractaires, qui nient ouvertement, ou minent sourdement toutes les croyances et toutes les institutions sur lesquelles reposait la grandeur française. Par suite, à ce double égard, l'esprit protestant et l'esprit juif ne peuvent être, pour la France, qu'un dissolvant; les libertés ou les faveurs qu'elle leur a concédées, durant le dernier siècle, ont compromis la nationalité française ; si nous voulons la sauver, il est grand temps d'aviser à ce double péril.

Cette thèse, rendue banale par les amplifications quotidiennes de la presse antisémite ou nationaliste, il serait aisé de la réfuter, quant à l'esprit protestant, en refaisant, siècle par siècle, toute l'histoire de la Réforme en

France, de Henri IV et de Sully à Guizot. Mais, c'est le présent que nous avons en vue, c'est le protestantisme contemporain ; est-il permis d'affirmer que l'esprit protestant n'est qu'un esprit de révolte et de négation, hostile à tout principe d'autorité, à toute foi religieuse, à toute tradition nationale? A ceux qui, pour le prouver, viennent nous citer les discours ou les écrits de tel ou tel personnage sorti d'une famille réformée, les protestants auraient souvent le droit de répondre par une fin de non-recevoir [1]. Et, en effet, un grand nombre des hommes dénoncés par la *Conquête protestante* et par les pamphlets de l'antiprotestantisme, comme fils de la Réforme, ne se donnent même plus pour chrétiens ; ils n'ont pas plus de droits au titre de réformés ou de protestants que M. Waldeck-Rousseau ou M. Trouillot au nom de catholiques. Protestants, catholiques ou israélites, ce n'est pas par les actes ou par les écrits de ceux qui ont rejeté ses enseignements et ses dogmes qu'on peut juger de l'esprit d'une religion.

Les frontières, il est vrai, du protestantisme n'ont pas la fixité ou la netteté de celles de l'Église catholique. Nous ne dirons pas, quant à nous, avec l'auteur de

1. C'est ce qu'a fait, par exemple, M. Gaston Mercier, dans un livre intitulé *l'Esprit protestant* : Politique — Religion, Paris 1901, librairie Perrin. Voyez, spécialement, pour les hommes d'origine protestante qui ont pris part à l'œuvre de la laïcisation des écoles, pp. 212-214. Tout en faisant des réserves sur certaines opinions ou sur certaines polémiques de l'auteur de ce volume, il est malaisé de contester, à cet égard, la justesse de ses réflexions.

l'Esprit protestant, M. G. Mercier, qu'il n'y a de vrais protestants que les hommes restés fidèles aux doctrines anciennes de la Réforme, que ceux du moins qui acceptent les grands dogmes traditionnels du Christianisme, en d'autres termes, qu'il n'y a de vrais protestants que ceux qu'on désigne sous le nom d'orthodoxes. Ceux-là ne sont, en général, ni radicaux, ni socialistes ; ils sont encore moins antireligieux ; ils se gardent même, pour la plupart, d'être anticatholiques. — Loin d'être unanimes à soutenir nos gouvernants dans la guerre aux idées religieuses, nombre de ces protestants sont en droit de nous rappeler qu'ils se sont élevés contre tous les projets qui ont pour but, avoué ou non, la ruine des établissements religieux, parce qu'ils sentaient que, derrière l'Église catholique, ce que l'on vise, c'est l'idée chrétienne elle-même [1].

Plus d'un se souvient des fortes paroles de M. Guizot que nous rappelle, dans un récent volume, mon ami M. Christian Schefer : « Ce que le catholicisme perdrait en crédit et en empire dans les sociétés catholiques, ce ne serait pas le protestantisme qui le gagnerait, ce serait l'impiété » [2]. Le spectacle que nous offrent,

1. Voyez, par exemple, M. G. Mercier, *l'Esprit protestant* p. 187-188.

2. Voyez Christian Schefer, *la Crise actuelle* : essai de psychologie contemporaine. Paris, librairie Plon. — On pourrait citer, dans le même sens, de nobles paroles du grand orateur protestant, M. le pasteur Bersier (Discours à l'inauguration de l'École des Sciences Religieuses) rappelées par l'auteur de *l'Esprit protestant*, p. 235.

aujourd'hui, les masses populaires de nos grandes villes n'en est-il pas la preuve? Les protestants qui s'en alarment sont fondés à croire que, loin de favoriser les progrès de la Réforme, la guerre sourde ou déclarée, faite par nos gouvernants à l'Église catholique, ne peut tourner qu'au profit de l'irréligion et de l'athéisme.

Si, parmi les protestants, « orthodoxes » ou « libéraux », il se rencontre des hommes qui, tout en se défendant d'être sectaires ou anticatholiques, demeurent défiants de l'Église catholique, de son clergé, de ses congrégations, comment s'en scandaliser, alors que tant de catholiques de naissance restent atteints de la crainte superstitieuse du jésuite? Et quand, dans la foule bruyante des champions de l'anticléricalisme, on découvrirait quelques anciens pasteurs, évadés de la chaire ecclésiastique, le calviniste et le luthérien n'en garderaient pas moins le droit de nous représenter qu'un esprit impartial est tenu de distinguer entre les fils de la Réforme, — de même que, en bonne justice, on ne saurait juger tous les juifs, d'après les actes ou les opinions de quelques juifs français ou étrangers. Peut-être même auraient-ils le droit d'affirmer que le véritable esprit protestant est celui de la Réformation, celui des protestants orthodoxes, tout comme un rabbin israélite serait fondé à soutenir que le véritable esprit juif est celui du judaïsme, celui des juifs orthodoxes, demeurés fidèles à leur foi et à leur loi. Mais ce n'est pas ici le lieu de chercher qui, parmi les protestants ou parmi les juifs, a droit au nom de réformé, ou au nom d'israélite. Laissons aux théologiens les querelles théologiques. Nous n'avons garde d'entrer dans les controverses qui agitent l'Église réformée. Nous n'aurons pas la téméraire prétention de décider qui est protestant, et qui ne l'est plus ; qui a le droit de parler au nom de la Réforme, et qui ne le possède point. Cela du reste n'est pas nécessaire à notre objet. Une chose ressort, manifestement, de ces bruyantes controverses, et c'est elle surtout que nous voulons retenir.

Lorsque l'antiprotestantisme nous dénonce les périls, pour notre vie politique et pour notre vie nationale, de ce qu'il appelle l'esprit protestant, il prête au protestantisme et aux Églises issues de la Réforme une unité, une continuité de vues et d'efforts qui, d'habitude, ne leur appartient pas, que le principe du libre examen ne leur permet même peut-être point. Comment des hommes qui reprochent, chaque jour, au protestantisme d'aboutir, en toutes choses, à l'anarchie, qui exagèrent même la portée pratique des divisions de sectes et de « dénominations » issues de la Réforme, peuvent-ils oublier que, pour avoir le droit de parler de l'esprit protestant, il est bon de faire des distinctions, de ne pas attribuer, à une École ou à une Église, ce qui appartient à une autre, de ne point prêter, à tous les chrétiens qui se réclament de la Réforme, les opinions ou les tendances d'hommes qui, parfois, n'ont presque rien gardé des doctrines ou des traditions de la Réforme ? Et, ce que nous disons des protestants et de l'esprit protestant, on pourrait le dire, également, des juifs et de l'esprit juif. Protestants, juifs, catholiques, rien de plus décevant que ces hâtives généralisations. Et cela est encore plus vrai des questions politiques ou sociales que des questions morales. Si, en morale, — et encore là, combien de nuances! — on peut soutenir qu'il existe un esprit protestant, combien cela est plus douteux en politique ou en matière sociale ! La grande majorité des protestants français est-elle, aujourd'hui, républicaine, cela s'explique par des raisons spéciales à la France: c'est que la République est devenue le gouvernement du pays, et que, depuis 1871, la cause de la monarchie a paru, chez nous, s'identifier avec la cause de l'Église catholique, ou, comme disent ses adversaires, avec celle du cléricalisme.

Quoique, en un sens, le protestantisme ou mieux le calvinisme, grâce à la constitution fédérale et démocratique de ses Églises, ait pu préparer, de loin, les peuples d'Europe ou d'Amérique à la république et à la démocratie, la Réforme n'en a pas moins su s'accommoder à la monarchie, aussi bien qu'à la république, témoin l'Angleterre, l'Écosse, l'Allemagne. Peu d'hommes en France, au xixe siècle, ont été plus imbus de l'esprit protestant que Guizot, et Guizot a vécu et est mort en monarchiste impénitent, tandis que Thiers, Dufaure, Rémusat, sortis de familles catholiques, se ralliaient à la république.

La vérité, c'est que les opinions philosophiques ou

politiques sont loin de toujours dépendre d'une étiquette confessionnelle. Comme le catholique, et peut-être encore plus que le catholique, le protestant est libre de suivre les opinions politiques ou les doctrines sociales qu'il croit les mieux fondées en droit, ou les plus conformes à l'intérêt de son pays. Il n'est enchaîné, par la Réforme, à aucune école, à aucun parti ; c'est méconnaître l'esprit protestant, esprit, s'il en est un, de libre examen et de libre choix, que de le représenter comme inféodé à un système politique ou social, comme voué, par ses antécédents et par son point de départ, au radicalisme, au socialisme, à plus forte raison, à l'anarchisme.

Cette liberté et cette variété des opinions chez les protestants, on a beau les prouver, par des faits et par des exemples, l'antiprotestantisme ne consent pas à les admettre, pas plus que l'antisémitisme ne veut les reconnaître chez les juifs. Antiprotestants et antisémites s'en tiennent toujours à l'inique théorie du bloc. Pour eux, le protestant, comme le juif, représente, en toutes choses, l'esprit de révolte et de négation, l'esprit de désordre et d'anarchie. Pour eux, le vrai protestant, c'est, le plus souvent, celui qui s'est détaché du Christianisme, celui qui a déserté les croyances et les traditions de l'Église réformée, celui dont la religion, lorsqu'il en garde encore une, n'est plus guère qu'un vague déisme, de façon qu'à en croire journalistes et pamphlétaires, le véritable esprit protestant serait celui d'hommes qui ont rejeté la plupart des croyances protestantes.

Veut-on étudier et définir l'esprit protestant, peut-être faut-il le prendre dans les pays où les protestants sont en majorité, où la Réforme a pu se développer librement. Si les reproches faits, chez nous, aux protestants semblent parfois justifiés, c'est en effet que, en France, les protestants sont en minorité, qu'ils ont été longtemps persécutés ou tenus en suspicion, et que, par là même, les injustices et les souffrances séculaires leur ont laissé des inquiétudes ou des ressentiments, dont ils ne savent pas tous se défendre. Cela, nous l'avons dit, est encore plus vrai des juifs.

Les analogies que l'antiprotestantisme et l'antisémitisme se plaisent à signaler entre « l'esprit protestant » et « l'esprit juif » proviennent, bien moins, de secrètes affinités entre les juifs et les réformés que d'une certaine similitude de situation, dans les pays comme la France, où les uns et les autres ont été longtemps persécutés, et où ils ont été rapprochés par des souffrances, des antipathies et des appréhensions communes. En ce sens, ce qu'on appelle, chez nous, l'esprit protestant ou l'esprit juif n'est, en grande partie, que l'esprit de minorités religieuses, longtemps privées de tous droits civils ou politiques, et encore défiantes des retours possibles des inégalités du passé.

Il n'en est pas de même des États où la Réforme a triomphé, où l'esprit protestant, malgré toutes les diffé-

rences nationales ou les divergences d'Églises, a pu se
développer librement et pacifiquement. Là, l'esprit de
la Réforme n'est plus faussé ou aigri par les souvenirs
des luttes anciennes. Aussi, en ces pays, en Prusse, en
Angleterre, en Écosse, en Hollande, en Scandinavie,
aux États-Unis, personne n'oserait affirmer que l'esprit
protestant est, en politique comme en religion, un esprit
de négation, ou encore un esprit radical ou socialiste.
Les faits quotidiens donneraient à de pareilles assertions
un démenti trop éclatant. Qui ne sait que le vieux parti
conservateur prussien, par exemple, est entièrement
composé de protestants évangéliques, aussi attachés à
leur roi qu'à leur Église? Ignore-t-on que, en ces dernières années, il s'est noué, plus d'une fois, entre ces
conservateurs protestants et le Centre catholique, des
alliances parlementaires, ce que les Allemands appellent
un « cartell »? En Prusse, ce sont les catholiques qui
se montrent les moins dociles aux vues du Gouvernement, ou les plus soucieux des libertés publiques, parce
que, en Prusse, ce sont les catholiques qui se trouvent
en minorité, et qui se défient le plus des actes du pouvoir ou de la prépotence des majorités.

Entre les États où la Réforme a jeté les plus profondes
racines, il en est un, la Hollande, qui a littéralement été
créé par la Réforme; et qui en a longtemps semblé la
vivante incarnation. Or, cette Hollande, où l'esprit protestant et les traditions de la Réforme sont demeurés si
vivaces, nous offrait, tout récemment encore, un spec-

tacle bien fait pour déconcerter les tenants de l'antiprotestantisme. Qu'était-ce donc? rien moins que l'alliance
politique des catholiques et des protestants orthodoxes
dits antirévolutionnaires, pour sauver ce que les fils de
Rome et les fils de Genève appellent, également, l'héritage chrétien. Et cette alliance, cette paradoxale alliance,
qui n'est pas nouvelle aux Pays-Bas, a, sous l'inspiration
du pasteur Kuyper, remporté plus d'une victoire électorale, dout réformés et catholiques se sont réjouis pareillement. Ce n'est pas que nous préconisions, quant à nous,
des coalitions semblables; nous avons peu de goût pour
les partis ou pour les « cartells » confessionnels ; une des
choses que nous reprochons à l'antisémitisme et à l'antiprotestantisme — aussi bien du reste qu'à l'anticléricalisme, c'est, précisément, de pousser à la formation
de partis religieux ou antireligieux. Mais nos yeux ne
peuvent se fermer sur ce qui se passe à nos portes, et
en face d'une alliance, publique et notoire, comme celle
des catholiques et des protestants orthodoxes des Pays-
Bas, comment ne pas constater qu'il faut tout le parti
pris, ou toute l'ignorance de l'antiprotestantisme pour
répéter que l'esprit protestant n'est que . négation du
catholicisme et la haine de l'Église.

La vérité, encore une fois, c'est que, parmi les protestants contemporains, ou parmi les hommes élevés à
l'école de la Réforme, comme parmi les catholiques, ou
les hommes élevés à l'école de l'Église catholique, il y a,
aujourd'hui, sur toutes les grandes questions, bien des

manières de penser, de juger, d'agir ; si bien qu'on ne saurait ranger tous nos compatriotes en des camps politiques ou sociaux opposés, du seul fait de leur baptême ou du catéchisme de leur Église.

Si, parmi les adeptes ou les meneurs de l'anticléricalisme, du radicalisme ou du socialisme, il se trouve des protestants, ou des hommes issus de familles protestantes, on ne saurait affirmer, pour cela, qu'anticléricalisme, radicalisme ou socialisme sont, chez nous, le produit de l'esprit protestant. Anticléricaux, radicaux ou socialistes, loin de toujours prendre le mot d'ordre des protestants ou des juifs, ont le plus souvent pour apôtres ou pour chefs, aussi bien que pour prosélytes ou pour soldats, des catholiques, ou mieux, des hommes issus de familles catholiques, souvent même des hommes élevés par l'Église, dans les écoles des « chers Frères » ou dans les collèges des « bons Pères ».

Quelque part qu'aient pu y prendre les rivalités et les antipathies confessionnelles, l'anticléricalisme lui-même, la guerre faite au clergé et aux moines, la campagne, tour à tour violente ou hypocrite, menée contre toute idée religieuse, a, de nos jours, tout comme au xviiie siècle et à l'époque de la Révolution, d'autres instigateurs que les protestants ou les juifs. Plus d'un fils de la Réforme s'est honoré en réprouvant, comme injustes en soi, et comme dangereuses pour la paix du pays et pour les minorités confessionnelles, les attaques des sectaires de l'anticléricalisme contre la liberté d'association, contre

la liberté d'enseignement, contre la liberté de conscience.
« — Je suis protestant, m'écrivait, récemment, un pasteur des Cévennes, mais je suis chrétien, avant d'être protestant, et l'esprit de Jésus-Christ me paraît inconciliable avec l'antisémitisme et l'anticléricalisme, aussi bien qu'avec l'antiprotestantisme ». Nobles et fortes paroles dans la bouche d'un homme qui s'intitulait lui-même un homme de paix. Je ne sais si c'est toujours là, en France, l'esprit protestant, mais je sais que c'est bien là l'esprit chrétien, et j'oserai dire, aussi, le véritable esprit français.

III

Quelque opinion qu'on ait du protestantisme et de l'esprit protestant, une chose est certaine, une chose éclate aux yeux qui, par-dessus nos étroites frontières, portent leurs regards sur l'Europe et sur le vaste monde. Il n'est pas permis de soutenir que la Réforme ait amené, ni la dissolution sociale, ni la décomposition morale, ni la décadence politique ou économique des pays dans lesquels les réformateurs ont triomphé.

Mais, diront les antiprotestants, cela s'explique. Dans les pays où elle l'a emporté, en Angleterre, en Hollande, en Scandinavie, dans l'Allemagne du Nord, aux États-Unis d'Amérique, la Réforme était chez elle ; elle était en pays germanique ; elle était dans sa patrie ; tandis qu'en France et dans les pays latins, la Réforme, au contraire, transportée sur un autre sol, est un dissolvant, parce qu'elle est antinationale. Chez nous, ce produit de l'esprit germanique ne peut être qu'un principe de destruction et d'anarchie ; chez nous, la Réforme travaille, bon gré mal gré, pour l'étranger ; comment ne pas nous inquiéter, sinon de ses progrès, du moins de son action et de ses efforts pour nous dénationaliser ?

Nous arrivons, ainsi, à ce que j'appelle le grief national, grief que nous rencontrons dans les trois « anti » ; de tous ceux soulevés contre les protestants, c'est le plus répandu et peut-être le plus grave.

Comme l'antiprotestantisme est, en quelque sorte, un décalque de l'antisémitisme, nous retrouvons ici l'idée de race. On ne peut dire que les protestants sont des sémites ; tout au plus, pourrait-on prétendre qu'ils sont des fils adoptifs de l'esprit sémitique, grâce à la Bible, à l'Ancien Testament, dont ils se sont nourris, durant des siècles. Mais on répète : Ce ne sont pas de vrais Français, des Français de France. Comment seraient-ils des Français de race ? — car, aujourd'hui, on parle beaucoup de race française, terme assez impropre, oserai-je dire en passant. — Ils ont été supprimés par Louis XIV ; ceux qui n'ont pas été convertis ou chassés ont dû se cacher dans les montagnes du Midi. D'où viennent la plupart des protestants de France ? Ils ne peuvent tous être sortis de leurs retraites des Cévennes ; un grand nombre nous est venu ou revenu de l'étranger, de Suisse, de Hollande, d'Angleterre, d'Allemagne. Alors même qu'ils ne seraient pas de race étrangère, ils ont rapporté, du dehors, un esprit étranger, un esprit de réfugiés. Bien plus, quand les protestants seraient tous de sang français, ils n'en seraient pas moins étrangers, de cœur ou d'esprit, attendu que la Réforme elle-même n'est pas française, que la Réforme est germanique. Or, qu'est la France ? La France est latine. Quelle est la religion des Latins ? C'est le catholicisme, la religion de Rome. Nous retrouvons, ici, la théorie des races et la thèse ethnologique que nous avons rencontrées dans l'anti-sémitisme. De même que le judaïsme est la religion des « Sémites », le protestantisme est la religion des Germains, comme le catholicisme est la religion des Néo-Latins, comme l'orthodoxie orientale est la religion des Grecs et des Slaves. Ce sont là des théories à la mode, contre lesquelles, pour ma part, je proteste de toutes mes forces, car j'y vois une thèse d'asservissement. Rien n'est plus contraire à la liberté humaine et à l'esprit religieux que cette prétention d'enchaîner chaque race à une religion, de ne faire d'une grande doctrine religieuse que le produit en quelque sorte fatal d'un groupe ethnique.

Rien, non plus, de moins conforme aux faits ; car toutes les grandes religions, et le Christianisme, et l'Islam, et le Bouddhisme, et le Judaïsme lui-même, ont rayonné en dehors du peuple ou de la race où ils ont pris naissance.

La Réforme, nous dit-on, est germanique; elle représente, chez nous, l'influence allemande; elle nous apporte un idéal étranger; elle personnifie l'esprit étranger; par suite, elle nous menace du plus grave des périls, de la conquête spirituelle. On peut se défendre contre un ennemi qui envahit le pays, les armes à la main; mais comment résister à la sourde invasion de doctrines qui s'insinuent dans votre esprit, et qui s'emparent de votre âme? Telle est l'invasion dont nous menace le protestantisme. Vous ne sentez donc pas, nous crie l'antiprotestant, après l'antisémite, que la France est en train de se dénationaliser?

Voilà, dans toute sa gravité, la thèse des antiprotestants, thèse très répandue, aujourd'hui, dans la presse et dans le public, si bien qu'elle est devenue une sorte de lieu commun. On l'étend parfois jusqu'aux doctrines philosophiques. Je pourrais citer un écrivain de renom, qui, dans un roman à prétentions nationales et à tendances nationalistes, nous a présenté la philosophie de Kant et le kantisme, fort en vogue aujourd'hui parmi la jeunesse française, comme une doctrine protestante, une doctrine germanique, faite pour nous dénationaliser.

Ainsi, d'après les antiprotestants, comme d'après les antisémites, il nous faudrait juger des doctrines par leur pays d'origine, et non par la part de vérité que nous pouvons trouver en elles. La France devrait s'astreindre à une sorte de protectionnisme moral et fermer ses frontières à toute denrée intellectuelle de provenance étrangère. Religion ou philosophie, c'est là, il faut bien le confesser, une singulière et attristante application du fameux « Vérité en deçà des Pyrénées, erreur au delà ! »

La Réforme, d'après ces théories, est à sa place en Angleterre, en Allemagne, en Scandinavie, dans les pays germaniques, en un mot, car elle est y est natio nale. Par suite, d'après cette même philosophie des religions, lorsque autrefois les Anglais persécutaient les catholiques, lorsque naguère Bismarck engageait l'Allemagne dans le Culturkampf contre la hiérarchie romaine, Bismarck et les Anglais remplissaient leur devoir de patriotes, puisque le catholicisme étant un produit latin, c'était faire œuvre de bon Anglais et de bon Allemand que d'émanciper du joug de Rome l'Angleterre et l'Allemagne.

National, chez nos voisins d'outre-Rhin et d'outre-Manche, le protestantisme serait antinational, chez nous. Est-ce là une thèse justifiée par les faits ?

Interrogeons la géographie ; interrogeons l'histoire. En France, puisque nous parlons de la France, est-il vrai que le protestantisme représente, forcément, l'esprit germanique ? Mais, si nous jetons les yeux sur la carte des confessions en France, une chose nous frappe, c'est que les régions de notre pays où la Réforme a été le mieux accueillie, dès l'origine, et où elle a conservé, encore aujourd'hui, le plus grand nombre d'adeptes, ce ne sont pas les provinces du Nord-Est, celles qui ont le plus de sang germanique, ce sont, tout au rebours, les régions du Midi, ce sont les pays les plus latins de la France ; — ou bien, si ce ne sont peut-être pas des pays vraiment latins, si les Cévennes, par exemple, qui ont servi de refuge aux huguenots persécutés par Louis XIV, ne sont pas habitées par des Français d'origine latine, leurs montagnes abritent des populations autochtones, les plus vieilles peut-être des Gaules ; et ce sont ces populations, nationales et françaises entre toutes, qui, justement, ont accueilli le protestantisme et ont tout sacrifié plutôt que de le renier.

Interrogeons l'histoire ; que nous apprend-elle ? Est-ce, vraiment, d'outre-Rhin, est-ce d'Allemagne, ou même de Suisse, que nous est venue, en France, la Réforme ? Nullement. Nous avions, chez nous, de longue date, les éléments d'une réforme nationale, et le protestantisme français est sorti de racines françaises. Permettez-moi de vous citer, à ce propos, l'opinion d'un récent historien de notre littérature, qui n'est pas sans quelque autorité en ces matières.

« Il y a une Réforme purement française qui n'a rien dû de son origine, ou peu de chose, à la Réforme allemande ou anglaise... qui longtemps n'a été ni politique, comme l'anglaise, ni sociale, comme l'allemande, mais religieuse, théologique et morale, et qui enfin les a mêmes précédées l'une et l'autre, »

Qui dit cela ? Est-ce un défenseur du protestantisme ?
un apologiste de la Réforme ? Non, — c'est M. Brunetière... Et à quelle date le disait-il ? Est-ce avant qu'il
fût arrivé au terme de cette longue évolution morale
et religieuse qu'il nous a lui-même décrite ? Nullement,
c'est dans le numéro de la *Revue des Deux Mondes* du
15 octobre 1900, c'est-à-dire à une époque où M. Brunetière possédait, déjà, je ne dirai pas dans l'Église,
mais au moins dans le monde bien pensant, une autorité légitime, derrière laquelle il est permis de s'abriter.

Je continue cette citation, qui a, pour nous, un réel
intérêt, et qui fait honneur à la haute impartialité du
savant critique. Il s'agit ici d'un des précurseurs de la
Réforme en France :

« Notre Lefèvre d'Étaples, poursuit M. Brunetière, a
précédé Luther, et de Lefèvre d'Étaples à Calvin, de
1512 à 1536, on peut suivre à la trace, dans des docu-
ments français, le progrès et l'évolution logique d'un
protestantisme exclusivement français. Plus on l'étudiera
de près, et mieux on y verra les caractères distinc-
tifs de ce que j'appellerai notre Réforme nationale. Ces
caractères, les voici : C'est une tendance à faire pré-
dominer la morale sur le dogme, à mettre dans la pratique de la vie quotidienne tout ce que l'on essaie d'enlever aux œuvres, j'entends les œuvres extérieures et
cérémonielles. C'est encore une tendance à démocratiser
ou plutôt à individualiser le sentiment religieux ; — et
tout cela, c'est ce que nous allons retrouver dans Calvin ».

Vous aurez remarqué que, dans ce passage si net et si catégorique, M. Brunetière, qui se connaît à l'analyse des idées, attribue à l'influence française les penchants individualistes de la Réforme. Je n'ai pas à chercher ici dans quelle mesure cette thèse est exacte ; il me suffira de rappeler, à ceux de nos compatriotes qui voudraient voir, dans la Réforme et dans le protestantisme, un produit étranger de l'individualisme germanique, qu'il y a des Français, qu'il y a des érudits qui, sans être protestants, en ont jugé d'une façon toute différente.

Le fondateur ou l'organisateur de la Réforme française, Calvin, porte un nom bien français et appartient bien à la France. Il serait d'un nationalisme singulièrement étroit, ou d'un fanatisme suranné, de renoncer à le revendiquer comme un des grands écrivains et un des grands esprits de la France. C'est ce que M. Brunetière, par exemple, n'a eu garde de faire : il a pris soin de n'amoindrir, ni la haute figure, ni la grande œuvre du sombre réformateur.

J'irai plus loin, pourtant, que mon savant ami, M. Brunetière. Non seulement, Calvin est français et reste un des grands noms de la vieille littérature française ; mais, à mes yeux, une grande part de son influence sur son temps et une bonne part du succès de sa réforme religieuse, il les doit à l'esprit français. Il nous faut bien constater que Calvin a été un des hommes de notre pays, — un des deux ou trois hommes de France, dont l'action, dans le monde, s'est étendue le plus loin, à travers le temps, comme à travers l'espace. Entre tous les apôtres de la Réformation, Calvin a donné sa forme et sa loi à la doctrine religieuse qui a eu le plus de retentissement dans l'univers. Qui ne sait que le calvinisme a débordé, bien loin, au delà des étroites frontières de la petite république de Genève? Et pourquoi cela? C'est, encore une fois, parce qu'on y retrouve la marque essentielle de l'esprit français. Nous nous vantions, en France, à une époque encore peu reculée, que l'esprit français avait une vocation d'universalité ; nous nous faisions honneur de savoir donner aux idées une clarté, une précision, une logique qui les rend plus facilement accessibles aux autres peuples, pour ne pas dire à l'humanité entière. C'est ce qu'a fait Calvin avec la théologie. Tandis que la réforme de Luther, génie peut-être plus original, plus spontané, plus rare, s'arrêtait, en quelque sorte, à moitié route, et dans le dogme et dans le culte, Calvin, au contraire, allait au bout de ses principes, selon les tendances de notre esprit national, se montrant plus systématique, plus logique, plus rationnel, plus radical aussi, de manière que, grâce à lui, la Réforme aboutit à une révolution religieuse, non sans analogie avec notre grande Révolution civile et politique de 1789. C'est ainsi que par sa méthode, par ses qualités, et, si l'on le veut aussi, par ses défauts, Calvin s'est montré un esprit vraiment français; il a été le législateur et l'organisateur de la Réforme, ou, comme le dit M. Brunetière, il en a été le codificateur et l'ordonnateur, de façon que le calvinisme n'est pas seulement français, par ses origines et par son fondateur, mais aussi par ses méthodes et, en un certain sens, par son esprit.

La Réforme, je le sais, après avoir, pendant une cinquantaine d'années, disputé la France à la vieille Église, a été, chez nous, définitivement vaincue. Je ne puis rechercher, ici, quelles sont les causes de cette défaite, raisons morales ou raisons politiques. Mais si la Réforme a été vaincue en France, elle n'a jamais pu être entièrement déracinée du sol français. Nos gouvernements s'y sont essayé ; un de nos grands rois l'a entrepris, le plus puissant de tous, à l'heure où son pouvoir était au zénith, et il a échoué. La France, depuis la Réforme, a perdu l'unité religieuse ; Louis XIV et Louis XV n'ont pas réussi à la lui rendre. C'est là un fait que nous pouvons déplorer, mais sur lequel il ne nous est pas permis de nous aveugler. Je comprends, quant à moi, l'aspiration vers l'unité religieuse, comme vers un idéal auquel l'humanité ne doit cesser de tendre ; mais l'unité n'a de prix que lorsqu'elle est spontanée et volontaire. L'unité par la persécution, l'unité par la contrainte, qu'elle soit poursuivie, au nom de la foi religieuse par l'absolutisme monarchique, ou au nom de l'unité morale du pays par l'absolutisme jacobin, est une honte ou un mensonge, auquel les peuples modernes, les peuples libres du moins ne sauraient se plier.

La France est restée une nation catholique, quant au plus grand nombre de ses habitants. Elle est demeurée un pays catholique, mais non pas un pays exclusivement catholique. Et, la remarque, si je ne me trompe, en a été faite avant moi, la France a-t-elle été la première des puissances catholiques, elle l'a dû peut-être, précisément, à ce fait que, tout en restant fidèle à la grande Église romaine, elle n'appartenait pas, entièrement, à une seule Église.

J'avoue que, pour ma part, je suis, en toutes choses, et en religion comme en politique, partisan de la libre concurrence ; je crois que la liberté sert toutes les écoles et tous les partis dignes de vivre, que la liberté relève ceux qui savent en user. Je crois que si notre clergé français, par exemple, s'est distingué, entre tous les clergés de l'Europe et du monde, par ses talents, par sa dignité, par ses vertus morales, il le doit, en grande partie, à ce qu'il avait, en face de lui, des adversaires avec lesquels il devait se mesurer. Nous n'avons pas le droit de l'oublier, la plus belle époque du catholicisme en France a été l'époque où l'Église de France était en lutte avec la Réforme; et, au contraire, du jour où les protestants de France ont été chassés ou bâillonnés, est survenue la décadence pour le clergé français et pour l'Église de France.

Je crois que, dans le domaine moral et dans le domaine religieux, plus encore que dans le domaine économique, ce que j'appellerai le protectionnisme moral

ou le prohibitionnisme religieux est une doctrine néfaste.
C'est ainsi que la Révocation de l'Édit de Nantes a porté
à la France un coup, dont la France ne s'est peut-être
jamais relevée ; elle a frappé, non seulement la richesse nationale, mais, chose plus grave, la pensée
nationale. La Révocation de l'Édit de Nantes a, en quelque sorte, détruit l'équilibre de l'esprit français ; la
Révocation de l'Édit de Nantes, sous prétexte de lui
rendre l'unité, a mutilé l'esprit français.

Qu'était l'esprit français, au xvii° siècle ? Il avait, d'un
côté, pour représentants, la glorieuse phalange des écrivains catholiques, ces grands hommes d'Église, que vous
connaissez tous, que vous révérez tous, dont les noms
sont sur toutes les lèvres ; mais la pensée française était,
en même temps, représentée par les dissidents, par les
calvinistes, par les jansénistes. Je n'ai pas besoin de
montrer quelles étaient les affinités morales des jansénistes et des calvinistes ; leurs adversaires commune les
ont fait ressortir ; sur ce point, au moins, les jésuites ont
gagné leur procès. Jansénistes et calvinistes personni-
fiaient les mêmes côtés de l'esprit français ; et le jour où
le calvinisme a été proscrit, le jour où Port-Royal a été
rasé, qui a profité de l'expulsion des protestants, qui a
bénéficié de la destruction de Port-Royal ? Est-ce l'Église ?
est-ce la morale chrétienne ? Demandez-le à la Régence,
demandez-le au xviii° siècle, demandez-le à la Révolution, qui a été l'aboutissement final et fatal de tout le
xviii° siècle.

Comment, me dira-t-on, pouvez-vous considérer le calvinisme comme représentant une des faces de l'esprit français ? Au même titre que le jansénisme. Je ne suppose pas que, même parmi les antiprotestants les plus farouches, personne veuille, aujourd'hui, nous enlever Pascal. Et quelle conception faut-il donc nous faire de l'esprit français ? Qu'est-ce, pour nous, que l'esprit français? Sera-ce, uniquement, l'esprit léger, frivole, brillant, pétillant qu'on symbolise dans le vin de Champagne? Pour prendre un de ses plus illustres représentants, l'esprit français ne peut-il se personnifier que dans Voltaire? C'est là un jugement que portent, sur nous, beaucoup de nos voisins, de nos rivaux, mais un jugement contre lequel notre patriotisme nous fait un devoir de protester, sous peine de rétrécir l'esprit français et de diminuer la France. L'esprit français est plus large, plus complexe, plus sérieux, plus profond.

Qu'est donc l'esprit français? Est-ce ce que nous appelons l'esprit gaulois ? est-ce l'esprit de la Butte? est-ce la Muse montmartroise ? Certes, si c'est dans les cafés de Montmartre que nous devons aller chercher les types de l'esprit national, nous serons obligés de reconnaître que l'esprit de la Réforme n'a rien de français; et avec certaines feuilles des boulevards, nous nous élèverons contre les doctrines moroses de Calvin, nous réclamerons la liberté du rire et la liberté de la gaudriole, nous déclarerons que la morale protestante est une morale hypocrite, qui peut être bonne pour le Germain ou pour l'Anglais, naturellement gourmés, mais qui n'a rien à faire dans le joyeux pays de France.

Mais, si tel est vraiment notre esprit national, il nous faut répudier les plus grands hommes de l'Église de France. Est-ce que Bossuet, par exemple, est-ce que Bourdaloue lui-même, tout jésuite qu'il fût, étaient des représentants de l'esprit gaulois ? Et, si nous cherchons quels sont, en ce moment, les périls de l'esprit français, pouvons-nous dire, en conscience, que le véritable danger pour la France, pour l'art français, pour la littérature française, est le puritanisme protestant ? Il s'est, à notre honte, trouvé des Français pour le soutenir ; mais j'avoue, humblement, quant à moi, que s'il y a, aujourd'hui, un péril pour notre littérature, pour notre théâtre, pour l'esprit français lui-même, je crois que le péril est d'un tout autre côté, et pour tout dire, du côté opposé ; je crois que le danger le plus menaçant pour l'esprit français et pour l'art français est l'indécence du théâtre, la licence de la presse et la vénale pornographie. Et c'est un grand honneur qu'on a fait aux protestants, un honneur en partie mérité, que de les signaler comme les patrons ou les promoteurs des efforts pour endiguer le débordement de la corruption privée et de l'immoralité publique.

Si donc on analyse les origines de la Réforme en France et l'esprit même du protestantisme français, il est malaisé de prétendre qu'il s'inspire d'une idée étrangère et d'un idéal étranger. Mais, dira-t-on, si la Réforme

calviniste est française par ses origines, elle est devenue
étrangère, depuis deux siècles, par les rapports intimes
qu'elle a été obligée de nouer avec l'étranger. Le huguenot a dû émigrer, et dans son exil, et dans ses fréquen-
tations anglaises ou allemandes, il s'est défrancisé, et,
quand il nous est revenu, il nous a rapporté des idées,
des habitudes, des manières de voir, des façons de
penser du dehors.

Il se peut, en effet, que, chez certains protestants,
nous retrouvions, dans les manières, dans le langage, —
surtout s'ils sont allés étudier en Suisse ou en Allemagne, — quelque apparence étrangère ou quelque façon
de s'exprimer ancienne, qui sente ce qu'on a appelé « le
patois de Canaan ». Mais faut-il en tirer scandale? et
n'est-ce pas le fait de toute grande école, de toute
doctrine originale, de toute minorité religieuse surtout, d'avoir ses manières de penser ou de parler,
quelquefois même son jargon?

De ce que les réformés français se trouvent, grâce à
leur religion, en rapports plus fréquents avec nos voisins de Suisse, d'Allemagne, de Hollande, d'Angleterre,
irons-nous conclure que les protestants français sont
devenus des cosmopolites? C'est, vous le savez, un
des reproches qu'on a le front de leur adresser; mais
vous vous rappelez que cette accusation de cosmopolitisme, les trois « anti » la lancent, également, au juif et
au protestant, au clérical et au catholique. Ce qui est
vrai, c'est que le protestant, comme aussi le juif, a

joué souvent, au grand bénéfice de notre pays, le rôle
d'intermédiaire entre la France et l'étranger, entre
l'Allemagne et la France, entre l'Angleterre et la France;
mais, de là au cosmopolitisme, il y a un abîme.

Dirons-nous, comme les adeptes les plus outrés de
l'antiprotestantisme, que les protestants sont incapables
de patriotisme français, que leurs affections ne vont
pas à la France, que leur patrie est Genève, que leur
cœur est à Berlin ou à Londres, que ce sont des agents
de l'Étranger, agents de l'Anglais, agents de l'Allemand?
oserons-nous répéter, sur la foi des pamphlétaires, qu'il
n'y a jamais eu de protestants patriotes? que, depuis
la Réforme jusqu'au xxe siècle, le protestant a toujours
servi les intérêts de l'Étranger, toujours cherché à
faire intervenir chez nous l'Étranger?

Je sais qu'il est de mode, en ce moment, — on le faisait, hier encore, à la Chambre, — de rappeler la triste
époque de nos guerres de religion, alors que les huguenots, d'un côté, que les ligueurs, de l'autre, faisaient
pareillement appel aux armes de l'étranger; mais est-il
bon, entre Français, de nous jeter, les uns aux autres, à
la face, les fautes de nos aïeux, et les griefs surannés
d'un passé lointain, qui ne devrait, à tous, nous laisser
que des remords? Est-ce que la Réforme n'a pas donné
à la France, non seulement nombre d'hommes distingués en tous genres, plus que son contingent pro-
portionnel de grands écrivains ou de grands savants,
mais nombre de grands patriotes? est-ce que Sully,

est-ce que Turenne ou Duquesne, est-ce que Guizot, pour prendre un homme plus moderne, n'ont pas été aussi bons Français que les meilleurs Français de leur temps? Est-ce que, lorsque nous avons eu la douleur de nous voir arracher la terre d'Alsace, il ne s'est pas trouvé, parmi les protestants, comme parmi les juifs, aussi bien que parmi les catholiques, un grand nombre d'Alsaciens-Lorrains qui, pour garder la qualité de Français, ont quitté la terre natale et sacrifié tous leurs intérêts matériels? Si un patriotisme, peut-être imprévoyant, en fait un titre aux catholiques, de quel droit n'en pas montrer une reconnaissance égale aux juifs et aux protestants?

Il s'est rencontré des sectaires assez impudents pour oser contester, en plein Parlement, le patriotisme des Réformés ou des Luthériens, durant la guerre de 1870-1871. Les noms des protestants morts pour la défense de la patrie commune suffiraient à repousser cette inique calomnie. Est-il nécessaire de la réfuter ici? Qui de nous ignore qu'en 1870, en 1871, les protestants ont fait leur devoir, tout comme les catholiques? Gambetta n'a-t-il pas eu, pour principal collaborateur, à la Défense nationale, un protestant? N'est-ce pas au protestantisme qu'appartenaient Jauréguiberry et bien d'autres des chefs de cette lutte désespérée? N'est-ce pas aux protestants que nous avons dû Denfert-Rochereau, dont la tenace énergie nous a conservé, avec la place de Belfort, un dernier coin de la terre d'Alsace?

De pareils procédés de polémiques déshonorent les

partis. Rien n'est plus indigne d'un Français que de contester ainsi le patriotisme de nos concitoyens d'autre religion ; je suis persuadé, quant à moi, que, si jamais nous devions voir, de nouveau, le sol français envahi par l'étranger, il n'y aurait plus, parmi nous, devant l'ennemi, ni juifs, ni protestants, ni catholiques, il n'y aurait plus que des Français, défendant le sol national.

IV

Il est un autre grief dont on se sert souvent, aujourd'hui, contre les protestants, de même que contre les juifs : c'est un grief à la fois économique, social, politique. On prétend se révolter contre ce qu'on appelle leur prépondérance sociale, ou leur tyrannie politique. Les protestants, les juifs, entend-on répéter, tiennent trop de place en France ; il n'y en a que pour eux. Il est vrai, ce serait faire tort aux protestants que de ne pas reconnaître qu'ils ont conquis, chez nous, une place assurément supérieure à leur force numérique. Il en est d'eux, sous ce rapport, comme des juifs ; ou mieux, ne fût-ce qu'en raison de leur plus grand nombre, la place que les protestants occupent, en France, est beaucoup plus large que celle qu'y tiennent les juifs.

Comment cela s'explique-t-il ? D'où vient cet appa-

rent privilège des minorités religieuses? Il s'explique
de différentes manières. Une première observation, c'est
que les protestants, plus encore que les juifs, appartiennent, en général, à la classe bourgeoise, à la bourgeoisie des villes, et naturellement la bourgeoisie
urbaine joue, dans le pays, un rôle beaucoup plus
considérable qu'aucune autre classe. Il y a bien, aujour-
d'hui, « le quatrième État », comme il s'intitule, qui
s'est levé récemment, qui est en marche, qui prétend
supplanter l'ancien tiers État, à ses yeux vieilli et
épuisé ; mais, en dépit de ces prétentions qui la menacent pour l'avenir, c'est encore la bourgeoisie qui,
à l'heure actuelle, dans toutes les carrières, occupe
le premier rang. Les protestants et les juifs étant,
proportionnellement, plus nombreux dans cette bourgeoisie, il est naturel qu'ils occupent, proportionnellement, plus de place dans le commerce, dans l'industrie,
dans les professions libérales, dans les emplois publics.

Les protestants, en France, ont été, dès le début de la
Réforme, une élite ; ou, si vous aimez mieux, c'est
parmi la bourgeoisie française, et aussi, jadis, parmi la
noblesse française, que la Réforme avait fait le plus grand
nombre d'adeptes. C'est, vous le savez, une des raisons
pour lesquelles la Révocation de l'Édit de Nantes a porté
un si grand coup à la France. Une chose qu'on oublie
parfois, les rivalités commerciales, les jalousies de métier, n'ont pas été entièrement étrangères à cette Révocation de l'Édit de Nantes. Sous Louis XIV, il y avait déjà,

parmi les négociants ou les gens de boutiques, des précurseurs de nos antisémites ou de nos antiprotestants qui jugeaient, eux aussi, que la meilleure manière de se débarrasser de concurrents gênants, c'était de les faire expulser ou persécuter par le Pouvoir.

Une autre observation m'est suggérée par l'étude des différents pays et des différentes religions : c'est que, presque partout, en Europe et en dehors de l'Europe, les minorités religieuses jouent un rôle considérable dans le monde des affaires, dans le commerce, dans la finance. Ce n'est pas, seulement, comme on le dit parfois, le propre des juifs, ou encore des Arméniens, des Coptes, des Parsis; il en est ainsi, fréquemment, de toutes les minorités religieuses. Cela s'explique par ce fait qu'en tant que minorités, elles ont souvent été en butte à la défaveur du Gouvernement, que les carrières publiques, celles qui attirent le plus l'ambition, leur étant fermées, ces minorités religieuses se portent davantage vers les professions qui leur restent ouvertes, c'est-à-dire vers le commmerce ou vers la finance. Il en a été, ainsi, à une certaine époque, des dissidents anglais; il en est, encore, de même, des Raskolniks, des « vieux croyants », autrement dit, des dissidents russes[1].

Aujourd'hui, je le sais, les protestants et les juifs ne sont plus, en France, frappés de la défaveur gouverne-

1. Voyez l'*Empire des Tsars et les Russes*, tome III, livre III, chap. IV.

mentale. La roue de la fortune a tourné; ils ne sont plus exclus des fonctions publiques; ils y pénètrent par toutes les portes ; à en croire leurs adversaires, ils tendent à s'en arroger le monopole. Cela même nous conduit à une autre explication du grand nombre de protestants et de juifs qui remplissent les professions libérales et les carrières publiques.

Je touche, ici, un point délicat, un point d'une haute importance, sur lequel j'aurai peut-être à revenir. Les protestants, les juifs ayant été émancipés par la Révolution sont demeurés, en grande majorité, fidèles à l'esprit de la Révolution ; par suite, ils ont été au premier rang, les uns et les autres, des partis qui ont fondé et soutenu la République. Il n'y a donc pas à s'étonner si, le parti républicain ayant triomphé, ils ont eu une large part des fonctions publiques. Ayant été à la peine, ils ont trouvé juste d'être à l'honneur... et au profit. Comme citoyens français, protestants ou juifs ont participé, individuellement, à nos luttes politiques ; beaucoup ont été parmi les vainqueurs, et, quoique en France, on ne prétendît pas encore appliquer strictement le principe américain « Aux vainqueurs les dépouilles », ils ont, naturellement, humainement, tiré parti de cette situation de vainqueurs, ou d'alliés des vainqueurs. La défaite des anciens partis, les défiances suscitées contre les familles qui passaient pour attachées aux dynasties déchues, ou pour inféodées aux influences de l'Église, font que le personnel républicain s'est, en grande partie, recruté parmi les minorités religieuses. Bien plus, nos luttes politiques ayant tourné trop longtemps autour du « cléricalisme », il en est résulté que, pour les emplois et pour l'avancement, c'était souvent un inconvénient d'être né catholique, un avantage d'être né juif ou protestant.

C'est là, encore une fois, un point délicat, sur lequel il me faudra revenir, car c'est peut-être, aujourd'hui, le grief le plus sérieux, le plus dangereux au moins, contre les protestants et contre les juifs. C'est lui surtout qui permet de crier à la prépondérance juive, à la prépondérance protestante. Or, si les minorités religieuses ont droit à la liberté et à l'égalité, elles ne sauraient revendiquer la prééminence, et, si elles ont l'air de s'en emparer, cette apparente prédominance risque de se retourner contre elles, en froissant à la fois, les sentiments et les intérêts de la majorité.

Que disent antisémites et antiprotestants? Ils disent, non seulement que les protestants ou les juifs, les « judéo-protestants », tiennent trop de place dans la République et dans l'État; mais ils prétendent que cette influence politique, juifs et protestants l'emploient au profit de leurs intérêts de groupe ou de secte, au profit de leurs doctrines ou de leurs haines; qu'ils s'en servent au moins, comme d'une arme de guerre, contre l'Église catholique et contre son clergé. A entendre l'antisémite et l'antiprotestant, l'anticléricalisme, chez le juif, chez le protestant surtout, aurait un venin confessionnel; il ne serait qu'une sorte de cléricalisme anticatholique, puritain et hypocrite. Dans les lois scolaires, par exemple, ou encore dans les discussions sur le droit d'association, on accuse les protestants et les juifs de n'être pas uniquement dirigés par l'intérêt de l'État ou par l'intérêt national, mais de poursuivre, sous le couvert de la neutralité religieuse, la défaite de leurs adversaires religieux. A leur tour, les anciens persécutés, juifs ou protestants, s'efforceraient d'employer la force publique et le bras séculier contre leurs antiques adversaires. En un mot, on accuse juifs et protestants d'avoir une politique sectaire ; et non seulement, dit-on, cette politique sectaire se manifeste au dedans, mais, ce qui est plus grave, elle ne rougit pas de se montrer au dehors ; elle ne craint pas, pour se satisfaire, de sacrifier, à ses préjugés ou à ses rancunes, les intérêts essentiels du pays.

Vous savez tous qu'à l'étranger, en nombre de pays, en Syrie, par exemple, en Égypte, dans tout l'Orient, voire dans l'Extrême-Orient, la politique française se trouve, depuis des siècles, liée au catholicisme. Vous savez que, dans ces vastes régions, les représentants habituels et naturels de l'influence française, les défenseurs et propagateurs de la langue française sont des missionnaires, sont des religieux. C'est là un fait bien connu des voyageurs. L'antiprotestant et l'antisémite en tirent parti contre leurs adversaires.

« Quels sont, demandent-ils, nos moyens d'influence en Orient et dans le monde ? La France, avec sa population stagnante, peut-elle soutenir la lutte économique ou la lutte politique, à coups de millions ou à coups d'hommes, avec les grands empires qui, en ce moment, se disputent l'hégémonie de la planète? Non. Il ne nous reste guère, aujourd'hui, en Orient et dans le monde, qu'un moyen d'influence ; ce sont nos missionnaires, ce sont nos religieux. Or, que voit-on? On voit des partis, en France, on voit les clients des protestants et des juifs s'attaquer à ces missionnaires, s'attaquer à ces religieux, comme s'ils avaient fait serment de priver la République française de cet admirable et unique moyen d'influence ; et cela au moment même où ce qu'on appelle notre protectorat catholique se trouve menacé par nos voisins et battu en brèche par nos rivaux. »

Qui ne sent la gravité de pareil reproche? On accuse les juifs, on accuse les protestants — et naturellement les francs-maçons — d'être, par préjugé de secte, moins Français et moins dévoués à la grandeur française que les catholiques. On les accuse d'être juifs ou protestants, avant d'être Français.

C'est aux protestants, c'est aux juifs, à montrer le mal fondé d'un tel grief[1]. Leur intérêt, non moins que

---

1. Il est juste de reconnaître que nombre de protestants l'ont compris, témoin la lettre publique, adressée à M. le Président de la Commission du Droit d'association, en mars 1901, et signée par plusieurs écrivains et savants protestants, entre autres par le regretté M. Auguste Sabatier, doyen de la Faculté de Théologie de Paris. Dans cette lettre, M. Sabatier et plusieurs de ses collègues ou de ses coreligionnaires n'ont pas craint de proclamer les services

leur patriotisme, leur en fait un devoir. Nous sommes ramenés, ainsi, au grief religieux et au grief politique, qui finissent par se rejoindre et par se confondre. L'anticléricalisme se retourne, en quelque sorte, contre le protestant et contre le juif ; au lieu d'en être les bénéficiaires, ils risquent d'en devenir les victimes ; c'est ce que je vous laissais entrevoir dès ma première conférence. L'anticléricalisme, l'antiprotestantisme, l'antisémitisme se fomentent et s'excitent, réciproquement ; par suite, l'anticléricalisme peut recéler une menace contre les minorités religieuses. Chaque campagne anticléricale ranime et l'antisémitisme et l'antiprotestantisme. C'est, à mes yeux, une des raisons de repousser, résolument, l'anticléricalisme. J'oserai dire : semez l'anticléricalisme, et vous récolterez l'antiprotestantisme et l'antisémitisme, car la guerre appelle la guerre, et l'intolérance, l'intolérance.

Voulons-nous retrouver la paix religieuse, la première chose est que le Pouvoir se montre libre de toute passion confessionnelle, dégagé de tout esprit de secte, religieux ou antireligieux.

rendus à la science et à la langue française par les congrégations religieuses, reconnues ou non reconnues. Se plaçant sur le terrain des intérêts français à l'étranger, ils s'élevaient, d'avance, contre toute législation qui prétendrait « interdire ou paralyser l'action des ordres religieux au dehors, soit directement en les supprimant, soit indirectement en leur enlevant les ressources indispensables et en leur rendant tout recrutement impossible. »

CHAPITRE IV

L'ANTICLÉRICALISME.

Première partie.

Anticléricalisme et anticatholicisme. — I. Le péril clérical. — Qu'entend-on par clérical ? — Quel est le vrai sens de ce terme et quel en est l'usage courant ? — Quelques types d'anticléricaux. — Anticléricalisme et intolérance. — Comment l'anticléricalisme finit par s'attaquer à toute religion et à l'idée même de Dieu. — II. Analogie des facteurs de l'anticléricalisme et de l'antisémitisme. — L'anticléricalisme et le grief religieux ou philosophique. — Nécessité de combattre l'obscurantisme. — Le fanatisme anticlérical. — La morale catholique et la morale religieuse. — III. Le grief national. — Les catholiques sujets d'un prince étranger. — Rome, l'esprit latin et le génie français. — L'anticléricalisme et le gallicanisme. — Pouvons-nous avoir une Église nationale ? — L'ultramontanisme et l'infaillibilité papale. — L'Église et ses congrégations sont des Internationales. — L'anticléricalisme et les intérêts français.

MESSIEURS,

Je dois vous parler, aujourd'hui, de l'anticléricalisme. Comment, m'objecteront quelques-uns d'entre vous, classer l'anticléricalisme parmi les doctrines de haine ? Il faudrait, au moins, dire l'anticatholi cisme. Je reconnais que cette observation peut sembler fondée, j'avoue qu'elle m'a déjà été faite ; mais, comme je vous le montrerai tout à l'heure, anticléricalisme, dans le langage usuel, est devenu, le plus souvent, synonyme d'anticatholicisme.

L'anticléricalisme, m'a-t-on dit encore, au lieu d'une doctrine de haine, est une doctrine d'émancipation ; il veut nous affranchir du joug de Rome, de l'esclavage de la superstition, des ténèbres de l'obscurantisme. Telle est, je le reconnais volontiers, la prétention de l'anticléricalisme ; mais, si tel est, en effet, le but du plus grand nombre des anticléricaux, je suis bien obligé de constater que l'antisémitisme et l'antiprotestantisme prétendent, également, eux aussi, être des doctrines d'affranchissement. L'antisémite et l'antiprotestant ne nous répètent-ils pas, chaque jour, sans que nous soyons en droit de nier leur sincérité, qu'ils n'ont d'autre but que de délivrer la France du joug des juifs ou de la domination des protestants ?

Il n'y a donc rien là qui distingue l'anticléricalisme des deux autres « anti ». Toute la question est de savoir jusqu'à quel point l'esclavage dont veut nous affranchir l'anticléricalisme est réel, ou jusqu'à quel point la servitude dont il veut nous préserver est menaçante et prochaine, — ou encore, si les armes qu'il nous offre pour nous défendre contre la tyrannie « cléricale » sont légitimes et efficaces, et si elles ne risquent pas de blesser la liberté même qu'il prétend nous rendre ou nous conserver.

I

Je dois commencer, ici, par une profession de foi ; je le ferai, en toute sincérité. Si le « cléricalisme », si la théocratie, pour résumer d'un mot toutes les prétentions qu'on peut imputer aux cléricaux, me paraissait un danger sérieux, pour la France du xxe siècle, un péril que je pusse, en conscience, regarder comme imminent, je serais des premiers à combattre le cléricalisme et les fauteurs de la théocratie. Je suis, quant à moi, autant que l'anticlérical le plus décidé, résolu à maintenir l'indépendance de la société civile, à défendre, envers et contre tous, l'indépendance et la souveraineté de l'État, — je ne dirai pas la suprématie de l'État. Ici, je l'avoue, je me distinguerai de l'anticlérical, et la raison en est simple ; le mot suprématie prête à l'équivoque ; c'est un terme qui a tenu une grande place dans les luttes politico-religieuses du xvie et du xvii^o siècles. Aucun de vous n'ignore que, dans l'Angleterre d'Henri VIII, par exemple, ce qui révoltait les dissidents, tant protestants que catholiques, c'était la prétention de les contraindre à reconnaître la suprématie du roi dans l'Église.

Or, je demeure convaincu que, si l'État prétend établir sa suprématie dans les matières spirituelles, — que l'État soit représenté par un roi, par une assemblée, par

un ministère, peu importe, — l'État empiète sur le
domaine spirituel. Je pose, en principe, qu'il n'y a, nulle
part, de véritable liberté, qu'il n'y a, nulle part, de sauvegarde pour l'intégrité de la conscience et pour l'autonomie de la personnalité humaine, si l'on ne maintient pas, strictement, la séparation entre le domaine
spirituel et le domaine temporel. Une des choses que
je reproche à l'anticlérical, tout comme au clérical,
c'est que tous deux méconnaissent, également, quoique
d'une façon opposée, cette distinction essentielle, et que,
par là, tous deux menacent, presque également, quoique
d'une manière différente, la liberté de conscience et l'autonomie de l'âme humaine.

Cela dit, en toute loyauté, cherchons ensemble ce
qu'est, à proprement parler, le clérical. Qu'entend-on,
aujourd'hui, par clérical? qu'entendait-on, par ce terme,
à l'origine? Le sens du mot a dévié; il s'est étendu et,
par là même, il s'est plus ou moins faussé. Si nous le
prenons, dans le sens primitif, nous trouvons que le mot
clérical désigne les partisans de l'ingérence du clergé
dans la politique, ou, d'une manière générale, les
hommes qui veulent subordonner l'État à l'Église. Tels
sont, à proprement parler, les cléricaux, les vrais, les
seuls qui méritent ce nom. Ceux-là, tout libéral est
obligé de les combattre, et j'oserai dire qu'à notre époque, dans la France contemporaine, ces cléricaux sont,
non pas, assurément, les plus grands ennemis de
l'Église, mais les hommes, certainement, qui font le

plus de mal à l'Église, parce que ce sont eux qui fournissent contre elle les armes les plus dangereuses pour elle.

J'ai ici, sous les yeux, la définition du mot clérical
par un catholique, par un moine que j'ai eu l'honneur
de connaître, qui était un véritable Français, un ardent patriote, et j'ajouterai, un vrai démocrate : le Père
Didon[1]. Cette définition, voulez-vous me permettre de
vous la donner ? elle est intéressante par son origine, elle
l'est aussi par les termes dans lesquels elle est conçue,
d'autant qu'elle n'a pas été écrite pour le public.
C'est un passage tiré d'une lettre déjà ancienne, lettre
familière à une femme[2] :

« Vous me demandez, mon enfant, ce que c'est qu'un
clérical ? Je n'aime pas ces mots de guerre qui ne signi-
fient rien de précis et dont on peut, à son gré, étendre
ou resserrer le sens mal défini... Ce mot signifie, aujour-
d'hui, le parti politique qui se sert de la religion pour
combattre ce qu'on est convenu d'appeler les institutions modernes. A ce compte-là, nous, qui ne combat-
tons point les institutions modernes, ni en tant que
libérales, ni en tant que républicaines, ni en tant que

1. Démocrate et patriote, tout ensemble, peut-on dire, quoique,
dans un discours sur l'« Esprit militaire », prononcé à l'école Albert-
le-Grand, en juillet 1898, le P. Didon se soit laissé entraîner, par
un patriotisme irréfléchi, à des excès de paroles que l'on peut
regretter, sans avoir, pour cela, le droit d'oublier l'œuvre et les
tendances de toute sa vie.

2. Voyez le *R. P. Didon, Lettres à Mademoiselle Th. V.*, Paris,
1900.

démocratiques, mais qui, au contraire, cherchons à mettre l'harmonie entre la religion et un régime républicain, honnête, libéral, démocratique, nous ne saurions être des cléricaux. Mais, si l'on force le sens de cette expression élastique, et si l'on entend par clérical quiconque est catholique, quiconque croit au Christ, quiconque croit en Dieu, quiconque croit à l'autorité..., alors, non seulement tous les catholiques, non seulement tous les protestants, mais tous les déistes... mais M. Gambetta lui-même est un clérical, puisqu'il croit à l'autorité, envers et contre MM. Rochefort et Turquet. »

La définition, vous le voyez, est piquante. Dans une autre lettre, quelques années plus tard, je trouve, dans la même correspondance, toujours à propos du cléricalisme, quelques lignes que je crois, également, devoir vous lire. Remarquez que c'est un moine qui parle, un moine qui, tout en s'honorant d'être catholique, a la légitime prétention de n'être pas un clérical, et cela, encore une fois, il l'écrit dans une lettre privée, nullement destinée à la publicité.

« Je suis exaspéré, quand je vois des hommes politiques se servir de l'autel comme d'un marchepied, de la croix comme d'une épée, de la religion comme d'un instrument de succès électoral... »

« C'est une des misères de notre temps », continue le Père Didon, appelant, de ses vœux, l'heure où la religion sera enfin dégagée de la politique. « Qu'ils fassent

» donc, ces gens-là, de la politique pure, et qu'ils lais-
» sent tranquille mon Dieu. Je comprends fort bien
» qu'on soit monarchiste, impérialiste, républicain ;
» mais je ne veux pas qu'on se serve du Christ pour le
» mêler à nos discordes de partis. »

Voilà, ainsi, le cléricalisme flétri par un moine !

Quel est, aujourd'hui, dans le langage courant, le sens
habituel du mot clérical? Est-ce le sens étymologique ?
Est-ce celui adopté par le Père Didon? Allez dans une
petite ville, allez à la campagne, interrogez les habitants
sur leurs voisins, et vous arriverez bien vite à vous
convaincre que ce qu'on appelle clérical, c'est le catholique, le catholique pratiquant ; c'est, par exemple,
l'homme qui va à la messe le dimanche. Il n'est même
pas besoin d'observer tous les préceptes de l'Église pour
être marqué au front de ce stigmate de clérical. Celui
qui va à la messe est, déjà, un clérical ; car clérical
devient synonyme de catholique; encore, faut-il noter
que, à cet égard, il y a des degrés dans le cléricalisme,
comme dans la dévotion. L'homme, par exemple, qui,
le dimanche, va à la messe, avec sa femme, à la basse
messe surtout, commet le péché de cléricalisme; mais
c'est, en quelque sorte, aux yeux de l'anticlérical, un
péché véniel. Quant à l'homme qui va à la messe tout
seul! à l'homme surtout qui va à l'église, avec un livre!
celui-là, pour l'anticlérical, est en état de péché mor-

tel. Aller à la messe, avec un livre, voilà, aujourd'hui, dans une grande partie de la France, la marque d'un cléricalisme renforcé! Il n'en faut pas tant, en mainte région, pour être noté de cette épithète malsonnante; et, à certaines catégories de personnes, aux petits fonctionnaires, par exemple, il faut un véritable courage moral, on pourrait presque dire une sorte d'héroïsme, pour oser affronter, en pareille matière, les sarcasmes et les délations des anticléricaux du cru.

L'anticlérical, tout comme l'antisémite, a beau s'en défendre, il est poussé, par son principe, — malgré lui, je le veux bien, — à s'attaquer au culte de ses adversaires, à la religion elle-même. L'anticlérical devient un anticatholique ; car, s'il suffit, pour être considéré comme clérical, de pratiquer les commandements de l'Église, il est évident que, pour n'être pas flétri de cette marque d'infamie, il faut cesser, devant les hommes, d'appartenir à l'Église.

L'anticléricalisme aboutit, ainsi, comme l'antisémitisme, comme l'antiprotestantisme, à une véritable intolérance. La grande différence, entre eux, est que l'antiprotestant ou l'antisémite s'en prend aux minorités religieuses, tandis que l'anticlérical s'attaque au culte de la majorité, ce qui, assurément, ne peut ni diminuer ni justifier son intolérance.

Mais, l'anticléricalisme en veut-il, uniquement, au catholicisme, à l'Église romaine, à ses prêtres ou à ses moines? Non; vous avez pu en juger, déjà, par le passage de la lettre du Père Didon que je vous lisais tout à l'heure, et c'est une des raisons qui m'ont décidé à préférer, pour ces conférences, le nom d'anticléricalisme au mot d'anticatholicisme. L'anticlérical militant dépasse, dans ses attaques, comme dans ses haines, la tête de la grande Église catholique; ses coups portent plus loin et plus haut: par-dessus les presbytères et les couvents, par-dessus le Vatican et la tiare pontificale, ils portent jusqu'au christianisme lui-même; que dis-je? par delà le christianisme, ils visent jusqu'à l'idée religieuse, jusqu'à la notion de Dieu. C'est ainsi que, sous le couvert de la neutralité religieuse, nous avons vu des hommes, — sans doute convaincus, des hommes, je le veux bien, d'un patriotisme sincère, — non contents de fermer au catéchisme et aux dogmes de l'Église les écoles publiques, s'efforcer d'évincer de l'esprit des enfants, et, par suite, d'arracher des âmes françaises, l'idée même de Dieu.

Je suis, je l'avoue, membre de la « Ligue contre l'athéisme », société qui, à aucun titre, n'a rien de clérical; — elle est composée d'hommes de toutes confessions; elle a été fondée par un philosophe, et qui pis est, par un juif, M. Adolphe Franck. Il n'importe; j'ai rencontré des personnes qui, lorsque je leur confessais que j'étais membre de cette ligue, me disaient: « Vous êtes donc clérical? » Il n'en faut pas davantage, en effet: défendre l'idée de Dieu, croire que la notion de Dieu peut encore avoir un rôle dans nos sociétés contempo-

raines, cela, aux yeux de nombre d'anticléricaux, suffit
pour que l'on soit taxé de clérical.

Vous connaissez la façon dont Auguste Comte en agissait avec Dieu. Auguste Comte était, assurément, un
grand esprit, un des hommes dont la France du xixe siècle a lieu de s'honorer; à l'inverse de beaucoup de petits
esprits, il sentait qu'une société ne peut se passer de tout
lien religieux, et.comme il prétendait créer une religion
nouvelle, celle de l'Humanité, le fondateur du positivisme imitait, à l'égard de Dieu, l'exemple que nous
avait donné Platon, à l'égard du poète. Auguste Comte
reconduisait Dieu aux portes de la cité nouvelle, et, en
lui donnant congé, le philosophe le remerciait, solennellement, des « services provisoires » qu'il avait rendus
aux sociétés humaines.

L'anticlérical fait de même : il trouve, lui aussi, que
l'heure est venue de bannir Dieu de la cité humaine ;
mais, à la différence d'Auguste Comte, il ne lui fait
point de politesses, il ne le remercie point de ses services
passés ; il l'expulse, d'une main brutale, il le jette à la
porte, comme un ennemi et un criminel.

Voilà où en sont, aujourd'hui, dans notre France,
un grand nombre des adeptes de l'anticléricalisme. Et
l'ascendant qu'a, sur la République française, cette doctrine anticléricale, poussée jusqu'à ses dernières limites
logiques, il nous est facile de le constater ; tous les
étrangers en sont frappés. Pourquoi, par exemple, alors
que, dans tous les États civilisés, vous entendez les

chefs des gouvernements recourir, lors des solennités nationales, au nom de Dieu, en abuser parfois, je le veux bien, comme d'un cliché vénérable, pourquoi, chez nous, en France, depuis une vingtaine d'années, ce nom de Dieu n'a-t-il jamais été prononcé, dans aucun discours officiel ? C'est que nos gouvernants étaient sous la terreur de l'anticléricalisme. Dieu, sous la troisième République, a été frappé d'ostracisme.

Pour moi, au risque de passer, à vos yeux, pour clérical, j'avoue que je ne suis pas, comme Auguste Comte, de ceux qui prétendent que le rôle de Dieu dans nos sociétés est terminé; je ne crois pas que ce grand nom, qui résume et symbolise les plus hautes aspirations de l'âme humaine, doive être à jamais biffé de la langue française.

J'ai essayé de montrer ce qu'était l'anticléricalisme contemporain. Voyons, maintenant, ce qu'est l'anticlérical.

L'anticlérical, généralement, se pique d'être un esprit libre, « un libre penseur ». Mais libre penseur est-il toujours synonyme d'esprit libre ? la libre pensée, chez nos anticléricaux, demeure-t-elle toujours exempte de passion sectaire ou de fanatisme ? Appellerons-nous esprits libres ceux qui ont une telle impatience des croyances d'autrui qu'ils ne peuvent entendre le nom de Dieu, ou supporter la vue du froc d'un moine ? M. le maire du Kremlin-Bicêtre, par exemple, qui proscrit

dans sa commune le port de la soutane, irons-nous dire
que c'est un esprit libre, ou un esprit libéral, qui fait
honneur à la liberté de penser? Je ne sais si, dans la
banlieue de Paris, on a, pour les arrêtés de ce maire
prêtrophobe, la même admiration que les feuilles anticléricales ; mais j'avoue que, pour ma part, il m'est difficile de voir, dans l'interdiction du costume ecclésiastique, une manifestation qui soit à la gloire de la libre
pensée, ou qui montre, chez ceux qui osent y applaudir,
le respect de la liberté d'autrui. — De même, les
citoyens et les citoyennes qui se réunissent, le vendredi
saint, pour célébrer les agapes de la Libre Pensée en
mangeant, solennellement, en public, du saucisson,
dirons-nous qu'ils rehaussent le nom de libres penseurs?

Elles ont beau nous paraître enfantines et grotesques,
de semblables manifestations ont l'avantage de nous
révéler ce que devient, en certaines sphères, cet orgueil-
leux anticléricalisme, tout fier de s'être émancipé de
l'esprit de superstition. Qu'est, le plus souvent, l'anticlérical militant? C'est, à bien des égards, un clérical
retourné. Les passions, les ambitions, l'esprit de secte,
le fanatisme, dont il accuse le clérical, l'anticlérical en
est lui-même possédé. Il veut, lui aussi, donner au
Gouvernement une direction doctrinale, une direction
religieuse ou antireligieuse. Il n'admet pas que l'État se
désintéresse des questions de doctrine; il veut employer
la force de l'État, directement ou indirectement, au
profit de son scepticisme, de son athéisme, de son maté-

rialisme. Il cherche, à son tour, ouvertement ou sournoisement, à se servir de l'autorité et de la loi, contre les adversaires de ses principes.

Bien plus, tout comme le clérical, auquel il se plaît à reprocher de ne voir partout que les intérêts de l'Église et de les mettre au-dessus des intérêts de la France, l'anticlérical est, lui aussi, dominé par l'esprit de secte ; les intérêts du pays le préoccupent beaucoup moins que les droits de ce qu'il appelle la libre pensée. Montrez-lui, par exemple, que, dans une notable partie du monde, les intérêts de la France et ceux de l'Église catholique se trouvent liés ; prouvez-lui que cela seul nous contraindrait à maintenir une ambassade auprès du Vatican ; rappelez-lui que les principaux défenseurs ou propagateurs de l'influence et de la langue françaises en Chine, en Orient, dans le monde entier, sont nos missionnaires ; rien de tout cela ne le touche ; — il vous ripostera, ce qui m'était répondu, à moi-même, ces jours-ci, par un député socialiste : « Que nous importe, à nous, libres penseurs, l'influence de la France au dehors, si la France est autre chose que la fille de la Révolution et la mère de la libre pensée » ?

Vous le voyez, n'ai-je pas le droit d'affirmer que, trop souvent, l'anticlérical n'est autre chose qu'un clérical à rebours ?

Il y a une autre variété d'anticlérical ; c'est ce que j'appellerai l'anticlérical par politique. Celui-là n'est pas fanatique, il n'est point sectaire ; s'il semble l'être,

c'est qu'il croit avoir intérêt à le paraître ; car, l'anticléricalisme, tout comme le cléricalisme, a, lui aussi, se
hypocrites. S'il est des milieux, s'il est des salons où
il est de bon ton de se montrer clérical, ou, comme
on dit, « bien pensant », il y a des situations, il y a
des assemblées dans lesquelles il est bien porté d'être
ou de paraître anticlérical. Et alors nous rencontrons
ce type, bien connu de chacun de vous, du législateur,
souvent sorti lui-même des écoles congréganistes, qui
s'empresse de légiférer, bruyamment, contre ces écoles
de la superstition, alors même que, sans oser s'en vanter,
il a soin de leur confier, discrètement, ses fils ou ses filles.

Une autre variété d'anticlérical, que je crois encore
devoir vous signaler, c'est ce que j'appellerai l'anticlérical naïf, l'anticlérical benêt, celui qui voit partout
la robe noire du jésuite, le demi-savant ou le quart de
savant, fier de s'être émancipé du joug de Rome, qui
s'enorgueillit d'être un esprit libre et affecte une pitié
dédaigneuse pour les hommes dont la simplicité croit
encore qu'il n'est pas impossible que le monde ait été
façonné par une intelligence suprême. Cette sorte d'esprits forts foisonne, dans nos campagnes, comme dans
nos villes.

Je peux vous raconter, à cet égard, un trait, tout
récent, qui peint bien cette catégorie d'anticléricaux. Un
de mes amis de l'Yonne, — l'Yonne est, justement, le
département de France où l'anticléricalisme est le plus
répandu, — recevait, pendant la dernière Exposition

universelle, un instituteur de sa connaissance et lui faisait les honneurs de Paris. Il le mena, naturellement, voir Notre-Dame, et, après lui avoir fait admirer la hauteur et les proportions de l'édifice, les sculptures de la façade et du triple portail, il l'invita à pénétrer dans l'église. — « Oh ! pour cela, non, répondit l'instituteur de l'Yonne, je n'entre pas dans ces monuments de la superstition ! »

Voilà, dans son outrecuidante ingénuité, le dernier terme de l'anticléricalisme populaire ; il étouffe, chez le peuple, l'intelligence du passé et le sens du génie de nos ancêtres ; il aboutit à un lourd et aveugle fanatisme, qui, à certaines heures peut mettre en péril les plus nobles chefs-d'œuvre de notre Art national. L'anticlérical de bas étage recèle souvent un barbare iconoclaste, dont le zèle sauvage se plairait volontiers, à l'imitation des jacobins de la Révolution, à détruire ou à mutiler les plus glorieux monuments de la terre française [1].

II

L'anticléricalisme contemporain, ainsi que je vous le disais dans ma première conférence, est comme le

[1]   « Le Christ à l'écurie,
                  » La Vierge à la voirie, »
répète, en chantant la Carmagnole, l'anticlérical socialiste, refrain ignoble, peu rassurant pour les amis des arts.

pendant ou la contre-partie de l'antisémitisme. Les trois
« anti » font valoir, les uns contre les autres, les mêmes
griefs, si bien que, souvent, leurs accusations réciproques ne diffèrent guère que par les noms. Cela est
tellement vrai que, pour les étudier, on peut leur appliquer, à tous les trois, les mêmes procédés d'analyse, la
même classification. L'anticléricalisme, tout comme
l'antisémitisme et tout comme l'antiprotestantisme, fait
valoir, tour à tour, contre ses adversaires, un grief
religieux, un grief national, un grief économique, un
grief politique ; car l'anticléricalisme se présente à nous,
lui aussi, sous trois ou quatre aspects principaux, et
sous les mêmes aspects que l'antisémitisme et l'antiprotestantisme.

C'est, d'abord, ce que j'appelle l'aspect religieux ou
philosophique. L'anticlérical s'attaque au dogme, au
culte, à la morale catholiques, souvent à l'idée de Dieu
et à la morale religieuse elle-même, comme à des
doctrines pernicieuses ou des pratiques corruptrices,
que l'État a le droit et le devoir de combattre.

C'est, ensuite, ce que je nomme l'aspect national.
L'anticlérical s'en prend à l'Église, à la papauté, au clergé,
aux congrégations, comme à des institutions étrangères,
à des corporations internationales qui offusquent son
sentiment de patriotisme, qui menacent d'asservir la
France, de déformer l'esprit français et de ruiner l'unité
morale du pays.

En troisième lieu, nous rencontrons l'aspect économique, l'aspect social. L'anticlérical dénonce le clergé, les congrégations, comme étant un danger pour la société, pour la famille, pour la fortune publique. Il les accuse d'être trop riches et d'employer leurs richesses mal acquises à suborner la presse et à corrompre l'esprit public. Ici vient la fameuse question de la mainmorte ecclésiastique, le légendaire milliard des congrégations, qui a pris une si grande place dans les discussions du jour.

Un quatrième aspect de la question, c'est ce que j'appelle l'aspect politique. L'anticlérical nous montre l'Église comme formant un État dans l'État, — un État romain dans l'État français ; l'anticlérical nous représente l'Église, la doctrine catholique, parfois la religion elle-même, comme l'adversaire irréconciliable de la liberté, de la République, de la démocratie, « l'éternelle ennemie » de la société moderne et du progrès.

Nous allons examiner, brièvement, chacun de ces quatre aspects principaux de la question. Ai-je besoin de vous dire que j'y apporterai la même impartialité, le même souci de la vérité et de la paix religieuse, — et aussi le même dédain des préjugés, la même horreur de tout fanatisme et de tout esprit de secte, que dans l'étude de l'antiprotestantisme et de l'antisémitisme ?

Entre les griefs de l'anticléricalisme, prenons, d'abord, le grief religieux ou philosophique. Avant de juger la thèse de l'anticlérical, je n'hésite pas à reconnaître la sincérité des hommes qui tiennent le langage que je vais vous rappeler. Je ne doute pas que la plupart des anticléricaux ne soient convaincus ; mais, pas plus chez l'anticlérical que chez l'antisémite, la conviction ne suffit à justifier une doctrine.

L'anticlérical nous répète : le catholicisme est synonyme d'obscurantisme ; la religion romaine est une école de superstition ; elle déforme l'âme de l'enfant, elle opprime l'âme du peuple. La mission de l'État est de protéger l'enfant, de protéger le peuple, contre cette perversion intéressée des agents du cléricalisme.

Qu'est-ce à dire, si ce n'est que l'anticlérical nous apparaît, déjà, comme un clérical à rebours ? De quoi en effet leurs adversaires accusent-ils, chaque matin, les cléricaux, si ce n'est de vouloir s'emparer de l'instruction du peuple et de tout l'enseignement, afin de couler l'âme des générations nouvelles dans un moule de leur choix ? Mais l'anticlérical militant veut faire de même ; il prétend, lui aussi, jeter les générations nouvelles dans un moule ; toute la différence est qu'il compte leur donner une autre empreinte ; la prétention n'en est pas, pour cela, plus libérale.

L'anticléricalisme étant ainsi une sorte de cléricalisme retourné, au profit du rationalisme, l'anticlérical prétend mettre, à son tour, la force et le budget de l'État au service d'une doctrine, enrôler les agents et les fonctionnaires de l'État pour la guerre à l'Église ou à la Religion. L'anticlérical dogmatise et excommunie, au nom de la Raison infaillible, tout comme le clérical, au nom de l'Église infaillible : il pose, lui aussi, en principe, comme l'ultramontain, que l'erreur n'a pas de droits, que la vérité seule a des droits, que l'État doit proscrire l'une et protéger l'autre. Il tend, ainsi, à rendre l'État juge des doctrines, juge de la vérité et de l'erreur ; par suite, il incline, non moins que le clérical, à restreindre la liberté religieuse, la liberté d'enseignement, la liberté du père de famille et, avec elles, la liberté de conscience.

Quel est, en pareille matière, le dernier mot de l'anticléricalisme ? S'il est logique, et beaucoup parmi les anticléricaux le sont, le dernier mot de l'anticléricalisme, c'est de demander la suppression de l'Église catholique, pour ne pas dire la suppression de toute religion en France ; c'est de fermer les églises, c'est de renverser les autels de nos cathédrales. Pour quelques-uns, ce sera de substituer, au culte du Christ, le culte de l'Être Suprême ; mais, aujourd'hui, l'Être Suprême de Robespierre est bien démodé ; — cela même vous a une saveur de cléricalisme. — Pour nombre d'anticléricaux, Dieu est une façon de monarque, dont il est temps que le règne prenne fin, et dont la République doit prononcer officiellement la déchéance. Pour beaucoup d'entre eux, le mieux serait d'imiter la Révolution, et de restaurer, à la place du culte de Dieu, définitivement détrôné, le culte de la déesse Raison. Voilà quel serait le dernier terme de l'anticléricalisme ; et c'est bien à cela, vous le savez, que poussent, de toutes leurs forces, les plus zélées des sociétés anticléricales. Elles ne le dissimulent pas ; elles travaillent, ouvertement, à la déchristianisation de la France, et, pour cette grande œuvre, elles ne se font pas toujours scrupule, au mépris de la liberté religieuse, de réclamer le concours, direct ou indirect, de l'État et de la force publique.

Quand j'arrivais, tout à l'heure, dans cette maison, on m'a montré un entrefilet d'une feuille anticléricale qui, parlant du sujet que j'allais traiter, aujourd'hui, devant vous, me mettait au défi de découvrir, chez les anticléricaux, la même intolérance et les mêmes crimes que chez les antisémites ou les antiprotestants. — Il y a, disait cette feuille, un reproche que M. Leroy-Beaulieu ne saurait adresser à l'anticléricalisme : si l'antisémitisme et l'antiprotestantisme ont eu leurs échafauds et leurs bûchers, leurs Saint-Barthélemy et leurs dragonnades, quand l'anticléricalisme a-t-il fait des martyrs, quand a-t-il jamais recouru au bourreau ?

J'en suis fâché, en vérité, pour ce journal et pour l'anticléricalisme ; il n'est pas besoin de remonter bien haut dans l'histoire pour découvrir que nos anticléricaux ont, eux aussi, dans l'héritage de leurs ancêtres, du sang et des échafauds. Ont-ils donc oublié la Révolution ? Ont-ils donc oublié la Terreur ? Qu'est-ce qu'a fait 1793 des prêtres non assermentés, dont tout le crime était d'être restés fidèles à l'Église ? Ces prêtres attachés à leur foi et à leurs vœux, la Révolution ne les a-t-elle pas mis hors la loi ? N'ont-ils pas été, durant des années, poursuivis, proscrits, guillotinés, parfois, comme à Nantes, noyés, avec des raffinements de barbarie ? Et, pour rappeler un exemple moins éloigné de nous, et dont plusieurs d'entre vous ont pu être témoins, est-ce que, ici même, à Paris, en 1871, l'anticléricalisme n'a pas eu une grande part dans les horreurs de la Commune? Est-ce que ce n'est pas lui qui dirigeait les fureurs d'un peuple égaré contre la soutane des prêtres et le froc des moines? Est-ce qu'il oserait se dire innocent du massacre des dominicains d'Arcueil, ou des fusillades de la rue Haxo et du mur de la Roquette? Si ce n'était un mode de polémique qui me répugne, s'il n'était malséant de nous jeter, les uns aux autres, à la tête, les crimes de nos pères, nous trouverions que les forfaits de l'anticléricalisme ne sont, malheureusement, ni les derniers en date, ni les moins affreux, ni peut-être ceux dont le retour est le moins à craindre.

Au grief religieux, philosophique, se joint le grief moral. Vous vous rappelez comment l'antisémite, tout en prétendant qu'il n'en veut pas à la religion juive, attaque, d'habitude, la morale juive, ce qu'il appelle la morale talmudique; il va déterrer, dans de vieux livres, dont le texte original lui reste fermé, des maximes plus ou moins authentiques, qu'il rapporte comme des découvertes précieuses, leur attribuant une importance capitale. L'anticlérical procède, avec la morale catholique, exactement de même que l'antisémite, avec la morale juive. Tous deux pratiquent, également, des fouilles dans les livres des casuistes; car, vous n'ignorez pas que les traités du Talmud ne sont le plus souvent qu'un recueil de casuistes. La casuistique est, pour les adversaires d'une religion, une mine incomparable; l'anticlérical, comme l'antisémite, y puise à pleines mains. Il appelle à son aide son latin de collège, il se plonge dans les traités de théologie, heureux, lorsqu'il ne cite pas des livres apocryphes, tels que les *Monita Secreta* des Jésuites, ou quand il ne commet pas de gros contre-sens, comme lorsqu'il impute aux Jésuites l'obligation d'obéir à leurs supérieurs, jusqu'au péché, inclusive-ment. Des livres de casuistique, l'anticlérical extrait, avec soin, les passages qui lui paraissent les plus cho-quants, et ces passages, plus ou moins tronqués, plus ou moins authentiques, il vient, triomphalement, les commenter devant nous. Vous savez quelles ressources ont offertes, à cet égard, la morale des Jésuites et les livres de certains de leurs casuistes. J'avoue que, pour ma part, je goûte peu la casuistique; je ne crois point qu'elle ait, dans la morale religieuse, la prépondérance que lui attribuent l'antisémite ou l'anticlérical. Je n'ai pas le loisir, en tout cas, d'étudier, avec vous, la valeur de la morale des casuistes; je laisse ce soin à M. Trouillot et au Palais-Bourbon; nous ne serions peut-être pas, ici, assez théologiens pour nous permettre un pareil examen. Puis, quand on prétend juger la morale des

Jésuites, je confesse qu'il me semble excessif d'oublier Bourdaloue et Ravignan pour Escobar.

Il y a bien un livre qui a plus d'autorité que tous les discours du rapporteur de la loi sur les associations, un livre fameux, *les Provinciales*. Mais *les Provinciales*, est-ce un livre que l'on puisse toujours prendre à la lettre ? *Les Provinciales* sont, sinon un pamphlet, à tout le moins un livre de polémique, et qui dit polémique dit guerre. Pascal, quand il rédigeait ces « petites lettres », se piquait-il d'impartialité ? A-t-il toujours montré, dans ses attaques et dans ses citations, les scrupules d'un critique désintéressé ? Assurément non, et l'historien de Port-Royal, Sainte-Beuve, en a fait la remarque : s'il n'a pas falsifié les textes, Pascal les a souvent écourtés, tronqués ; il les a enlevés de leur contexte, il les a tirés à lui. Nous n'avons pas le droit, par conséquent, de juger Escobar et la morale des Jésuites, uniquement, d'après *les Provinciales*, c'est-à-dire, d'après les réquisitoires de leurs adversaires. Presque autant vaudrait juger le Talmud et la morale juive d'après *la Libre Parole*. Il est toujours bon, en pareil cas, de remonter aux sources ; et qu'il s'agisse des Jésuites, du Talmud ou du Coran, il est téméraire de condamner une doctrine, sur des lambeaux de textes isolés.

Mais, je vais plus loin ; j'admets que certaines des doctrines prêtées aux Jésuites, — que le probabilisme, par exemple, pour l'appeler par son nom, — appartiennent, vraiment, aux Jésuites ; bien plus, j'admets, parce que cela semble un fait, que ces doctrines dites relâchées sont enseignées dans la plupart des écoles catholiques ; quelle est la conséquence ? C'est qu'en s'en prenant à ce qu'on appelle la morale des Jésuites, on s'en prend à la morale de l'Église catholique elle-même. Par suite, ici encore, l'anticlérical ne se contente pas de s'attaquer aux excès du cléricalisme, il s'attaque à la religion, au catholicisme lui-même, dans ce qu'une religion a de plus intime, sa morale.

Que l'anticlérical mette le public en garde contre la morale des Jésuites, contre la morale même de l'Église, c'est son droit ; mais, quand il dénonce cette morale, du haut de la tribune, appelant, sur elle et sur ses représentants attitrés, les sévérités du pouvoir, comme s'il voulait fermer, d'autorité, les écoles catholiques et bâillonner leurs maîtres, que fait-il de la liberté de conscience ?

On adresse, souvent, à la morale catholique, à la morale religieuse, en général, des reproches qui me touchent davantage ; on ne la traite pas toujours de morale relâchée ; on l'accuse même parfois d'être trop exigeante, trop rude aux sens et au corps, trop rigoureuse aux faiblesses de la chair, trop austère, en un mot. On reproche à la morale catholique et à la morale chrétienne, chose grave à une époque comme la nôtre, d'être en opposition avec la nature et avec les instincts naturels, d'être une morale mystique, ou encore une morale ascétique, quelques-uns disent une morale monastique. Nous voilà bien loin de la morale relâchée de tout à l'heure. Accusation plus grave encore et d'autant plus redoutable qu'elle est plus spécieuse, on va répétant, autour de nous, que la morale religieuse est une morale égoïste, une morale antisociale, qui donne pour but, à la vie de l'homme, son salut personnel.

En effet, le catholicisme, les Églises chrétiennes en général, pour ne pas dire toutes les religions, avec l'Islam et le bouddhisme, donnent comme but, à l'activité et à la piété du croyant, son salut personnel. Il se peut que, par là-même, cette morale religieuse se trouve, à vos yeux, entachée d'une sorte d'égoïsme ; mais, faut-il le rappeler ? l'esprit humain n'est pas d'une logique telle que, dans ses actes, le chrétien en soit toujours à considérer la récompense qu'il espère obtenir. Cette morale religieuse qui s'inspire de la charité, non moins que de l'espérance, sommes-nous, vraiment, en droit de la déclarer inférieure ? Sommes-nous certains qu'elle soit moins efficace que la morale sans sanction de tels de nos philosophes ?

S'il y a des chrétiens, et peut-être encore plus des chrétiennes, qui ont, avec le ciel, une sorte de compte-courant, façon de dévotion que, pour ma part, je goûte peu, ces dévots ou ces dévotes vaudraient-ils davantage, s'ils n'étaient soutenus par leurs espérances religieuses ?

Il est aisé de nous engager à faire le bien pour le bien,

— et, n'est-ce pas ce que font la plupart des âmes chrétiennes, par amour de Dieu? mais, n'en déplaise à la conscience raffinée de l'anticlérical, nombreuses sont encore, sur la terre, les âmes qui ont besoin d'être encouragées à la vertu par la perspective de récompenses futures. Si nous voulons, selon la parole évangélique, juger de l'arbre par ses fruits, pouvons-nous dire que la morale chrétienne, que la morale religieuse est immorale? Pouvons-nous soutenir que les âmes pieuses sont, moralement, inférieures aux autres? Il se trouve, sans doute, parmi vous, plus d'une personne qui, ayant reçu une éducation religieuse, et ayant eu pleine foi dans sa religion, a été prise, plus tard, de l'esprit de doute. Je fais appel à leur conscience, et je leur demande, si, le jour où le scepticisme est entré dans leur âme, le jour où elles ont cessé d'espérer en la vie éternelle, leur moralité intérieure en est devenue plus forte ou plus délicate.

Je poserai la même question, sous une autre forme : sommes-nous certains que, dans les écoles ou dans les familles, où l'on a renoncé à transmettre à l'enfant la notion d'un Dieu invisible, partout présent, qui sait tout et qui voit tout, on ait élevé le niveau de la moralité de l'enfant? En d'autres termes, l'éducation religieuse corrompt-elle la jeunesse? et si, parmi les jeunes gens, la criminalité a terriblement grandi, la faute en est-elle à l'enseignement du catéchisme?

Nous avons une autre manière de vérifier si la morale

religieuse est, vraiment, une morale inférieure ou une morale sans efficacité, c'est de la juger à ses œuvres de charité ou à ses œuvres sociales.

Or, s'il y a, et je suis le premier à leur rendre hommage, de grandes œuvres indépendantes de tout esprit confessionnel et de toute aspiration vers l'au-delà, il faut bien reconnaître que la majeure partie des œuvres dont peuvent s'honorer notre pays et notre siècle sont des créations de l'esprit religieux. Que vous preniez les catholiques, que vous preniez les protestants ou les juifs ; que vous examiniez la France ou l'étranger, vous trouverez que, partout, les plus belles œuvres, les plus admirables comme les plus nombreuses, procèdent de l'esprit religieux, de l'esprit de charité, — non pas, comme voudrait nous le persuader l'anticlérical, de la terreur de l'enfer, mais de l'amour de Dieu, qui est le grand inspirateur de la religion et de la morale religieuse.

J'ai eu, durant la dernière Exposition Universelle, l'occasion de faire moi-même, à ce sujet, d'instructives réflexions. J'étais membre du Jury de l'Économie sociale, président de la classe 108 de l'Exposition, dont le titre officiel était celui-ci : « Institutions pour le développement intellectuel et moral des ouvriers. » Or, quelles Sociétés surtout ont exposé dans cette classe 108, quelles œuvres ont été le plus récompensées ? et Dieu sait que le Jury nommé par M. Millerand n'était guère entaché de cléricalisme. Les œuvres les plus nombreuses, les œuvres qui ont obtenu les premières récompenses, grands prix ou médailles d'or, étaient, pour une bonne part, des œuvres religieuses, et surtout des œuvres catholiques, par ce seul fait que les catholiques sont plus nombreux en France que les dissidents [1]. C'est ainsi que le plus grand nombre des prix attribués aux « Institutions pour le développement intellectuel et moral du peuple » ont été décernés, bon gré mal gré, par un Jury laïque, à des œuvres chrétiennes, à ces Sociétés, à ces Congrégations accusées de fomenter l'obscurantisme dans le peuple. Et ces associations inspirées de la charité évangélique, c'est à elles que l'esprit de secte et d'intolérance prétend refuser la liberté et le droit même de vivre, comme à des institutions immorales et antisociales.

Et, ici, je ferai appel aux souvenirs de ceux d'entre vous qui ont visité, au premier étage de la Galerie des Machines, l'exposition de la bienfaisance. Ceux-là, aussi, ont certainement été frappés de la fécondité et de l'étonnante variété des œuvres religieuses, de cette admirable floraison d'œuvres de toute sorte, qui n'ont oublié aucune des misères ou des infirmités de l'homme. Je sais, quant à moi, qu'en me promenant, dans cette sorte de musée de la Charité, je me disais, involontairement : On parle souvent de la religion de la souffrance humaine, la

1. Je me permettrai de renvoyer, à cet égard, aux rapports de l'Exposition Universelle de 1900, et spécialement à celui de M. E.-O. Lami, rapporteur de la classe 108.

véritable religion de la souffrance humaine, c'est le Christianisme.

Comme Français, je ne puis m'interdire, à cet égard, une dernière réflexion. Cette charité chrétienne à laquelle les plus illustres libres penseurs se sont plu à rendre hommage, elle ne s'est jamais épanouie avec plus de vigueur qu'en notre siècle et en notre pays, si bien qu'on pourrait dire qu'elle a conféré, à notre France vaincue, une dernière primauté, et non la moindre, la primauté de la charité.

Cette gloire nationale, la plus pure de toutes, faudra-t il nous en laisser dépouiller par les rancunes ou par les préjugés de l'anticléricalisme?

III

Cette réflexion m'amène à ce que j'appelle le grief national; il tient une grande place dans l'anticléricalisme, comme dans l'antisémitisme, et, dans l'un et l'autre, il s'offre à nous, sous un double aspect. L'Église catholique, nous assure l'anticlérical, est une Internationale; — l'Église romaine, son clergé, ses congrégations représentent un esprit étranger; — à ce double titre, l'Église est une menace pour notre génie national et pour notre nationalité.

Peut-on dire, des catholiques, qu'ils sont des étrangers

en France? Non, assurément; ils sont le gros de la
nation ; ils l'ont toujours été. Ce qu'on n'oserait dire
des catholiques, peut-on l'affirmer du catholicisme et le
traiter d'étranger en France? Remontons le cours de
notre histoire; l'Église catholique est antérieure à la
formation de la France ; l'Église peut se vanter d'avoir,
pour une bonne part, contribué à former la France et
la nationalité française. Comment dire du catholicisme,
chez nous, ce que répétaient de lui, par exemple, les
organes de M. de Bismarck, en Allemagne, lors du
Kulturkampf, comment prétendre que la mission historique de la France est de lutter contre Rome et d'affranchir l'Europe, le monde, de la domination romaine?
Cet argument, nos anticléricaux doivent le laisser à ceux
d'Allemagne. Nous ne sommes pas, en France, des
Germains, héritiers d'Arminius ; nous aimons à nous
considérer comme des Latins, fils aînés de Rome.
Le clérical, l'antisémite, l'antiprotestant tirent même
parti de ces origines ou de ces affinités latines pour
traiter d'infidèles au génie français, ou de traîtres à
la mission de la France, les Français en révolte contre
Rome. Je goûte peu, quant à moi, vous le savez,
ces spéculations sur les races et sur la vocation ethnique
des peuples. Je crains d'y rencontrer une doctrine
d'asservissement; mais, comment nier la part de l'esprit latin, sinon du sang latin, dans la formation de
notre peuple et de notre nationalité? Je ne dirai pas que
nous sommes de race latine, et que, sous peine de nous

renier nous-mêmes, nous devons rester des Latins ; —
il n'y a pas de race latine ; mais il y a des peuples de
civilisation latine ; et de ces peuples, nous en sommes
par l'éducation, comme par la langue. Que si l'esprit
latin nous inspire certaines défiances, — et, à plus d'un
égard, je serais de ceux qui ne voudraient accepter la
succession de Rome que sous bénéfice d'inventaire, —
l'esprit latin est-il représenté, chez nous, uniquement, par
l'Église romaine? Nos légistes, par exemple, ces légistes
qui, sous l'ancien régime, comme à l'époque de la
Révolution et de l'Empire, ont tenu une si grande place
dans notre histoire, n'ont-ils jamais été imbus de
l'esprit latin et de l'absolutisme des doctrines césa-
riennes? Le Jacobinisme qui semble le mauvais génie
de la France moderne, le Jacobinisme, avec ses théories
de salut public, avec son dogme de l'omnipotence de
l'État, ne s'inspire-t-il pas, lui aussi, des exemples et
des traditions de l'antiquité latine ?

Oui, je serais, je l'avoue, d'accord avec l'anticléricalisme, quand il nous invite à nous tenir en
garde contre l'esprit latin et contre les traditions
romaines ; mais où je diffère avec lui, c'est que, dans
mes défiances contre l'esprit latin, je ne crois pas qu'il
faille seulement nous mettre en garde contre Rome et
contre le Vatican. Il y a, pour nous, un péril plus
menaçant, aujourd'hui ; c'est celui de l'omnipotence de
l'État, de l'absorption de l'individu par l'État ; c'est, en
un mot, ce qu'on appelle « l'étatisme » ; — et ce péril,

une des choses que je reproche à nos anticléricaux, c'est
que la plupart d'entre eux le méconnaissent, à tel point
que beaucoup ne pardonnent pas, à l'Église et à la
conscience chrétienne, de faire obstacle à la toute-puissance de l'État.

Antisémitisme, antiprotestantisme, anticléricalisme,
les trois « anti » se font pareillement gloire d'être les
défenseurs du génie français et les champions de la
tradition française. L'anticléricalisme a, lui aussi, cette
prétention ; il se donne, lui aussi, comme le représentant de la tradition nationale. Si l'Église romaine, dit-il,
a pu contribuer, par ses évêques et par son clergé, à former la nation française, il n'en est pas moins vrai que
la France et l'Église de France elle-même ont toujours
su résister à la domination de Rome. C'est là, en effet,
une thèse qui peut se soutenir, historiquement. Nos
anticléricaux en viennent, ainsi, à se donner comme les
continuateurs de la tradition gallicane, en face des défenseurs de l'ultramontanisme. A les entendre, ils défendent, à leur tour et à leur manière, ce qu'on appelait,
autrefois, les libertés gallicanes. M. Trouillot se trouve
être l'héritier de Bossuet.

Je ne sais si, lorsqu'il se donne comme le continuateur du gallicanisme, l'anticléricalisme connaît bien
le gallicanisme. Certes, le gallicanisme luttait contre
Rome, — sans aller cependant jusqu'à rompre avec
Rome ; mais était-il, pour cela, anticlérical ?

Le gallicanisme, loin d'être toujours anticlérical, était une forme de cléricalisme, au sens propre, au sens politique du mot. Le gallicanisme supposait une religion d'État, en possession de tous les privilèges d'une Église d'État. Le gallicanisme n'a pu se constituer et n'a pu durer qu'autant qu'il lui a été permis de s'appuyer sur le pouvoir séculier.

La thèse gallicane, celle de Bossuet, celle des derniers gallicans qui, vous le savez, sont morts avec la Restauration, c'était l'union intime du trône et de l'autel, accotés l'un à l'autre, pour résister aux hérétiques du dedans, en même temps qu'aux prétentions de Rome. Le gallicanisme était adossé au trône de Louis XIV. Cela est tellement vrai, que le gallicanisme a été une des grandes victimes de la Révolution ; il a été tué par la Révolution française et par celui qu'on a appelé l'exécuteur testamentaire de la Révolution, par Napoléon. Le jour où le clergé français n'a plus pu s'appuyer, comme il l'avait fait pendant des siècles, sur le bras séculier et sur l'autorité du roi, le clergé s'est retourné vers Rome ; il est devenu ultramontain. C'est ainsi, comme on l'a signalé, bien des fois, avant moi, qu'une des conséquences les moins prévues de la Révolution a été la victoire de l'ultramontanisme, dans le clergé de France et dans l'Église.

L'ultramontanisme, au sens théologique du mot, a triomphé dans l'Église ; la date de son triomphe, vous la connaissez, c'est le Concile de 1870, où l'infaillibilité pontificale, qui, jusque-là, n'était pas reconnue de tous les catholiques, a été définie, c'est-à-dire a été proclamée comme dogme de foi. Il en résulte cette conséquence que, si l'anticlérical prétend ramener le clergé français et l'Église française aux anciennes maximes gallicanes, il s'attaque au catholicisme, tel qu'il existe aujourd'hui, puisque le dogme de l'infaillibilité du Pape fait, aujourd'hui, partie du credo catholique. S'il est permis de regretter la victoire de l'ultramontanisme dans l'Église, il est donc impossible, à qui veut respecter la liberté de conscience, de prétendre ramener le clergé de France aux maximes gallicanes ; il est impossible — en dépit des Articles organiques — d'en imposer l'enseignement dans les séminaires, puisque ce serait prétendre y faire enseigner le schisme et l'hérésie. Quant à ceux qui se flatteraient encore de fonder une Église nationale, ils commettent un grossier anachronisme. Comment réussiraient-ils là où la Révolution a échoué, avec sa Constitution civile du clergé ? Une Église nationale, quelques hommes de haute valeur ont tenté, sous nos yeux, d'en créer une, en Allemagne, en Suisse, en France même, avec les Vieux Catholiques ; vous savez quel a été leur pitoyable échec. Les politiques en doivent prendre leur parti : aujourd'hui, plus que jamais, il n'y a plus de catholicisme, il n'y a plus d'Église catholique, en dehors de Rome et du Pape.

On nous dit: non seulement l'ultramontanisme a triomphé dans l'Église, mais le Pape, investi de l'infaillibilité doctrinale, est un souverain étranger. Le fait est que le Pape est, d'habitude, un étranger; cela même est la conséquence de la doctrine catholique; une Église internationale ne peut avoir pour chef un pontife national. Si vous ne voulez pas dénier la liberté aux catholiques, comment pourrez-vous les empêcher de se conformer à la loi essentielle de leur Église? Oui, le Pape est un étranger; — un souverain? ce serait beaucoup dire, aujourd'hui; s'il jouit des prérogatives de la souveraineté, le Pape n'est plus un souverain, au sens habituel du mot; il ne représente pas, en tout cas, les intérêts d'une souveraineté étrangère qui puissent être en opposition avec les intérêts français.

Lorsque le Concile de 1870 discutait l'infaillibilité pontificale, les hommes d'État se préoccupaient des conséquences politiques que pouvait avoir cette définition de l'infaillibilité, dont ils oubliaient souvent qu'elle était limitée au dogme et à la morale. Ils craignaient que la papauté, nimbée aux yeux des fidèles de cette auréole éblouissante, n'en prît prétexte pour s'immiscer dans les affaires intérieures des différents États. Il pouvait, en effet, y avoir là un péril; et M. de Bismarck et M. Gladstone, pour ne citer que les plus illustres, avaient eu soin de le signaler aux gouvernements et aux peuples.

Or, qu'avons-nous vu, depuis 1870? qu'avons-nous vu, surtout, sous le pontificat du Pape Léon XIII? La papauté, sortant de sa sphère doctrinale, s'est-elle empressée d'intervenir dans les affaires intérieures des diverses nations? Nullement, ce sont, tout au rebours, les gouvernements, ce sont souvent les hommes d'État, hérétiques ou catholiques, qui s'étaient montrés, d'avance, les plus défiants de l'ingérence pontificale, à commencer par ces grands ministres dont j'évoquais les noms tout à l'heure, les Bismarck et les Gladstone, qui, pour les intérêts de leur politique, ont sollicité le Pape d'intervenir dans les affaires intérieures de leur pays, Bismarck, en faveur de son Septennat militaire, Gladstone, contre la Ligue agraire d'Irlande.

Si, après l'étranger, l'on prend la France, peut-on dire que la papauté s'est, en ces dernières années, immiscée, indûment, dans nos affaires intérieures? Le Pape Léon XIII, il est vrai, s'est permis de donner des conseils au clergé et aux catholiques; mais quels étaient ces conseils, dans quel sens s'exerçaient-ils, au profit de qui? C'étaient, vous le savez, des conseils de modération, de prudence, de soumission aux lois et à la constitution du pays. Loin de chercher à faire intervenir l'Église dans la politique, le Pape s'est efforcé de dégager l'Église de la politique, afin d'affranchir le clergé de la servitude des partis.

Et là même, où, sur les sollicitations des gouvernements, ou de sa propre initiative, le Saint-Siège a tenté de donner une direction politique aux fidèles, les catholiques se sont-ils inclinés, humblement, devant les avis de Rome? Peut-on dire que, dans la politique et dans

la sphère temporelle, ils aient souvent admis le *Roma
locuta est?* Non, loin de là, vous savez que la voix du
Pape n'a pas toujours trouvé tous les catholiques dociles,
et cela n'est pas un fait particulier à la France. Dès
que Rome semble toucher au domaine temporel, s'agit-il
de questions politico-religieuses, les catholiques de tout
pays, soit français, soit allemands, soit espagnols, soit
irlandais, soit italiens, se montrent jaloux de leur indépendance. — Ce sont des affaires politiques, donc ce
sont nos affaires, disent-ils ; nous les connaissons, nous
n'avons pas besoin, pour nous conduire, des instruc-
tions du Pape. Cette susceptibilité nationale des catholiques s'ajoute au naturel désir de la papauté de ne pas
froisser les gouvernements et les partis, pour écarter le
Saint-Siège de toute intrusion dans la politique intérieure des États. Aussi peut-on répondre à l'anticlérical que cette immixtion d'un « souverain étranger »
qui, à d'autres époques, a pu être un péril, ne peut,
vraiment, être signalée comme un danger de l'heure
présente.

Reste le grand reproche du nationalisme anticlérical :
l'Église catholique est une « Internationale », et cela
seul doit lui valoir la défiance des patriotes et l'hos-
tilité de l'État. Le fait est incontestable, l'Église est une
Internationale ; — comme je vous l'ai déjà rappelé, dans
ces conférences, toutes les grandes religions sont plus

ou moins internationales ; c'est leur fonction et c'est leur honneur de chevaucher par-dessus les étroites frontières des peuples. Le christianisme, le catholicisme en particulier, comme le proclame ce nom même de catholique, est une doctrine cosmopolite, internationale, il serait peut-être plus juste de dire supranationale, qui s'adressant à tous les hommes, sans distinction de races, se place au-dessus des diverses nationalités.

Si l'Église catholique est une institution supranationale, cela n'empêche que, dans chaque État, elle peut constituer une hiérarchie nationale. Ainsi en est-il, en particulier, de la France. On ne peut dire qu'en France, l'Église dont l'État choisit les évêques soit une institution cosmopolite, sur laquelle l'État n'ait aucune prise et aucune action. Grâce au Concordat, grâce au mode de nomination des évêques et des curés, tandis que l'État est indépendant de l'Église, l'Église est loin d'être indépendante de l'État. Cela pourrait rassurer les anticléricaux ; et, s'ils étaient logiques, ou si leurs frayeurs de l'ingérence romaine étaient sincères, ils seraient les derniers à réclamer la séparation de l'Église et de l'État.

De même encore, de ce que le christianisme, de ce que le catholicisme, en particulier, est une sorte d'Internationale, en peut-on conclure qu'il fait obstacle à la constitution ou au maintien des nationalités modernes ? En a-t-il été du christianisme comme de l'islamisme qui, absorbant l'homme tout entier, tend à étouffer l'idée de

nationalité et à substituer, partout, les liens religieux
aux liens nationaux ? Peut-on soutenir qu'il en est de
même du catholicisme ? Prenons les pays catholiques,
et la France, et l'Espagne, et l'Italie ou, parmi ceux qui
ont perdu leur indépendance, la Pologne et l'Irlande :
peut-on dire que le catholicisme y ait fait obstacle à la
formation, à la durée, à la vitalité de la nationalité ?
Non, assurément. Dans certains pays même, comme la
Pologne, comme l'Irlande, comme l'Espagne, comme la
Belgique, on est contraint de reconnaître que la foi
catholique a été un des principaux facteurs de la nationalité.

A une certaine époque, il est vrai, au moyen âge,
l'Église catholique avait réussi à rapprocher tous les
peuples, tous les États, encore en voie de formation, dans
ce qu'on appelait la Chrétienté, ou la République chrétienne, sorte de confraternité internationale, dont la foi
commune était le grand lien, et qui, théoriquement,
avait deux chefs, presque aussi mal obéis l'un que
l'autre : un chef temporel, l'Empereur, un chef spirituel, le Pape, « les deux moitiés de Dieu », comme
disait Victor Hugo. Cette république chrétienne, que
l'Église put à peine ébaucher, c'était un noble, un grand
idéal que, comme beaucoup d'autres, nous avons « laï-
cisé », et que nous sommes encore loin d'avoir réalisé ;
mais, sous sa forme catholique de république chrétienne, comme sous sa forme moderne de fédération
européenne, c'est un idéal qui n'a jamais exigé la des-

truction des diverses nations, et dont le patriotisme n'a
pas le droit de s'alarmer [1].

Aujourd'hui, comme au moyen âge, l'Église, le catholicisme, le christianisme sont au premier rang des forces
qui travaillent à rapprocher les peuples, sans prétendre
supprimer les nationalités ou confondre les nations,
ni détruire l'individualité des peuples modernes. En
est-il de même de toutes les Internationales contemporaines ? Car, si l'Église est une Internationale, si, à ce
titre, il est tout naturel que l'État ait l'œil ouvert sur
son clergé et sur ses congrégations, est-ce, aujourd'hui,
la seule Internationale que l'État doive surveiller ? N'y
en a-t-il pas d'autres, chez nous, en France, sur lesquelles l'État a moins d'action que sur le clergé catholique ? Est-ce que, en dehors de l'Église et de ses congrégations, il n'y a pas des Sociétés laïques qui ont, elles
aussi, des membres ou des affiliés au dehors, et qui prétendent exercer une action politique sur le Parlement
ou sur les élections ? Est-ce que, en face de l'Internationale noire, dénoncée par l'anticlérical, ne se dresse pas ce
qu'on a nommé l'Internationale rouge ? Est-ce que, en
dehors même d'une Société dont je vous entends mur-
murer le nom, en dehors de la Franc-Maçonnerie, les
syndicats ouvriers, — ces syndicats dont, pour ma part,
j'ai salué la naissance avec joie, bien que non sans

1. Voyez, à cet égard, *les États-Unis d'Europe*, compte rendu du
Congrès des Sciences Politiques de 1900. (Société française d'imprimerie et de librairie, 1901).

inquiétude, n'ont pas cherché à se confédérer entre eux, n'ont pas noué des liens avec les Sociétés étrangères du même genre, n'ont pas réuni des Congrès socialistes internationaux ? N'existe-t-il même pas, aujourd'hui, de Comité socialiste international permanent ? Comment l'anticlérical, qu'épouvante l'internationalisme de l'Église et des congrégations, ne tremble-t-il pas, également, devant l'internationalisme socialiste ? Serait-ce qu'il le croit sans péril pour l'État, pour la nation, pour la société ? Serait-ce qu'à ses yeux le prolétariat européen est sans force et sans armes, que l'Église et ses moines sont seuls armés et seuls à redouter ? Dès lors, que nous voyons, autour de nous, les tendances internationales, voire internationalistes, encouragées ou tolérées, parmi les groupes sociaux ou politiques les plus nombreux et les plus remuants, pourquoi les condamner, uniquement, dans l'Église ? Il y a là une injustice, ou un aveuglement, en tout cas, une contradiction qu'on ne peut expliquer que par les préjugés ou par les antipathies de l'anticléricalisme.

Il y a plus : si l'Église est une Internationale, peut-on dire que cet internationalisme ecclésiastique soit toujours en opposition avec les intérêts français ? Ne se trouve-t-il pas, au contraire, sur le globe, de vastes régions où la propagande catholique tourne au profit de l'influence française ? où ces congrégations que l'on condamne, en France, comme étrangères ou comme internationales, emploient leurs efforts au profit de la France et

de la langue française? Vous avez tous entendu parler
de ce qu'on appelle le protectorat catholique; c'est, en
Orient et en Extrême-Orient, un legs de notre passé et
de notre ancienne puissance; c'est une des dernières
primautés qui nous restent de notre longue et glorieuse
histoire. Ce protectorat catholique, justement envié de
nos rivaux, nos missionnaires et nos religieux en sont
les agents naturels et nécessaires ; la France doit-elle s'en
dépouiller elle-même, en en frappant, de ses mains, les
instruments traditionnels, parce que le froc des moines
ou la cornette des sœurs offusquent les sentiments des
anticléricaux ?

Allez à l'étranger, traversez la Méditerranée, débar-
quez en Asie-Mineure, en Syrie, en Égypte, poussez
jusque dans l'intérieur de l'Afrique ou de l'Asie, par
delà les déserts, jusqu'au fond de la Chine, quels sont
les principaux représentants et propagateurs de l'influence française? Ce sont nos missionnaires, ce sont
nos religieux. Qui a répandu la langue française sur
tout le bassin oriental de la Méditerranée, qui la sou-
tient, encore aujourd'hui, dans la grande bataille des
langues dont retentit tout le Levant? Ce sont nos missionnaires et nos religieux de toute robe. Ils ne sont
pas, assurément, les seuls champions de notre langue
dans le monde; je dois rendre hommage, ici, à certains
établissements juifs ou protestants, surtout aux écoles
de l'Alliance israélite universelle, qui enseignent, en
Orient, le français; — mais les principaux, sans con-

teste, les plus nombreux et les plus zélés des hommes qui luttent, pour notre influence et pour notre langue, en Orient, en Extrême-Orient, en Asie, en Afrique, jusqu'au Canada et en Amérique, dans le monde entier, ce sont, il me faut le répéter, des missionnaires et des religieux catholiques.

Or, voulons-nous maintenir cette influence française? voulons-nous conserver ce protectorat séculaire? ou bien sommes-nous résignés à y renoncer? Les peuples qui prétendent jouer un rôle dans le monde doivent savoir ce qu'ils veulent et, une fois décidés, ils doivent s'en tenir résolument à une politique. Si nous voulons abdiquer cet antique protectorat, comme nous y invitent les feuilles anticléricales, nous sommes sûrs que les débris en seront avidement recueillis par d'autres; nous voyons, déjà, nos rivaux d'Allemagne, d'Autriche, d'Italie qui se posent en héritiers du patrimoine que nous aurons abandonné. Après avoir perdu l'Égypte, par l'imprévoyance radicale, il y a quelque vingt ans, nous perdrons la Syrie et tout le Levant, pour complaire aux préjugés ou aux rancunes de l'anticléricalisme.

Je sais que, parmi les anticléricaux, il en est encore d'assez patriotes pour ne pas faire fi de cette portion de notre héritage national. L'anticléricalisme, vont-ils répétant, après Gambetta, n'est pas un article d'exportation. C'est là, sans doute, le mot d'un politique; mais que peut exporter un pays, si ce n'est ce qu'il produit? Quand la France ne produira plus que de l'anticléricalisme, que voulez-vous qu'elle exporte au dehors? Pour semer des missionnaires, il faut au moins en conserver la graine ; — et quand on ne fermerait pas, chez nous, tous leurs séminaires ou tous leurs noviciats, quelle autorité voulez-vous qu'aient, pour enseigner, à l'étranger, dans les pays musulmans ou dans les pays chinois, des maîtres que vous aurez privés, en France, du droit d'enseigner? Comment voulez-vous que puissent vivre et prospérer, au dehors, des établissements dont on aurait tari les ressources, à l'intérieur, et dont le personnel ne pourrait plus se recruter, chez nous ? Ou encore, si la France veut conserver le protectorat catholique, quelle serait l'autorité morale du Gouvernement de la Répupublique pour protéger, au dehors, les religieux qu'il poursuivrait au dedans? Ce serait, remarquez-le, — et on ne nous le laisserait pas oublier, une politique analogue à celle du Gouvernement anglais, qui faisait la chasse, chez lui, aux marchands d'opium, alors qu'il faisait la guerre à la Chine pour lui imposer l'usage de l'opium.

Ainsi, quand nous examinons quels sont les intérêts nationaux de la France, quels sont ses moyens d'influence en Orient et dans le monde, nous sommes obligés d'avouer que, loin de fortifier l'ascendant de notre pays au dehors, l'anticléricalisme lui porterait un coup, peut-être mortel. La politique préconisée par les sectaires de l'anticléricalisme ne serait rien moins qu'une politique de suicide national. Or, à cette heure de compétition universelle entre les peuples et entre les races, je crois que, pour les esprits libres, il est un souci qui doit dominer toutes nos dissidences politiques ou religieuses, c'est le souci de la grandeur française.[1]

1. L'événement a déjà montré que nos appréhensions n'étaient pas vaines, quand nous annoncions que, sous peine de trahir les intérêts essentiels de la France, l'anticléricalisme nous mettrait, devant le monde, en flagrante contradiction avec nous-mêmes. On a vu, en octobre 1901, lors de l'occupation par notre flotte de l'île de Mytilène, la République française exiger de la Turquie la liberté des écoles et des établissements congréganistes que le gouvernement français poursuit ou tracasse en France. Notre drapeau protège au dehors les Jésuites dispersés par nos lois. Et la Chine offre au monde le même spectacle qui n'est pas fait pour relever aux yeux des peuples, la considération de la France et le prestige de notre politique.

CHAPITRE V

L'ANTICLÉRICALISME.

Deuxième partie.

I. Le grief économique. — Le clergé est trop riche. — Le spectre de la mainmorte. — Le milliard des congrégations. — Anticléricalisme et confiscation. — II. Les vœux monastiques. — Les congrégations et la liberté religieuse. — III. Le grief politique et social. — L'esprit clérical. — Le « Syllabus ». — L'Église est incompatible avec le progrès. — Avec la démocratie. — Avec la liberté. — Le vrai libéralisme. — De l'évolution des idées dans l'Église. — Est-il vrai que le catholicisme est rivé à l'absolutisme ? — Comment et en quel sens il peut être libéral. — De quel côté est le principal danger pour la liberté.

MESSIEURS,

Il me faut vous parler encore de l'anticléricalisme ; c'est un sujet, malheureusement, trop actuel ; j'y apporterai, vous le savez, le même esprit d'impartialité, le même souci de la liberté et de la paix religieuse que dans l'étude de l'antisémitisme et de l'antiprotestantisme. Ma dernière conférence vous en a donné la preuve ; quelques-uns de mes auditeurs ont paru s'en étonner ; il

m'est revenu qu'après avoir été accusé par certains de
« judaïser », de « protestantiser », j'étais accusé par
d'autres de « cléricaliser ». J'avoue que je n'en suis pas
surpris; c'est un peu la faute dont ces conférences se
succèdent, de semaine en semaine; il ne faut pas les
juger isolément, mais les prendre dans leur ensemble,
car elles sont, en vérité, toutes inspirées des mêmes
sentiments. Ces reproches opposés s'annulent, du reste,
les uns les autres; ils prouvent, seulement, la largeur
et la sincérité de mon esprit de tolérance et ma répugnance pour tout esprit de secte et pour tout fanatisme.

I

Je vous ai montré que l'anticléricalisme, tout comme
l'antisémitisme et l'antiprotestantisme, se présentait, à
nous, sous quatre aspects principaux : l'aspect religieux
ou philosophique, l'aspect national, l'aspect économique,
l'aspect politique. Entre ces divers griefs des anticléricaux, nous devons d'abord examiner, aujourd'hui, le
grief économique. Le clergé, dit-on, est trop riche. A première vue, un tel reproche paraît un anachronisme.
Il fut un temps, où le clergé, en France. était en possession de grandes richesses; il est des États, comme l'Autriche, comme la Hongrie, où il l'est encore. Mais, peut-
on dire que notre clergé français, pris en bloc, jouit

d'une opulence inquiétante pour le pays ou pour la fortune publique? Loin d'être riche, il est peut-être le plus pauvre de l'Europe, le plus pauvre du monde. De quoi vit-il? Il vit du budget des cultes; il vit du casuel. Le casuel, sauf en quelques paroisses des grandes villes, ne lui fournit que de faibles et incertaines ressources. Notre budget des cultes est peut-être le plus maigre budget de ce genre qui se rencontre en Europe. De tous les pays où le clergé est salarié par l'État, la France semble bien celui qui montre le plus de parcimonie envers les ministres du culte. Elle est loin d'avoir tenu, à cet égard, les promesses faites par la Révolution aux membres du clergé, lorsque la Constituante s'est emparée des biens de l'Église[1]. Ce budget des cultes, manifestement inférieur aux engagements de la Révolution, ce modeste budget qu'il est permis de regarder comme une dette nationale que la France ne saurait répudier sans faire banqueroute à la Révolution[2], il est mesquinement épluché et rogné, presque chaque année; c'est le seul sur lequel nos législateurs jugent à propos de faire des économies.

Ce n'est donc pas du clergé séculier qu'on puisse dire

1. La Constituante avait fixé à 1 200 francs, non compris le logement et un jardin, le traitement des curés de village, et l'on sait que, avec 1 200 francs, on était alors plus riche qu'avec le double aujourd'hui.

2. Voyez, dans notre volume intitulé *la Révolution et le Libéralisme* (Paris, Hachette), l'étude ayant pour titre *la Révolution et la Séparation de l'Église et de l'État.*

qu'il est trop riche et que sa fortune est un péril pour le pays; est-ce des ordres religieux, des congrégations? Les congrégations, clame à tous les échos l'anticlérical, ont une fortune qui croît sans cesse, qui envahit peu à peu la France, et qui, un siècle après la Révolution, la menace de tous les maux de la mainmorte de l'ancien régime. La mainmorte est un de ces fantômes, un de ces spectres que nous a légués le passé et qu'on agite volontiers, aujourd'hui, comme un épouvantail, aux yeux de nos contemporains.

Cette mainmorte, objet des doléances des anciens légistes et du juste effroi des premiers économistes, est-elle donc, vraiment, en train de ressaisir, pour le dévorer, notre malheureux pays? Sont-ce des économistes, des statisticiens, des hommes de science, qui, à son aspect, poussent les cris d'alarme répétés par les anticléricaux?

Nullement, et cela pour une bonne raison, c'est qu'entre la mainmorte contemporaine, si l'on peut se servir de pareil terme aujourd'hui, et la mainmorte de l'ancien régime, tout, en réalité, diffère. Sous l'ancien régime, on pouvait, assurément, s'inquiéter de la mainmorte; elle couvrait une grande partie du territoire : le cinquième, sinon le quart de la France. Sous l'ancien régime, les biens de mainmorte étaient affranchis des impôts; l'Église ne payait à l'État que les « dons gratuits » que voulaient bien voter les assemblées du clergé. En est-il de même aujourd'hui?

L'anticlérical aurait peine à nous le persuader. S'il s'est reformé, chez nous, une mainmorte ecclésiastique, elle est soumise à toutes les charges des autres biens ; comme la mainmorte laïque, elle paie une taxe spéciale qu'on appelle la taxe de mainmorte. En outre, on a inventé, spécialement, pour les congrégations, un droit, souvent excessif, parfois ruineux, qui s'appelle le droit d'accroissement. Je suis donc autorisé à dire qu'il n'y a pas, à l'heure actuelle, de biens plus imposés, en France, que ceux des congrégations religieuses.

Quelle est cette mainmorte ecclésiastique dont les progrès terrifiants épouvantent l'anticlérical ? Sur combien de millions d'hectares s'étend-elle ? Elle couvre environ 21 000 hectares ; ce n'est qu'en y joignant les locaux et les terrains occupés, à un titre quelconque, par les communautés et associations religieuses de toutes les confessions, que les évaluations officielles enflent ce chiffre jusqu'à 48 000 hectares[1]. Nous verrons, tout à l'heure, combien ces estimations sont sujettes à caution. Acceptons néanmoins ce chiffre de 48 000. Qu'est-ce que cela représente sur l'ensemble du territoire français ? Une proportion absolument insignifiante : la France européenne a une superficie de près de 53 millions d'hectares : qu'est-ce, sur une pareille étendue, que 40 ou 50 000 hectares ? Ce n'est plus, comme sous l'ancien

1. Voyez le *Tableau des Immeubles possédés et occupés par les congrégations, communautés et associations religieuses au 1ᵉʳ janvier 1900*. 2 volumes publiés par le Ministère des Finances.

régime, le cinquième ou le quart du territoire national ; ce n'en est pas la millième partie.

Et des feuilles anticléricales ont osé imprimer que, « grâce à la faiblesse des pouvoirs publics, l'Église avait pu reconstruire sa fortune et l'accroître, dans des proportions telles, qu'elle dépasse, de beaucoup, celle qu'elle possédait avant la Révolution [1] ! »

Il y a bien une mainmorte autrement considérable que la mainmorte ecclésiastique, une mainmorte qui couvre des centaines de milliers d'hectares : c'est la mainmorte laïque, représentée par les biens des communes, par les biens des hospices et d'autres institutions analogues. Cette mainmorte laïque, on a, sur elle, des chiffres précis et certains ; on évalue la totalité de ses biens à près de 6 milliards de francs. En face de cette mainmorte laïque, à combien peut monter la mainmorte ecclésiastique ? A un milliard, nous affirment les dernières évaluations officielles ; nous verrons, tout à l'heure, par quels artifices on est arrivé à ce chiffre d'un milliard, qu'on fait miroiter aux yeux du public.

Ce prétendu milliard des congrégations, qu'on désigne d'avance, aux adversaires de la propriété, comme une proie sur laquelle ils n'ont qu'à étendre la main, est-il prudent d'en faire autant de bruit ? Les anticléricaux, qui en ont tant joué, ont-ils réfléchi aux consé-

1. Voyez par exemple, *la Lanterne*, 8 janvier 1901.

quences ? N'est-il pas téméraire de faire ainsi sonner, aux oreilles des foules, ce milliard des congrégations ? N'y a-t-il pas, en France, en d'autres mains, d'autres milliards sur lesquels on risque, par là, d'attirer l'attention et les convoitises ? Est-ce que les antisémites, est-ce que les socialistes se sont privés d'user d'une arme qu'on avait l'imprudence de leur offrir ? Et ne sommes-nous pas contraints d'avouer que les anticléricaux les y avaient en quelque sorte provoqués ?

Je ne crois pas, quant à moi, malgré ce qu'en disent les antisémites, qu'il y ait, en France, peut-être même en Europe, des fortunes particulières s'élevant à un milliard. Je crois que les évaluations de l'antisémitisme sont, à cet égard, aussi exagérées et aussi suspectes que les évaluations de l'anticléricalisme. Mais s'il n'y a pas, chez nous, de fortunes particulières, personnelles, montant à un milliard, il se peut qu'il y ait des fortunes privées supérieures à l'ensemble de toute la fortune mobilière ou immobilière des congrégations.

Comment l'Administration parvient-elle à évaluer les biens immobiliers des congrégations à un milliard, ou, pour prendre le chiffre officiel, à 1 071 778 280 francs.

On y arrive d'une façon qui, certainement, choquerait les anticléricaux les plus farouches, s'il s'agissait d'une fortune privée ou de sociétés laïques ; on y arrive en ajoutant aux biens qui appartiennent effectivement aux congrégations ou à leurs membres tous les immeubles occupés, à un titre ou à un autre, par ces congrégations. Il y a, sans doute, ici, parmi vous, des locataires ; que diraient-ils, si les agents du fisc, chargés d'évaluer et de taxer leur fortune, portaient à leur actif, comme leur appartenant, les maisons, les appartements, les magasins qu'ils louent à un propriétaire ? Tel est pourtant le système appliqué aux congrégations. Sur le milliard qui leur est attribué, plus de la moitié, plus de 500 millions, est obtenu par ce procédé, dont vous pouvez apprécier la loyauté.

En outre, ces immeubles ainsi grossis, ainsi doublés, d'une manière artificielle, en ajoutant aux biens possédés par les congrégations ou par les membres des congrégations ceux qui sont simplement occupés par elles, on en augmente, arbitrairement, la valeur par une estimation dont l'unique base paraît être le caprice de l'Administration. Or, tous ceux d'entre vous qui ont eu affaire à nos Administrations, à celle de l'Enregistrement, par exemple, savent qu'on est souvent en droit de contester l'exactitude de la valeur qu'elles attribuent aux maisons et aux propriétés urbaines ou rurales. Ainsi en est-il avec les congrégations. La valeur totale des immeubles possédés ou simplement occupés par elles s'élèverait, selon les dernières déclarations faites à l'Enregistrement, à 486 millions ; ce chiffre, les dernières évaluations des agents du fisc l'ont plus que doublé ; elles l'ont simplement majoré de 586 millions.

Il s'agissait d'arriver à un milliard ; le chiffre avait, de longue date, été annoncé par les organes attitrés de l'anticléricalisme. Et encore, pour obtenir ce milliard, même avec tous ces moyens de grossissement, il a fallu négliger les hypothèques légales, le plus souvent déjà anciennes, qui pèsent sur les biens évalués. Ces hypothèques, elles montent, d'après l'enquête officielle elle-même, à 200 millions. Ce serait donc encore une somme de 200 millions à déduire du fameux milliard.

Autre remarque qui surprendra la plupart d'entre vous : nombre des immeubles et des propriétés qui entrent dans la formation de ce prétendu milliard ne sont ni possédés ni occupés par les congrégations. Beaucoup appartiennent à des associations qui n'ont rien de congréganiste ; beaucoup même sont entre des mains non catholiques : on y trouve des écoles, des temples, des refuges protestants, des églises et des chapelles de toutes les sectes, jusqu'à des synagogues. Voilà comment on arrive à parfaire le milliard ! Dans le seul département des Alpes-Maritimes, j'ai relevé près de trois millions de biens appartenant à des sociétés non catholiques [1] ; car, dans la mainmorte ecclésiastique, il entre aussi une mainmorte dissidente, protestante ou juive, française ou étrangère [2].

1. *Tableau des immeubles possédés et occupés par les congréga-tions, communautés et associations religieuses au 1ᵉʳ janvier 1900.* — Tome I, Statistique par département, p. 58-60, § F.

2. Il faut dire que dans le *Tableau* publié par l'Administration des finances, la liste des établissements composant cette main-morte non catholique, protestante ou juive, est manifestement

Ainsi donc, pour peu qu'on examine les chiffres, si l'on prend, successivement, chacune des catégories de l'enquête officielle, si l'on fait surtout attention à cette étrange rubrique qui comprend près de 300 millions de biens, pour lesquels, nous dit l'Administration des Finances, « le fait générateur des taxes est encore indéterminé », c'est-à-dire 300 millions de biens dont on ne sait à qui ils appartiennent, on est contraint de reconnaître combien arbitraire et contestable est cette évaluation de la mainmorte congréganiste.

Ces biens dont on nous dit qu'on ne peut préciser « le fait générateur de la taxe », et que, par suite, rien ne prouve appartenir aux congrégations, il s'en trouve qui paraissent appartenir à des communes, à des villes, peut-être même à l'État, en sorte que des municipalités, si ce n'est l'État lui-même, se trouveraient personnes interposées entre les congrégations et le fisc.

Vous voyez que ce fameux milliard dont on a mené tant de bruit, il fond peu à peu, il s'évapore en quelque sorte, dès qu'on l'examine de près ; il n'en reste peut-être pas la moitié, peut-être pas le tiers. J'avoue que, pour ma part, je considérerais comme coupable de témérité une société financière qui oserait prendre à forfait tous les biens des congrégations, pour une somme

incomplète. Pour s'en assurer, il n'y a qu'à comparer au *Tableau* de l'Administration les deux grandes publications de l'Office Central des Œuvres de Bienfaisance : *Paris charitable et prévoyant,* — *la France charitable et prévoyante* (Paris, Plon, 1897-1899).

de 300 ou 250 millions. Si j'avais de ses actions, je me
hâterais, comme père de famille, de m'en défaire. Les
agents des Finances n'ont évidemment pas procédé,
dans leurs évaluations de ces biens de mainmorte, avec
la prudence d'hommes qui peuvent être rendus responsables de leurs exagérations. Loin d'encourir aucune responsabilité, ils savaient qu'en majorant les chiffres, ils
seraient agréables aux chefs dont ils avaient reçu la mission de faire pareille enquête.

Ces biens, ces immeubles qui constituent la fortune
des congrégations, quels sont-ils? Sont-ce des terres de
rapport? Sont-ce, comme l'était la mainmorte de l'ancien régime, des domaines, des fermes, des forêts. Non;
sauf de très rares exceptions, comme pour les Char-
treux, isolés dans les forêts de la montagne, comme
pour les Trappistes, qui cultivent le sol de leurs propres
mains[1], les biens des communautés religieuses sont des
immeubles où elles habitent et qui servent au but de
leur institution. Ce sont, des couvents et des chapelles ;
ce sont des collèges, des écoles, des hospices ; ce sont
des refuges, des orphelinats; ce sont des bâtiments voués
à toutes les œuvres de la charité. Si considérables qu'ils

1. Et encore, pour beaucoup même de ces communautés, les
terres qu'elles occupent ou qu'elles cultivent ne leur appartiennent
pas. C'est ainsi que les moines de la Grande-Chartreuse sont locataires de l'État.

soient, ce sont par là même, des immeubles dont il est difficile d'estimer la valeur vénale. Vous voudriez les mettre en location que, le plus souvent, il vous serait presque impossible de trouver un locataire. On a pris, semble-t-il, comme base d'évaluation, là où l'évaluation a été la plus sérieuse, la valeur des immeubles du voisinage. Mais ces immeubles du voisinage, ce sont des maisons d'habitation, ce sont des magasins, auxquels les biens des congrégations ne peuvent être assimilés. Le plus souvent, pour vendre ou pour louer ces biens des couvents, il faudrait en démolir les édifices; leur seule valeur certaine est celle du terrain.

Autre remarque de haute importance : lorsqu'on parle de la richesse des congrégations, lorsqu'on dit qu'elles amassent des millions, on semble croire que ces richesses accumulées par elles, elles en profitent, elles en tirent d'opulents revenus. Or, si nous analysons les éléments dont est composée cette richesse, nous trouvons que, généralement, elle ne rapporte rien ; que, le plus souvent, au contraire, elle coûte à ceux qui la possèdent.

Pour faire vivre ces écoles ou ces ouvroirs, pour hospitaliser et pour nourrir ces malades, ces vieillards, ces enfants, ces jeunes filles, il faut faire des dépenses. Et les congrégations n'y parviennent qu'à force de sacrifices et d'économies, non point à l'aide de leurs revenus, mais grâce au concours incessant de la charité chrétienne. Cela est tellement vrai que si, comme l'y invitent les anticléricaux, l'État met la main sur les biens

des congrégations, ce ne sera pas, pour l'État, une augmentation de richesse, mais une augmentation de dépenses, — à moins qu'il ne veuille jeter sur le pavé,
non seulement les religieux et les religieuses, mais avec
eux, leurs élèves et leurs pensionnaires, les vieillards
qu'ils soignent dans leurs hospices, les enfants qu'ils
élèvent dans leurs orphelinats. Autrement si, comme il
en contracterait l'engagement moral, l'État voulait remplir, à leur place, la mission que s'étaient donnée les
institutions religieuses, l'État, au lieu de s'enrichir de
leurs dépouilles, serait obligé de faire inscrire, chaque
année, au budget, quelques dizaines de millions pour
subvenir aux nouvelles dépenses qu'il aurait assumées,
en s'emparant de ces écoles, de ces orphelinats, de ces
hospices.

Mais laissons de côté ces considérations, si évidentes
qu'elles soient ; supposons, quoique ce soit une erreur
manifeste, que les biens des congrégations rapportent,
habituellement, des revenus ; admettons encore, pour
faire la partie belle à l'anticlérical, quoique nous ayons,
tout à l'heure, démontré le contraire, que ces biens ont
une valeur effective d'un milliard ; qu'est-ce que rapporterait ce milliard, si au lieu de consister en chapelles,
en hospices, en écoles, il était placé en titres ou en
maisons ? que rapporterait-il ? entre 3 et 4 p. 100, au
maximum, car il faudrait bien déduire les impôts, d'un
côté, les charges d'entretien des bâtiments, de l'autre.
Or, que représenterait, comme revenu, pour chacun des

membres des congrégations, l'intérêt à 3 1/2, du fan-
tastique milliard qu'on leur attribue? La France compte
environ 200 000 religieux et religieuses, dont la plupart
sont des femmes. Distribué entre ces 200 000 personnes,
le revenu de 32 ou 33 millions que rapporterait un
milliard placé, dans les villes, en bonnes maisons de
rapport, donnerait, pour chacun des membres des congrégations, à peine 160 francs par an, soit moins de
40 centimes par jour.

Voilà, lors même que ce prétendu milliard serait
une réalité et non une mensongère apparence, alors
même qu'il serait productif de revenu, ce qu'il n'est
pas, — voilà ce qui en reviendrait aux religieux ou aux
religieuses; voilà ce que des hommes, qui se plaignent
de ne voir gagner aux ouvriers des villes que cinq ou
six francs par jour, osent appeler l'opulence des moines
et des nonnes! Il faut avouer que, lorsqu'il s'agit de
religieux et de religieuses, les anticléricaux et les socialistes sont peu exigeants en fait de richesse et de bien-
être.

Ces biens des congrégations, nous devons croire que
l'État, s'il vient à s'en emparer par une expropriation
sans indemnité, voudra servir une pension viagère aux
hommes, aux femmes qui, la veille encore, pouvaient
s'en regarder comme les légitimes possesseurs. C'est ce
qu'a fait la Révolution, dont nos anticléricaux invoquent
l'exemple : la Révolution a concédé une rente aux
prêtres et aux religieux dont les biens passaient à la

nation. De même, a fait le gouvernement italien ; de même, peut-on dire, tous les gouvernements qui ont recouru à des mesures semblables. Mais, avec quoi le Gouvernement français, s'il s'emparait de ces biens des congrégations, pourrait-il faire une pension à ces religieux et à ces religieuses ? Je viens de vous montrer qu'en supposant que le milliard existât et qu'il fût composé de biens dont on pût tirer un revenu, il donnerait à peine 40 centimes par jour. Mais, si nous prenons la valeur réelle de ces biens, le revenu qu'on en pourrait obtenir en les mettant en vente, nous pouvons affirmer qu'on n'en tirerait certainement pas 100 francs par tête. Je crois, cependant, qu'une pension de 100 francs par an, ou de 8 francs par mois, ne serait pas excessive, pour des hommes qu'on chasserait de leur demeure, qu'on expulserait des couvents et des maisons achetés ou construits par eux, avec leur argent ou avec leur travail.

La plupart des anticléricaux, comme il ne s'agit que de moines et de nonnes, n'ont pas tant de scrupules ; ils proposent simplement de mettre la main sur les couvents, d'en jeter les habitants, jeunes ou vieux, sur le pavé, sans leur accorder aucune espèce d'indemnité[1]. Mais comment cela s'appelle-t-il en bon français ? Cela a un nom bien connu de l'ancien régime. Cela s'appelle

1. C'est, nous devons le rappeler, ce que proposait le projet de loi sur les associations présenté, en 1900, par le ministère Waldeck-Rousseau-Millerand.

la confiscation. La confiscation, elle était rayée de nos
lois ; c'était l'honneur de la France moderne, et, maintenant, nous irions la rétablir pour complaire à l'anticléricalisme !

Combien j'avais raison de vous dire que, tout en se
combattant, l'anticléricalisme et l'antisémitisme se ressemblent et se copient ! Nous voyons, ici, une sorte de
lutte, d'émulation, entre les anticléricaux et les antisémites, à qui parviendra à faire rétablir, en France, la
confiscation. Les uns et les autres la réclament, impérieusement, comme une mesure de salut public. Il
semble, à l'heure actuelle, que c'est l'anticlérical qui
doive avoir le triste avantage d'introduire, de nouveau,
la confiscation dans nos lois. Il est vrai que s'il l'exige,
furieusement, l'anticlérical se garde d'en prononcer le
nom ; il emploie la méthode qu'il appelle habituellement
« jésuitique » ; s'il recule devant le mot, il engage nettement à pratiquer la chose.

Quels seraient les résultats d'une pareille politique ?
Croirons-nous, avec les anticléricaux, qu'on puisse,
impunément, introduire, de nouveau, la confiscation
dans nos lois ou dans nos mœurs ? Sommes-nous sûrs
que les adversaires de la propriété se contenteront
d'appliquer cette nouvelle méthode aux membres des
congrégations ? Oserons-nous affirmer que pareilles con-
fiscations seront d'un bon exemple ? N'y aura-t-il pas
des socialistes et des antisémites pour demander qu'on
fasse, de ce principe, de plus larges et plus fructueuses

applications ? Mais, ne le voyons-nous pas, déjà, par les commentaires de la presse et par les discussions de nos Chambres ? N'avons-nous pas vu, ces jours-ci, les antisémites unis aux collectivistes, les anticapitalistes de toute sorte, se servir de semblables projets pour démontrer que l'État pouvait s'emparer de la majeure partie des revenus ou des capitaux de citoyens français ? et n'est-ce pas, avec de pareils exemples et de pareils raisonnements, que notre Chambre des députés a été, un jour, entraînée à voter un tableau des droits de succession, où ces droits s'élevaient, en certains cas, jusqu'à soixante-quatre pour cent du capital ? N'avons-nous pas entendu les collectivistes nous déclarer qu'on commencerait par les congrégations pour continuer par les banquiers et par les sociétés anonymes [1], par les capitalistes et par les bourgeois ?

Il y a bien une différence entre l'anticlérical et l'antisémite : c'est que l'antisémite prétend s'en prendre aux

---

1. Un des chefs des socialistes, et des socialistes alors ministériels, M. Viviani, assimilait, dans *la Lanterne*, les sociétés financières et la haute banque juive aux congrégations, engageant l'État à mettre la main sur les milliards des sociétés de crédit, considérées comme une sorte de mainmorte. A en croire le député socialiste, il faut, « après avoir réglé imparfaitement la situation des congrégations, reviser la situation des Sociétés. M. de Rothschild et M. du Lac se valent ; et le même État, menacé par des convoitises différentes mais aussi âpres, a droit contre eux aux mêmes garanties ». Voyez *l'Économiste Français*, 13 avril 1901, p. 389 ; cf, ci-dessus, chapit. II, p. 128.

biens des riches, tandis que l'anticlérical s'en prend d'abord aux biens des pauvres. Car, il est malaisé de le contester, ces biens des congrégations, si vous regardez qui en a d'habitude la jouissance, ce sont les pauvres, les infirmes, les vieillards, les orphelins, les déshérités de la vie.

II

Mais, nous dit-on, ces sociétés religieuses, ces congrégations, ce n'est pas uniquement pour leurs richesses qu'on veut porter la main sur elles : c'est parce que leur objet est illicite, parce que leur institution même est contraire à l'ordre public et aux bonnes mœurs. Car, on n'a pas craint de le dire, au nom même du gouvernement, de pareilles associations sont contraires à la morale publique et privée; leurs membres renoncent à des droits que l'homme n'a pas le droit d'aliéner, — selon l'expression consacrée, ils abandonnent des droits qui ne sont pas dans le commerce. Aucun État civilisé, aucun État moderne ne saurait les tolérer. — Comment cela, et que penser d'une pareille assertion ? Les faits lui donnent un démenti; il est des pays qui, pour la liberté, comme pour la civilisation, ne le cèdent en rien au nôtre, des républiques même, comme la grande république américaine, où les congrégations religieuses se développent, librement, à l'abri de la loi, sans que personne ait l'idée de les déclarer illicites, parce qu'elles sont contraires à l'ordre public ou contraires aux bonnes mœurs.

Et que leur reproche, en effet, la morale anticléricale ? Sera-ce la vie en commun ? Est-ce la cohabitation ? Mais, au point de vue de la liberté — le seul auquel je me place ici — il semble malaisé de contester que le droit d'habiter en commun, de manger à la même table, de travailler dans le même atelier, voire de dormir dans le même dortoir ou dans des cellules voisines, soit un droit naturel ; et si on le conteste, on tombe rapidement dans l'arbitraire, comme chaque fois qu'on s'écarte des grandes règles du droit.

Où commence, en effet, la congrégation ? Ce qu'on ne permettra pas à cinquante, à trente, à vingt personnes, l'interdira-t-on à dix, à six, à quatre ? On aboutira, fatalement, à une sorte d'inquisition dans la vie privée et à la violation du domicile. L'État peut-il défendre à des hommes, à des femmes de vivre ensemble, parce que les uns tiennent une école, que les autres soignent des malades ou recueillent des orphelins ? Ou encore, ce qu'il permettrait aux laïques, l'État l'interdirait-il aux seuls membres des congrégations ? L'État va-t-il prohiber, comme immorale, la vie en commun des religieux ou des religieuses, alors qu'aujourd'hui il a une bienveillante tolérance pour des maisons d'un tout autre genre ? L'État sera-t-il plus rigoureux pour la vertu

que pour le vice? La vie en commun, qu'il permet aux
professionnelles de la débauche, l'interdira-t-il aux
femmes qui font profession de chasteté? ou, comme les
prostituées, livrera-t-il les vierges chrétiennes à l'arbitraire de la police?

Au nom de quel principe, placerez-vous le religieux
et la religieuse hors du droit commun? C'est, dites-
vous, qu'ils prononcent des vœux par lesquels ils aliè-
nent leur liberté. Ces vœux de religion, je suis de ceux
qui félicitent l'État moderne de ne les pas reconnaître ;
— au rebours du clérical, au rebours de l'homme qui
veut que l'État donne une sanction aux lois de l'Église,
je crois que l'État est dans son rôle en ignorant les
vœux religieux. Mais, suit-il de là que l'État ait le
droit de les prohiber? En vertu de quel principe les
interdirait-il, et comment s'y prendrait-il pour faire
respecter cette interdiction?

L'homme, la femme qui prononcent ces vœux le font
librement ; ils restent libres, civilement ; ils ne sont
obligés par ces vœux, qu'autant qu'ils veulent l'être;
ils demeurent libres, jusque dans leur obéissance. Le
jour où il leur plaît de sortir du couvent, de reprendre
la vie du monde, ils sont parfaitement maîtres de le
faire. Nous ne sommes plus sous l'ancien régime, alors
que l'autorité royale poursuivait le moine, la nonne qui
se permettaient de quitter le cloître et les y ramenait
de force. Les vœux monastiques n'ont aucune valeur
légale ; ils ne font même plus obstacle au mariage de

ceux qui veulent les rompre. L'État et la loi les ignorent ; en cela, ils sauvegardent les droits de la liberté ;
— ils violeraient la liberté, au contraire, s'ils entrepre-
naient de les prohiber.

De quel droit, en effet, sous quel prétexte les interdire ? Sera-ce, comme on nous y invite, parce que ces
vœux sont contraires aux bonnes mœurs ? Lequel de ces
vœux monastiques est contraire à la morale ? Est-ce le
vœu de chasteté ? Mais, si vous le tolérez, chez le prêtre
séculier, comment l'interdire aux religieux ? Y a-t-il,
vraiment, de nos jours, un trop grand nombre d'hommes, voire de femmes, disposés à s'astreindre à un pareil
vœu ? Est-ce à lui qu'il faut attribuer la stagnation de
la population française ? N'avons-nous pas, hélas ! à
combattre le vicieux égoïsme d'autres célibataires que
les célibataires ecclésiastiques ? Si tant de femmes
cherchent un abri, avec une vie digne et occupée, à
l'ombre du cloître, n'est-ce pas souvent que les calculs
intéressés de l'autre sexe leur refusent les joies de la vie
familiale ? Le célibat de la débauche grossit, parfois, le
célibat des couvents. Interrogez les statisticiens ; ils ont
remarqué que les parties de la France où la population
se maintient le mieux, où la natalité reste élevée, sont
fréquemment les pays où l'idée religieuse a conservé le
plus de force et où, souvent, il y a le plus de vocations
monastiques.

Quels sont les vœux religieux contraires aux bonnes
mœurs ?

Sera-ce le vœu de pauvreté ? Le froc des moines, la robe de bure des religieuses seraient-ils un scandale pour la délicatesse de nos yeux, ou les pieds nus des disciples de Saint-François sont-ils de mauvais exemples pour notre époque, affamée de jouissance et avide de luxe ? Je crois, pour ma part, qu'il y a là des leçons qui ne nous seraient peut-être pas inutiles, quoi qu'elles viennent de bien loin, ou de bien haut, pour être entendues de la masse de nos contemporains.

Ce vœu de pauvreté, s'il choque si fort les anticléricaux et les socialistes, est-ce parce qu'en ce temps de prédication collectiviste, la vie de renoncement des moines et des religieuses montre, à quelles dures conditions, le communisme est réalisable? Est-ce, au contraire, crainte de voir, grâce à cette vie de privations volontaires, les établissements religieux et la mainmorte congréganiste s'étendre, démesurément, autour de nous? Mais cette mainmorte, dont le spectre nous épouvante, il est facile de prendre des précautions contre elle, en fixant, par exemple, comme aux États-Unis, une limite maxima aux biens immobiliers de chaque établissement de ce genre.

Reste le vœu d'obéissance. Ici, je comprendrais davantage les inquiétudes de l'anticlérical ; mais le vœu même d'obéissance justifie-t-il toutes les défiances dont il est l'objet? N'oublions pas qu'il s'applique à une règle librement acceptée, ou aux commandements d'un supérieur librement élu ; n'oublions pas qu'il ne concerne, le plus souvent, que les observances de la vie monastique, et que, dans les États modernes, le religieux reste toujours libre de s'y soustraire, dès que pareil vœu heurte sa conscience ou sa volonté.

Ce vœu d'obéissance qui inquiète nos hommes d'État, les membres des congrégations sont-ils les seuls à le pratiquer, sinon à le prononcer ? N'y a-t-il pas, aujourd'hui, en France, des associations autrement nombreuses et autrement remuantes, qui, sans toujours astreindre formellement leurs initiés ou leurs affiliés à un vœu d'obéissance, les obligent, en fait, à une obéissance très étroite ? Ces associations, ai-je besoin de les nommer devant vous ? Pour ne parler que des sociétés ouvrières, les syndicats, qui prennent une place de plus en plus grande dans la vie moderne, n'émettent-ils pas la prétention que, lorsque leurs délégués ont pris une décision, l'ensemble de leurs membres doit s'y soumettre, aveuglément, dût cette décision les condamner, comme dans les grèves, à la misère et à la faim ? A ceux qui redoutent l'esprit d'obéissance et de discipline des congrégations religieuses, je demande s'ils voient sans inquiétude la formation de ces fédérations ouvrières qui embrassent peu à peu tout le territoire français, et qui, en décrétant la grève générale, se vantent d'être maîtresses d'arrêter, à leur gré, toute la vie nationale ? Ici, encore, si le droit d'association a ses périls, les plus sérieux et les plus menaçants ne proviennent point des vœux de religion.

Ceux d'entre vous, que je n'ai pas su convaincre,

je les renverrai aux fortes études de deux jurisconsultes
dont la science égale l'éloquence, M. Barboux et
M. Rousse[1]. Si un gouvernement moderne ne peut
reconnaître les vœux, il ne peut, non plus, les prohiber.
Sur cette question, nous n'avons qu'à nous en tenir aux
principes de la Révolution française, avant la Terreur,
à la loi spécialement du 15 février 1790, loi qui, en
déclarant que les vœux monastiques solennels n'étaient
plus reconnus par l'État, laissaient les religieux libres
de s'y conformer ou de s'y soustraire.

Pourquoi, disent nombre d'anticléricaux, ne pas supprimer les congrégations ? Elles ne sont pas nécessaires
à l'Église ; on peut les dissoudre sans que les catholiques aient le droit de s'en plaindre au nom de la
liberté religieuse. Il est vrai, elles ne sont pas nécessaires à l'Église, en ce sens que les cérémonies peuvent
s'accomplir, que les sacrements peuvent être distribués
aux fidèles, sans le secours des congrégations. Le clergé
séculier y pourrait suffire. Il n'en est pas moins vrai
que, si elles ne sont pas indispensables au culte catholique, les congrégations sortent, spontanément, de l'esprit de l'Église catholique, on pourrait même dire de
l'esprit de l'Évangile. La preuve en est que, depuis des
siècles, la vie monastique est en honneur, non seule-

____
1. M. H. Barboux : *le Projet de loi sur les Associations* ; M. Edm.
Rousse : *les Associations religieuses et les Vœux monastiques* (1901).

ment dans l'Église latine, mais aussi dans l'Église grecque.

Selon les Grecs, comme selon les Latins, ce n'est que dans les monastères que le chrétien peut pleinement pratiquer les conseils de l'Évangile et mener la vie parfaite. Est-ce à l'anticlérical, est-ce à des hommes étrangers à l'Église, de s'ériger en juges de ce que commande la perfection chrétienne? Que devient alors la liberté religieuse? Pour poser la question d'une manière plus nette, supposez qu'il s'agisse, non plus des catholiques, mais des mulsulmans, mais des bouddhistes, et demandez-vous si ce serait respecter entièrement la liberté religieuse que de leur interdire d'entrer dans les tékkés de l'Islam ou dans les lamasseries du Bouddhisme, car les deux religions ont, l'une et l'autre, des établissements analogues à nos couvents.

Aucun doute, à mon sens, interdire au bouddhiste ou au musulman de faire son salut, comme il l'entend, dans les monastères de sa religion, ce serait empiéter sur sa liberté religieuse.

Ces congrégations ou ces confréries musulmanes, ces monastères bouddhistes, que l'État les surveille; qu'il se mette en garde contre leurs attaques, qu'il les punisse, s'ils violent la loi; c'est son droit; mais, à cela, se borne son droit. Et la liberté que je réclame pour les disciples du Prophète ou du Bouddha, je la revendique, également, pour les catholiques de France, en vertu des mêmes principes. Qu'on ne vienne pas nous dire des religieux ce que l'antisémite nous dit des juifs : ce sont des parasites. Laissons à la société collectiviste, si jamais elle doit s'établir, le soin de bannir de la cité les professions qu'elle traitera de parasitaires. Pour nous, le souci de la liberté individuelle ne nous permet pas de faire de pareilles exclusions, et, si nous redoutons les parasites, il y en a, chez nous, de plus nombreux et de plus dangereux que les hommes et les femmes qui se vouent, devant Dieu, à l'enseignement ou au soin des malades, voire à la contemplation et à la prière.

En somme, si nous pesons les arguments de ceux qui veulent supprimer les congrégations, nous sommes frappés de leur peu de solidité. Tous leurs raisonnements se réduisent à celui-ci : Nous voulons dissoudre les congrégations, parce qu'elles servent de cadres à nos adversaires ; parce que ce sont des sociétés militantes qui luttent contre les idées que nous défendons ; parce que l'Église, son clergé, ses moines sont des adversaires de la liberté, de la démocratie, de la civilisation, telles que nous les comprenons. Voilà le grand argument de l'anticléricalisme, à la fois le plus sérieux et le plus sincère, celui contre lequel les catholiques devraient toujours se tenir en garde.

III

Comme l'antisémite et l'antiprotestant s'attaquent à ce qu'ils appellent « l'esprit protestant » et « l'esprit juif », l'anticlérical incrimine non seulement « l'esprit clérical », mais l'esprit catholique, l'accusant d'être un esprit de ténèbres et de superstition, un esprit de servitude et d'asservissement, qui en glorifiant le principe d'autorité, en pliant les intelligences au joug de l'obéissance, en les endormant dans le respect de la tradition, les rend incapables de liberté et insoucieuses du progrès.

Grave et formidable grief que les anticléricaux les plus déterminés, que les socialistes et les anarchistes, que tous ceux qui prennent pour devise : ni Dieu ni maître, dressent, par-dessus l'Église, contre le Christianisme, contre toute religion, contre la foi en Dieu elle-même, ne voulant voir en Dieu que le tyran suprême et en toute religion qu'un principe de terreur servile.

Cette dénonciation quotidienne de l'esprit catholique et de l'esprit religieux par des hommes ardents, souvent éloquents et convaincus, qui se donnent au peuple comme les apôtres du progrès et de la fraternité universelle, il est impossible de ne pas nous y arrêter, d'autant qu'elle semble trop souvent confirmée par la polémique aveugle et les prétentions surannées de catholiques qui ne comprennent ni leur temps ni leur pays.

L'esprit catholique est un esprit de servitude. L'Église catholique, affirme l'anticlérical, est incompatible avec la Liberté, avec la Démocratie, avec le Progrès, avec la République. Accusations également graves et également vagues ; — prenons-les l'une après l'autre ; commençons par la moins précise : l'Église est incompatible avec le Progrès.

Le Progrès, c'est la grande divinité du jour ; c'est l'idole nouvelle devant laquelle se prosternent les foules ; cette divinité, chacun se la figure à son image, chacun l'entend à sa manière. Quel est le progrès avec lequel l'Église est manifestement inconciliable? Serait-ce le progrès scientifique, le progrès artistique, le progrès littéraire? Assurément non ; l'Église, ses congrégations elles-mêmes se glorifient d'avoir, à diverses époques, encouragé la science, les arts, les lettres. Il s'agit donc ici du progrès en général ou, comme on dit encore, du progrès moderne, vague entité malaisée à définir. Le Pape Pie IX, a-t-on soin de nous rappeler, a condamné, dans le *Syllabus*, les téméraires qui soutiennent que l'Église doit se réconcilier avec le progrès moderne. *cum Progressu moderno*. Mais qu'est ce progrès moderne que repousse l'Église? Et quand, avec le *Syllabus*, elle répugnerait au progrès, tel que le conçoit l'anticlérical, tel que nous le concevons nous-mêmes, serait-ce une raison pour lui refuser la liberté? Est-ce qu'il peut y

avoir une notion officielle du progrès ? Est-ce que, tout
au rebours, ce que nous appelons du vague nom de
progrès, ne résulte pas de la libre compétition des doctrines, des idées, des efforts?

Supposons, que nous soyons en face d'une autre
religion, en face du Bouddhisme, en face de l'Islam? Ne
pourrait-on pas nous dire également et, jusqu'à un
certain point, nous prouver que ces grandes religions de
l'Asie sont malaisées à concilier avec le progrès, tel que
nous le concevons en Europe? De l'Islam, en particulier,
il serait permis de soutenir qu'il est stationnaire, qu'il
l'est même en quelque sorte par système, parce qu'à la
différence du Christianisme, l'Islam lie étroitement les
institutions civiles aux institutions religieuses. Serait-ce
une raison pour donner à un gouvernement le droit de
combattre l'Islam, au moyen des forces de l'État? Et
que deviendrait la liberté de conscience si, pour la
refuser aux adhérents de telle ou telle religion, il suffi-
sait d'affirmer ou même de démontrer que cette religion
est contraire au progrès? Que deviendrait, ajouterai-je,
la liberté de penser, car on pourrait appliquer le même
procédé aux doctrines qui déplairaient à la majorité
du moment, où qui se trouveraient en conflit avec les
théories reçues? L'anticléricalisme nous ramène, toujours, à cette néfaste prétention et à ce grand péril de
vouloir faire de l'État le juge et l'arbitre des doctrines.
Ici encore, l'anticlérical arrive, malgré lui, tout comme
l'antisémite et l'antiprotestant, sinon à nous imposer

une orthodoxie d'État, du moins à proscrire les doctrines
qui ne sont pas marquées du poinçon officiel.

Passons à un grief moins vague ; l'Église, dit-on, est
incompatible avec la démocratie ; entre elles, l'antinomie
est manifeste. Cette antinomie, avons-nous le droit de la
proclamer ? Ici encore, tout dépend de la façon dont on
entend la démocratie. Entendez-vous, par démocratie, la
Révolution en révolte perpétuelle contre toute autorité,
contre toute religion et toute croyance, l'Église catholique est incompatible avec la démocratie. De même,
entendez-vous, par démocratie, une puissance illimitée,
qui prétend à une omnipotence absolue, qui ne reconnaît
d'autre droit et d'autre règle que la volonté du grand
nombre, l'Église, le Christianisme, toute religion, pour ne
pas dire toute philosophie, sont inconciliables avec cette
manière de comprendre la démocratie. Entendez-vous
encore, par démocratie, le socialisme, le collectivisme,
le communisme athées d'aujourd'hui, qui prétendent
borner la destinée de l'homme à cette terre et lui interdire tout rêve de l'au delà, l'Église, le Christianisme, la
religion sont incompatibles avec une pareille démocratie.
Mais, est-ce la seule manière dont on puisse entendre
la démocratie? Ne peut-on la concevoir d'une façon tout
autre, et certaines nations, comme les États-Unis, ne nous
en offrent-elles pas la preuve vivante ? Ne voyons-nous
pas, par les exemples de la grande République américaine, que la démocratie n'est inconciliable ni avec la
religion, ni avec le Christianisme, ni même avec le

Catholicisme? Et comment y aurait-il, entre eux, incompatibilité, alors que les grandes idées d'égalité et de fraternité ont leurs plus anciennes et leurs plus profondes racines dans le Christianisme, dans la Bible juive et dans l'Évangile chrétien ? [1]

Il y a bien eu, entre l'Église, d'un côté, et la démocratie, de l'autre, une longue lutte, comme un grand duel, qui a rempli toute l'histoire du XIXe siècle. A cela, il y avait des raisons multiples, des raisons historiques surtout. L'Église personnifiait, en face de la Révolution, la tradition et l'autorité. L'Église, attaquée par les uns comme une barrière, a été défendue par les autres comme un rempart. Un fait, en soi-même d'importance secondaire, le pouvoir temporel des papes, contribuait à envenimer et à prolonger cette lutte. Le Pape, souverain temporel, voyait sa petite monarchie menacée par la Révolution et par la démocratie issue de la Révolution ; il se trouvait, naturellement, enclin à regarder la démocratie comme l'adversaire de la papauté. Aussi, est-ce, en grande partie, le long combat pour la défense du pouvoir temporel qui, entre l'Église et la démocratie, a creusé un fossé si large et si profond.

La chute de son pouvoir temporel a libéré la papauté de ce souci séculaire, sinon de toutes ses défiances an-

1. Sur ces hautes questions que je ne puis qu'effleurer ici, je me permettrai de renvoyer à mes livres : *les Catholiques libéraux, l'Église et le libéralisme* (Plon, Nourrit), et *la Papauté, le Socialisme et la Démocratie* (Calmann Lévy).

cieunes, sans qu'il faille en conclure que la sécularisation
de ses États n'ait eu, pour le Saint-Siège, que des avan-
tages. Elle a eu, au moins, pour effet de modifier les
relations du Vatican et de la démocratie. Le Pape, ayant
cessé d'avoir sa place parmi les rois de ce monde, s'est
plus facilement retourné vers les peuples. Le Saint-Siège
a pu s'émanciper des préventions ou des alliances qui
l'avaient longtemps dominé. C'est ainsi que nous avons
vu s'accomplir, à Rome et dans l'Église, sous le pontificat du Pape Léon XIII, une évolution démocratique,
qui a frappé tous les yeux non prévenus. Loin de
condamner la démocratie, le Pape Léon XIII s'est complu
à lui faire des avances, et ces avances, il en a for-
mulé les raisons, en pape et en docteur suprême, dans
ses célèbres Encycliques sur les devoirs des gouvernements et sur la condition des ouvriers. Le Chef de
l'Église a exposé lui-même au monde, comment l'Église,
loin d'être en opposition absolue avec la démocratie,
pouvait, au contraire, se concilier avec la démocratie et
avec la société moderne.

Et, de quel droit, irions-nous interdire à l'Église de
tendre la main à la démocratie? A quel titre, préten-
drions-nous la contraindre à rester inféodée aux anciens modes de gouvernement et aux idées du passé?
Ni sa doctrine, ni l'histoire ne nous y autorisent. L'histoire nous montre, à l'opposé, que l'Église a toujours
su se dégager des formes politiques du passé; prenez
l'empire romain, prenez la royauté barbare, prenez la

féodalité, prenez les monarchies modernes, vous voyez l'Église traverser ces formes de société et de gouvernement si différentes, et à chaque époque, s'acclimater, en quelque sorte, aux nouvelles conditions des sociétés humaines. Ce qu'elle a fait dans le passé, pourquoi ne saurait-elle plus le faire dans le présent?

On nous dit: l'Église est enchaînée au passé par les décrets des conciles, par les bulles des papes, par le Syllabus. Le Syllabus tient une grande place dans les polémiques de l'anticléricalisme; il est, pour les anticléricaux, ce que le Talmud, est pour les antisémites : on ne parle jamais tant du Syllabus que dans les sociétés anticléricales. Le Syllabus, vous le savez, est un recueil de propositions condamnées par le Pape Pie IX. Il n'est certes favorable, ni à la liberté, ni à la démocratie, mais enfin, ce Syllabus, dès lors qu'on fait appel à son autorité, il convient de n'y pas se fier aux théologiens de l'anticléricalisme et de consulter, aussi, les théologiens de l'Église. Que disent les évêques et les théologiens catholiques? ils ont pu, avec l'approbation du Pape, commenter le Syllabus, l'expliquer, l'atténuer, si vous voulez, d'une façon toute différente des interprétations qu'en donne l'anticléricalisme[1]. L'Église, les théologiens font, à cet égard, une distinction que je dois vous rappeler, quelque aride que soit une semblable discussion;

---

1. Voyez les Catholiques libéraux, l'Église et le libéralisme, chapitre xi, pp. 189-213.

15.

c'est, en langage d'école, la distinction entre la « thèse »
et « l'hypothèse ». Dès lors que l'anticlérical nous entraîne
sur le terrain de la théologie, il nous oblige à emprunter
le langage et les méthodes des théologiens ; et comme
le disait Talleyrand, la théologie est chose extrême-
ment subtile ; c'est un excellent canif à tailler les intelligences. Ne vous étonnez donc pas de l'apparente subti-
lité de la distinction entre la thèse et l'hypothèse ; ce
n'est, en somme, que la distinction de l'absolu et du
relatif. L'important est que cette distinction est non seulement admise par Rome, mais qu'elle est enseignée à
Rome, dans les écoles pontificales. La « thèse », ce sont
les doctrines posées en principe par le Syllabus; elle ne
s'applique qu'aux pays qui ont gardé l'unité religieuse,
aux États demeurés soumis aux anciennes lois, aux anciennes mœurs de la société chrétienne. De tels États, en
existe-t-il encore, ce n'est assurément pas la France.
« L'hypothèse », au contraire, admet des tempéraments,
des compromis, elle convient aux pays où l'unité religieuse a pris fin, où les lois et les mœurs ne permettent
plus d'appliquer les règles de l'ancienne société chrétienne.

Or, les théologiens et les docteurs, à commencer par
le plus grand d'entre eux, par le Pape Léon XIII lui-
même, ne font pas difficulté de reconnaître que, au
lieu de la « thèse », l'Église doit appliquer aux sociétés
modernes ce qu'elle appelle « l'hypothèse ». Prenez les
encycliques pontificales, notamment l'encyclique *Immor-*

tale Dei, dans laquelle il a examiné les rapports de la société civile et de la société ecclésiastique, vous verrez que *Léon* XIII admet, aux thèses posées par les anciens théologiens, les tempéraments les plus larges. Il reconnaît que l'Église et le clergé doivent se conformer à la situation, aux lois, aux mœurs des différents pays. Si, comme Pie IX, il condamne, en principe, la liberté ou l'égalité des doctrines et des cultes, il admet, pleinement, ce qu'il appelle la tolérance civile, et avec elle, la pratique de la liberté des cultes.

Ainsi, veut-on aller au fond des choses, on découvre qu'il n'est pas impossible de trouver un moyen d'accommoder la doctrine de l'Église aux idées, aux habitudes, aux lois des sociétés modernes. Nous n'avons donc pas le droit d'enchaîner à jamais l'Église au poteau des bûchers de l'Inquisition.

Nous n'avons pas le droit de contraindre les peuples catholiques à opter entre la foi de leurs pères et les libertés modernes. Nous en trouverions la preuve, à côté de nous, dans un pays où les catholiques sont au pouvoir, où ils gouvernent, depuis des années, avec des majorités considérables. Prenons la Belgique ; quoiqu'elle soit sous la domination d'un parti qu'on appelle à tort ou à raison clérical, la Belgique est restée en possession de la liberté des cultes, comme de la liberté de penser, comme de toutes les libertés essentielles, si bien qu'en fait de liberté, les anticléricaux français pourraient prendre plus d'une leçon des catholiques belges.

De même, est-il permis d'affirmer, avec la presse anticléricale, que le catholicisme est lié à perpétuité à l'absolutisme, par le droit divin des rois? *Le* droit divin des
rois ! mais, c'est une doctrine surannée, une doctrine
anglicane, ou gallicane, plutôt que catholique et surtout
ultramontaine ; une doctrine qui, loin d'avoir été en
faveur à Rome, a plutôt été mal vue de la plupart de
ses théologiens, des dominicains, comme des jésuites,
témoin saint Thomas, Bellarmin, Suarez[1]. Cela est si vrai
qu'en se tournant vers la démocratie et vers le peuple,
Léon XIII a paru revenir à l'esprit et aux inspirations
des grands papes du moyen âge. Si nous prenons les
enseignements de l'Église, aujourd'hui, est-ce le droit
divin que nous prêche le Pape Léon XIII? Loin de
prétendre que les rois tiennent du ciel un droit absolu
et inaliénable sur les peuples, Léon XIII n'a-t-il pas,
hautement, engagé les catholiques à se soumettre aux
lois et aux constitutions de leur pays, ces constitutions
fussent-elles républicaines?

La politique de Léon XIII marque une évolution,
direz-vous. Assurément. C'est l'évolution dont je vous
parlais tout à l'heure, dont je vous signalais même le
point de départ dans la chute du pouvoir temporel, —

1. A vrai dire, la théorie du droit divin des rois n'est qu'une
interprétation arbitraire de l'*Omnis potestas a Deo*. Elle est moins
d'origine religieuse ou ecclésiastique que d'origine politique et
monarchique. Elle a été imaginée, non dans un intérêt spirituel,
mais dans un intérêt temporel, dans l'intérêt des princes, pour
repousser toute prétention des papes sur les couronnes.

évolution qui à certains égards, n'est qu'un retour à la
politique des grands pontifes guelfes. Mais, encore une
fois, quand ce serait là, pour le Vatican, une politique
entièrement nouvelle, de quel droit interdire à l'Église
toute évolution ? Bien plus, comment l'anticlérical, qui
d'habitude se pique d'être un esprit philosophique, peut-il
imaginer qu'il y ait une institution, fût-ce l'Église, qui
échappe aux lois de l'évolution ? On comprendrait encore
qu'un catholique vînt nous dire : l'Église est immuable,
l'Église ne peut subir l'action des idées et des doctrines
d'une époque ; mais l'anticlérical, le rationaliste, comment oserait-il prétendre que l'Église est pour ainsi dire
en dehors du temps et de l'espace ? Comme toutes les
institutions vivantes, l'Église subit l'influence du milieu,
l'influence des idées ambiantes, sinon dans son dogme,
ce dont elle se défend, du moins dans sa conduite et
dans sa politique.

L'Église n'échappe pas à l'action du milieu, à l'action
de l'époque ; nous le voyons, en Europe, en France
même ; nous le voyons, plus manifestement encore,
dans les pays où l'ancien régime n'a laissé, derrière lui,
ni anciennes institutions, ni anciennes mœurs, aux États-
Unis, par exemple. L'Église américaine, qui tient, aujourd'hui, une si grande place dans l'Église catholique,
est toute imprégnée d'un esprit vraiment démocratique
et vraiment libéral. J'ai eu l'honneur de rencontrer plusieurs des grands évêques de l'Amérique, et je les ai
trouvés, ces prélats du nouveau monde, aussi démo-

crates et aussi libéraux que les plus modernes des Yankees.

Pourquoi cette évolution s'accomplit-elle plus facilement de l'autre côté de l'Atlantique que dans la vieille Europe? C'est qu'aux États-Unis d'Amérique, l'Église se trouve sur un sol neuf et comme sur un sol étranger; c'est qu'elle n'y a pas, derrière elle, les traditions de l'ancien régime, et les anciens privilèges du clergé ; c'est, en outre, que sur l'autre rive de l'Océan, si elle rencontre les défiances anglo-saxonnes, l'Église ne se heurte pas aux rancunes, aux haines, aux menaces de l'anticléricalisme ; c'est qu'au lieu de lui refuser la liberté, sous prétexte qu'elle en est l'ennemie, les Américains accordent à l'Église catholique, comme aux autres Églises, toutes les libertés.

L'anticléricalisme, il faut bien le dire, n'est pas fait pour apprendre à l'Église de France l'amour de la liberté. Que fait, vis-à-vis d'elle, l'anticlérical, alors même qu'il s'affuble, indûment, du masque de libéral? La liberté qu'il revendique pour les siens, l'anticlérical la refuse à l'Église. Il pose en principe, comme le dogme de son pseudo-libéralisme, que les influences ecclésiastiques mettent la liberté en danger, et pour sauver la liberté, que fait-il ? il la confisque. Prenez les libertés les plus essentielles: la liberté de l'enseignement, et avec elle la liberté de la famille, la liberté d'association, la liberté de la charité, jusqu'à la liberté de conscience, la première de toutes, que deviennent-elles, aux mains de l'anticlérical ?

S'il n'ose les supprimer, ouvertement, il s'ingénie, hypocritement, à les restreindre ou à les étouffer; il les ajourne à l'époque lointaine où l'Église et la superstition catholique seront définitivement vaincues. La liberté, pour l'anticlérical, devient une espèce d'entité toute nue, toute théorique, sans vie réelle et sans valeur pratique. Elle n'est plus guère qu'un drapeau menteur ou une trompeuse enseigne, qui couvre l'oppression et le monopole. L'anticlérical en arrive, ainsi, tout comme l'antisémite ou l'antiprotestant, sous prétexte de défendre la liberté, à supprimer la plupart des libertés.

Est-ce là se montrer libéral ? est-ce là ce que doivent faire les libéraux sincères? Non, assurément, si bien qu'en dépit des vaines étiquettes de partis, j'ose dire que rien ne répugne plus au vrai libéralisme que l'anticléricalisme sectaire. Les libéraux ne doivent pas faire acception de personnes, de religions ou de doctrines ; ils doivent réclamer une égale liberté pour tous : pour les catholiques, comme pour les protestants, pour les juifs, pour les francs-maçons. Ils doivent le faire, par esprit de justice, par esprit de liberté, et aussi pour réconcilier les catholiques avec la société moderne, pour faire aimer la République, s'ils veulent que la République puisse durer, et s'affermir. Clérical ou anticlérical, qui refuse d'accorder à tous cette égale liberté n'est qu'un sectaire, un réactionnaire, un rétrograde.

Il y a, pour moi, une autre raison de défendre les libertés menacées par l'anticléricalisme ; c'est qu'à mes yeux, il est malaisé de soutenir que, dans la France d'aujourd'hui, le grand péril pour la liberté est du côté de l'Église et du clergé. L'anticlérical me paraît, à cet égard, la dupe des souvenirs du passé ; il commet un anachronisme grossier et dangereux. Tout entier à l'effroi des revenants d'autres siècles, il ne voit pas les périls prochains.

Autrefois, pendant la longue lutte entre l'Église et l'État, le péril pour la liberté — et vous savez combien cette liberté était chétive et vacillante — a pu être, réellement, du côté de l'Église, quand l'Église, maîtresse de l'âme des peuples, était une institution d'État, alors qu'elle était vraiment un pouvoir dans l'État, et à certains égards un pouvoir supérieur à l'État. En est-il de même, aujourd'hui ? L'Église est-elle encore, chez nous, un pouvoir ? Non, la société moderne a été sécularisée. Il n'y a plus, en fait, qu'un seul pouvoir. Dans cette longue lutte, huit ou dix fois séculaire, de l'Église et de l'État, s'il y a un vainqueur, c'est l'État ; il s'est rendu entièrement indépendant de l'Église ; il est devenu le seul pouvoir effectif. Y a-t-il un danger, aujourd'hui, pour la liberté, pour la personnalité de l'homme, pour l'autonomie de la conscience humaine, ce danger n'est plus du côté de l'Église ; il est, plutôt, de l'autre côté, du côté de l'État. Le péril s'est en quelque sorte renversé. L'État ayant triomphé de l'Église, l'État, devenu le seul souverain et le seul pouvoir, tend à élargir en tous sens son domaine, à empiéter sur les droits de l'individu et sur les droits de la conscience ; l'État tend à s'emparer de l'omnipotence ; et ainsi, encore une fois, le danger véritable pour la liberté n'est plus du côté de Rome ; il est, chez nous-mêmes, dans l'Étatisme et dans le Collectivisme.

M. de Bismarck, en entamant le Kulturkampf, faisait remonter la lutte entre l'Église et l'État, jusqu'à Calchas et à Agamemnon. Il fallait, disait-il, délivrer Agamemnon de l'ingérence de Calchas. Croyez-vous qu'en France, aujourd'hui, le péril soit du côté de Calchas ? Pensez-vous que notre démocratie soit vraiment sous la domination du clergé ? Pour moi, encore une fois, c'est là un singulier anachronisme. On compare souvent l'État à un vaisseau, à une barque symbolique, semblable à la nef d'argent des armes de la ville de Paris. La barque qui déploie ses voiles au vent est exposée au naufrage ; le vent souffle avec violence, tantôt d'une rive, tantôt de l'autre ; pour qu'elle ne chavire point, il faut prendre garde qu'elle n'incline trop du côté où la brise la fait pencher. D'où souffle, aujourd'hui, le vent qui enfle les voiles de la République ? Est-ce de Rome ? est-ce de l'Église et de la papauté ? ne serait-ce pas, au contraire, du bord opposé ? Selon un mot célèbre, on tombe du côté où l'on penche. De quel côté penche notre barque aujourd'hui ? De bonne foi, je ne crois pas qu'il puisse y avoir de doute à ce sujet. Jetons les yeux sur le Gouvernement ; quels sont les hommes qui dirigent les affaires publiques, à l'Élysée, dans les ministères, au Parlement ? Sont-ce des cléricaux assujettis à l'influence du confessionnal ? Interrogeons le pays ; est-ce vers la théocratie, est-ce vers la domination du clergé que nous emportent les courants qui entraînent les masses ? Il faut, pour se le persuader, fermer les yeux à tout ce qui se passe autour de nous. Si, en ce siècle nouveau, il y a un péril, pour la liberté et pour la société moderne, ce n'est pas, encore une fois, du côté de l'Église.

J'ajouterai une dernière réflexion qui, à mon sens, a une importance capitale. On nous dit : l'Église est opposée à la liberté ; la religion catholique, — certains vont jusqu'à dire toute Église, toute religion, — est l'irréconciliable adversaire de la liberté.

Cette opinion, elle pourrait encore se soutenir si l'Église, si la religion était en possession de la force et de la souveraineté ; — tout pouvoir souverain est naturellement tenté de restreindre la liberté de ses adversaires ; mais telle n'est pas la situation de l'Église. Elle ne règne pas sur notre société ; la société, comme l'État, a été sécularisée. Ce seul fait change toutes les données et toutes les conditions des rapports de l'Église et de l'État. L'Église, la religion, ayant cessé d'être souveraine, au lieu d'être une menace pour la liberté, serait plutôt une sauvegarde pour la liberté. L'Église, la religion, privée de l'appui du bras séculier, devient libérale par

raison, par intérêt ou, si vous aimez mieux, par force; —
dites, si vous voulez, qu'elle devient libérale malgré
elle; — le fait est qu'elle est contrainte de le devenir,
et elle ne le devient pas, uniquement, par tactique et
par calcul. La foi chrétienne, la religion en général,
l'Église catholique, elle-même, est libérale, elle défend
la liberté humaine, en ce sens qu'elle s'oppose à l'absolutisme des majorités et à la mainmise de l'État sur les
consciences, et qu'elle est, par là même, un obstacle à
l'omnipotence de l'État, à l'absorption de l'individu par
l'État. C'est ce que nombre de ses adversaires lui pardonnent le moins, et c'est ce que tout libéral doit sans
cesse se rappeler. Car, je ne saurais trop le répéter, le
grand danger de nos sociétés modernes, depuis qu'elles
ont été sécularisées, c'est que l'État, ne rencontrant plus
en face de lui de contrepoids, veuille, à son tour, s'emparer de la société, de la famille, de l'homme tout entier [1].

1. On me permettra de citer, à cet égard, quelques lignes de
mon livre, *les Catholiques libéraux, l'Église et le libéralisme* (Plon
et Nourrit), pages 284-287. « Le Christianisme, quelles qu'en soient
les doctrines et les tendances théoriques, reste à bien des égards un
élément de liberté, parce qu'en tant que force indépendante du
pouvoir, il demeure une digue ou une limite à l'absolutisme. Nous
n'irons pas rechercher aujourd'hui si, comme le prétendait Monta-
lembert, la notion même du pouvoir absolu n'est pas dans son principe, non moins que dans sa filiation historique, plus païenne que
chrétienne. Il nous suffit de rappeler que le catholicisme ne saurait
servir le despotisme que si ce dernier se met à son service. Or,
dans l'Europe contemporaine, dans notre France démocratique surtout, c'est là un péril chimérique. Il n'y a plus pour en douter que

Et c'est bien à quoi tend, inconsciemment, l'anticléricalisme, quand il prétend, lui aussi, au nom de l'intérêt de l'État, restaurer ce qu'il appelle l'unité morale ou l'unité nationale de la France. Par là, il aboutit, malgré lui, comme le cléricalisme, à l'asservissement des esprits ; par là encore, l'anticléricalisme ressemble à l'antisémitisme et à l'antiprotestantisme. Tous les trois prétendent refaire l'unité de la nation ; tous les trois sont, également, prêts à sacrifier les libertés publiques à ce fantôme d'unité, et par là même, tous les trois se montrent, presque également, quoique diversement, les adversaires de la liberté.

les esprits extrêmes des deux bords opposés, que des illuminés presque également aveugles, abusés les uns par leurs regrets, les autres par leurs craintes, qui, dans l'opposition même de leurs vœux, font simultanément à la société moderne, à la société laïque, l'injure de ne pas avoir confiance dans la solidité de ses conquêtes.

» Si la liberté, dont le règne est si facile à proclamer et si laborieux à établir, si les libertés publiques courent un danger, ce qui les menace, ce n'est assurément ni la théocratie, ni la monarchie de droit divin. L'écueil, pour elles, aujourd'hui comme aux premiers siècles de notre ère, c'est l'omnipotence de l'État, l'asservissement de l'individu, de la famille, de la société par l'État, absorption rendue plus facile et plus dangereuse par l'avènement de la démocratie, par la souveraineté impersonnelle du peuple, substituée à l'empire d'un seul. Or, qu'il le veuille ou non, le Christianisme est aujourd'hui, comme au temps des Césars païens ou des Kaiser germaniques, une barrière à cette confiscation de l'individu, un obstacle à la mainmise de l'État... Peut-être ce sentiment n'est-il pas étranger à l'aversion de certains démocrates pour le Christianisme. »

C'est ce que je me propose de vous faire voir, dans ma prochaine et dernière conférence, et, en même temps, j'établirai, devant vous, conformément à mes observations précédentes, que la recrudescence d'anticléricalisme à laquelle nous assistons, aujourd'hui, est en grande partie le résultat des colères et des menaces de l'antisémitisme et de l'antiprotestantisme.

CHAPITRE VI

CONCLUSION

I. Que l'anticléricalisme a été réveillé par l'antisémitisme et l'anti-protestantisme. — Comment ils ont discrédité les revendications des catholiques et amené l'échec de la politique de Léon XIII en France. — Comment les « anti » s'enlèvent le droit de réclamer la liberté. — Que l'intolérance des uns ne justifie pas celle des autres. — II. De la prétention des trois « anti » de refaire l'unité nationale. — Comment ils invoquent tous les trois la contrainte. — Que l'unité de doctrine ne peut être réalisée dans l'État moderne. — III. Comment, sous prétexte de défendre l'unité de l'État ou l'unité morale de la nation, les trois « anti » se réclament également de l'ancien régime. — De la prétention de ne tolérer aucun État dans l'État. — Où est le péril à cet égard aujourd'hui? — Les lois d'exception et les Droits de l'Homme. — Que la liberté et l'égalité sont seules conformes à l'esprit moderne.

Messieurs,

Nous allons achever, aujourd'hui, la trop longue étude que j'ai entreprise devant vous.

Dès notre première réunion, j'ai dû poser en principe que les trois « anti », l'antisémitisme, l'antiprotestantisme, l'anticléricalisme, s'appelaient, se provoquaient, s'exaltaient l'un l'autre. Nous en avons la preuve par ce qui se passe, en ce moment, sous nos yeux.

I

D'où provient cette recrudescence de l'anticléricalisme à laquelle nous assistons ? Le péril « clérical » est-il plus menaçant qu'il y a dix ans ? Le clergé est-il le directeur de l'esprit public, et les congrégations sont-elles maîtresses de la France ? Serait-ce que, dans les élections, nous voyons le suffrage universel se porter en masse vers ceux que, pour les discréditer, leurs adversaires appellent les candidats des curés ? Serait-ce encore que le Pape s'ingère, chaque jour, indûment, dans nos affaires intérieures, ou que le Vatican a donné pour mot d'ordre, aux catholiques, le renversement de la République ?

Non, assurément ; la grande raison de la recrudescence de l'anticléricalisme, elle est ailleurs ; il n'est pas besoin de la chercher bien loin ; elle est, nous sommes forcés de le constater, dans les violences, dans les menaces de l'antisémitisme et de l'antiprotestantisme.

Je vous disais, — je disais aux juifs et aux protestants : semez l'anticléricalisme et vous récolterez l'antisémitisme et l'antiprotestantisme. Je vous dirai de même, aujourd'hui, — je dirai aux catholiques : semez l'antisémitisme, semez l'antiprotestantisme, et vous récolterez l'anticléricalisme.

L'antisémitisme et l'antiprotestantisme, à la suite de l'Affaire que vous savez, et pour des raisons sur lesquelles je crois inutile d'insister, ont pris une force, une vigueur nouvelles. Ils se sont montrés plus bruyants, plus injurieux, plus agressifs que jamais. Ils ont trop laissé voir qu'ils croyaient enfin arrivé le jour de leur triomphe et de leurs vengeances. Ils ont, par leurs cris et par leurs provocations, ranimé les passions confessionnelles et réveillé l'anticléricalisme mal assoupi. Et comme l'intolérance appelle l'intolérance, ils ont été, malgré eux, les principaux fauteurs des colères de l'anticléricalisme.

Comment ne l'avaient-ils pas prévu? il fallait tout l'aveuglement de la passion et de la haine pour que les apôtres de l'antisémitisme et de l'antiprotestantisme ne sentissent pas quel périlleux contre-coup, pour les catholiques, devaient avoir ces ardentes prédications contre le juif et contre le huguenot. L'antisémitisme, l'antiprotestantisme n'allaient-ils pas jusqu'à s'offrir aux populations comme les vrais, les seuls représentants de la tradition catholique, aussi bien que de la tradition nationale? Par là, ils ne devaient aboutir qu'à une chose : à compromettre l'Église et les catholiques.

Je dois parler, ici, en toute franchise. Trop de catholiques, trop de membres du clergé, trop de feuilles soi-disant religieuses ont laissé identifier la cause de l'Église avec celle de l'antisémitisme. Le haut clergé, il est vrai, l'épiscopat, notamment, s'en est bien gardé ; il était, pour cela, trop sage. Les évêques se sont tus ; leur prudence s'est réfugiée dans le silence ; mais ce silence même, que leur ont parfois reproché les anti-sémites, d'autres ont pu y voir un acquiescement tacite à l'antisémitisme. Moines, prêtres ou laïques, trop peu de catholiques ont senti que leur devoir, comme leur intérêt, était de répudier les violences de l'antisémi-tisme[1]. Les uns ne l'ont pas compris, les autres ne l'ont pas osé. Car, il faut le dire à la décharge des timides, l'antisémitisme est une puissance ; la presse antijuive et antiprotestante a exercé une véritable terreur sur certaines classes de la population, particulièrement sur les catholiques et sur les membres du clergé. J'en ai entendu plus d'un s'en plaindre, tout bas ; bien peu ont osé protester, tout haut, et désavouer, publiquement, ce compromettant allié. Quelques-uns, tout en regrettant les excès de la polémique antijuive ou antiprotestante, ont cru trouver, dans l'antisémitisme et dans l'anti-protestantisme, une diversion aux haines et aux menaces de l'anticléricalisme. Ils se sont flattés que le cri de :

1. Quelques prêtres l'ont fait cependant en France et à l'étranger. Ainsi, en Allemagne, le docteur Fr. Franck, ancien député au Reichstag et au Landtag bavarois, auteur de *Die Kirche und die Juden* et de *Der Ritualmord* (Regensburg, G.-J. Mans, 1901).

A bas les Juifs ! couvrirait celui de : A bas les Jésuites !
au lieu de sentir que ces cris de haine s'appelaient et
se provoquaient l'un l'autre. Détestable politique et
coupables calculs ! qui se rencontrent aussi, en sens
inverse, chez certains des fauteurs de l'anticléricalisme,
et qui se retournent, fatalement, contre les promoteurs
de ces diversions odieuses.

La recrudescence de l'anticléricalisme parlementaire
en est la preuve manifeste. C'est, avant tout, la réper-
cussion des violences de l'antisémitisme et de l'antiprotestantisme, à la suite du procès de Rennes. Pour
nombre de ceux qui l'ont votée ou soutenue, la loi sur
les associations n'est qu'une réponse à l'antisémitisme
et la dispersion des jésuites, qu'une mesure de repré-
sailles.

Reportez-vous à cinq ans, à dix ans en arrière ; l'anticléricalisme semblait en baisse ; c'était, déjà, quelque
chose d'un peu suranné, d'un peu vieillot ; les esprits
les plus distingués ou les plus sérieux semblaient s'être
affranchis de ses antipathies ou de ses préjugés ; les
décrets contre les Congrégations étaient tombés en
désuétude ; la liberté religieuse, la liberté d'enseignement, la liberté d'association semblaient s'acclimater
chez nous ; la politique du Pape Léon XIII paraissait
devoir produire ses fruits.

Cette politique, nous savons quelle en était la haute
et large inspiration. Pour la première fois peut-être,
depuis près d'un siècle, siégeait, sur la chaire romaine,

un Pape comprenant l'esprit de son temps. Le succes-
seur de Pie IX ne craignait pas de faire des avances à
la démocratie et à la République. Il faisait appel aux
idées de tolérance et de paix. C'était un pontife qui
méritait, entre tous, le nom de pacifique. Il prodiguait
ses efforts pour délivrer l'Église des compromissions de
partis et dégager le clergé des liens politiques. Cette
œuvre d'apaisement du Pape Léon XIII, elle semblait,
naguère encore, en voie de réussir ; nous sommes,
aujourd'hui, contraint d'avouer que, chez nous, en
France, elle a échoué. A qui en est la faute ?

L'échec de la politique de Léon XIII tient à deux
causes connexes. Son action pacificatrice a rencontré un
double obstacle, un double fanatisme : d'un côté, le
fanatisme anticlérical, les préjugés, les passions et, aussi,
la tactique des révolutionnaires et des politiciens qui
croient avoir intérêt à entretenir, parmi les foules, les
préventions et les haines de l'anticléricalisme ; — d'un
autre côté, le fanatisme antisémite, les préjugés, les
rancunes et, aussi, la tactique des hommes qui croient
avoir intérêt à exalter, dans les masses, les jalousies et
les colères de l'antisémitisme ou de l'antiprotestantisme.
Car, lorsque je me sers du mot fanatisme, je fais
honneur aux sectaires ou aux agitateurs des deux partis,
en leur attribuant, comme unique mobile, un sentiment après tout désintéressé. Pour beaucoup des meneurs, dans les deux camps, le fanatisme et la passion sectaire se doublent de calculs, qui n'ont souvent

rien d'honorable. Pour beaucoup de leurs apôtres, les fureurs des trois « anti » ne sont qu'une façon d'exploiter l'aveugle crédulité des masses.

A l'antisémitisme, à l'antiprotestantisme revient, ainsi, pour une bonne part, et j'ose dire pour la principale part, la responsabilité de la recrudescence de l'anticléricalisme. Leurs emportements ont réveillé les défiances anciennes ; leurs appels à l'intolérance ont effrayé les uns et irrité les autres ; leurs menaces ont découragé les amis de la liberté et stimulé les ennemis de l'Église. L'anticléricalisme n'a eu qu'à montrer ces revenants du moyen âge ou de l'ancien régime pour rendre suspects les catholiques qui osent invoquer la liberté.

Les plus sages des catholiques ont compris que, dans la France moderne, il n'y avait de sécurité, pour l'Église, et de paix religieuse, pour le pays, que sur le terrain de la liberté — large terrain accessible à tous et qui doit rester ouvert à tous ; mais quand ils ont voulu s'y établir, l'antisémitisme s'est joint à l'anticléricalisme pour leur rendre la place intenable. Quelle pouvait être l'autorité de ces catholiques, si sincères fussent-ils, pour réclamer la liberté et l'égalité, au nom du droit commun, alors qu'à côté d'eux, et jusque dans leurs propres rangs, des écrivains ou des orateurs dont la voix portait au loin, et qui se donnaient au pays comme les représentants attitrés de l'Église et de l'esprit catholique, refusaient, bruyamment, le bénéfice de la liberté et du droit commun à des catégories entières de citoyens français ?

L'antisémitisme a ainsi jeté le discrédit sur les revendications des catholiques ; l'antisémitisme leur a enlevé, aux yeux d'un trop grand nombre de nos concitoyens, le droit de parler de liberté ; l'antisémitisme a permis, à des hommes de bonne foi, de mettre en doute la sincérité et la loyauté des catholiques qui réclament l'égalité et le droit commun ; l'antisémitisme a justifié, pour trop de nos compatriotes, les mesures de défiance et de défense proposées contre l'Église et contre les congrégations, si bien qu'on pourrait dire que les premières victimes de l'antisémitisme auront été le clergé et les congrégations religieuses.

Et cela était fatal, et lorsque nous l'annoncions, aux catholiques, il y a quelques années[1], nous n'avions pas, pour le prédire, besoin d'être prophète.

Rien, en effet, n'est plus dangereux pour les catholiques, pour leur clergé, pour leurs congrégations, que d'avoir l'air de réclamer, comme le font chaque jour les antisémites, des lois d'exception, des restrictions aux droits civils ou politiques, des mesures d'intolérance contre les juifs, contre les protestants, contre les « judaïsants », contre qui que ce soit. Les catholiques, le clergé, les congrégations ne peuvent avoir de liberté et de sécurité qu'en cherchant un refuge dans la liberté

____
1. Voyez *l'Antisémitisme*, conférence à l'Institut catholique, Calmann Lévy, 1897, p. 88.

commune. La liberté doit être leur place forte ; mais, pour qu'ils puissent s'y maintenir et s'y retrancher, il faut qu'ils y admettent, loyalement, les autres à côté d'eux, juifs, protestants, libres penseurs. La liberté doit offrir un abri à tous, — ou elle ne peut abriter personne.

De tous les Français, les catholiques, les membres du clergé, les religieux sont les plus intéressés à repousser, jusqu'en leur principe, les lois d'exception réclamées, follement, par les antisémites. Les lois d'exception sont une arme à deux tranchants qu'il est insensé de mettre aux mains d'une démocratie. Elles blessent, tôt ou tard, ceux qui osent s'en servir ; elles se retournent, d'habitude, contre leurs promoteurs. C'est là, une vieille leçon de l'histoire. Rappelez-vous les nombreux actes d'intolérance du passé ; vous verrez que toutes les religions, toutes les doctrines, tous les partis ont été proscrits successivement. Prenez la patrie de l'Inquisition, prenez l'Espagne que certains « anti » semblent vouloir nous donner pour modèle ; — l'Espagne a commencé ses proscriptions par les juifs, elle a continué par les hérétiques, puis par les Maures, elle a terminé par les Jésuites. Prenez la France de l'ancien régime ou la France de la Révolution : vous savez que les lois de la Terreur contre les émigrés et contre les prêtres assermentés ne sont guère que les lois de l'ancienne monarchie, les lois de Louis XIV et de Louis XV contre les Prétendus Réformés.

C'est une chose qu'aucun de nous ne devrait oublier,

une chose que les catholiques et les défenseurs de l'Église
devraient toujours avoir présente à l'esprit : tout appel
à l'intolérance et à des lois d'exception se retourne, chez
nous, contre l'Église et contre les congrégations. Elles en
font, en ce moment, la dure expérience. Comme si elles
en étaient responsables, c'est à elles qu'on fait payer les
violences de l'antisémitisme et de l'antiprotestantisme ;
c'est sur elles que retombent les coups que certains de
leurs amis voulaient porter à d'autres ; et quand elles
viennent s'en plaindre, au nom de la liberté, on raille
leurs doléances en les renvoyant aux pamphlets antijuifs, comme si l'on n'exerçait contre elles que des repré-
sailles.

Mais les menaces des antisémites et des antiprotestants
justifient-elles les violences de l'anticléricalisme ? De ce
que des sectaires ont réclamé des mesures d'exception
contre les juifs ou contre les protestants, est-ce une rai
son pour qu'on prenne des mesures du même genre
contre les catholiques, contre leur clergé ou leurs congrégations ? Non, assurément ; si c'est là une explication,
ce n'est pas une justification. L'intolérance n'excuse pas
l'intolérance. Ce serait même d'une politique détestable,
car, s'il est vrai que l'antisémitisme fomente l'anticléricalisme, il est également vrai, comme je vous l'ai déjà
rappelé, que l'anticléricalisme, à son tour, fomente l'antisémitisme et l'antiprotestantisme. Des lois anticléricales, des mesures violentes contre la liberté, contre
la propriété du clergé ou des congrégations catholiques,

loin d'étouffer l'antisémitisme ou l'antiprotestantisme, ne feront que donner des forces et fournir des arguments aux antisémites et aux antiprotestants. C'est alors qu'ils auront le droit de crier à l'inégalité et à la persécution. Tandis qu'on prétend justifier les lois anticléricales par les violences de l'antisémitisme et de l'antiprotestantisme, ces lois contre l'Église et contre les religieux paraîtront, à une notable partie du pays, la justification de l'antiprotestantisme et de l'antisémitisme. C'est le cercle vicieux de l'intolérance et de la violence. Le juif et le protestant seront, à leur tour, victimes de l'anticléricalisme.

Je sais que, dans les deux camps, on dit, pour se justifier, qu'il est temps d'en finir ; je sais que les antisémites et les antiprotestants, d'un côté, que les anticléricaux, de l'autre, nous promettent également la paix et la liberté, après la victoire ; je sais que les uns et les autres se prétendent également obligés de poursuivre leur funeste campagne, parce qu'il s'agit, pour eux, de sauver ou de restaurer ce qu'ils appellent l'unité nationale ou l'unité morale de la France, et qu'en dehors de cette unité, la France, à les entendre, ne peut trouver ni liberté ni repos.

II

C'est là, je vous l'ai déjà montré, une des idées essentielles, on pourrait presque dire l'idée mère des trois « anti ». C'est par là surtout qu'ils se ressemblent, et qu'à travers toutes leurs divergences et leurs oppositions, ils se reproduisent et se réfléchissent l'un l'autre. Le raisonnement, chez tous les trois, est identique ; le but et les procédés sont analogues. La France, répète avec une égale conviction chacun des « anti », est coupée en deux ; il y a deux Frances, il y a deux jeunesses ; c'est une situation périlleuse pour un peuple ; il faut, avant tout, rendre à la France son unité. Et cette unité intellectuelle ou morale, cette unité nationale qu'ils invoquent pareillement, chacun des « anti » se flatte de la refaire, à son profit, en écrasant ou en éliminant ses adversaires.

Que dit l'antisémite ? Il dit : « La France est aryenne, la France est chrétienne ; arrière les juifs ! arrière l'esprit sémitique qui dénationalise l'esprit français et détruit l'unité nationale ! »

Que dit l'antiprotestant ? Il dit : « La France est latine, la France est catholique. Arrière les huguenots et le protestantisme ! arrière l'esprit germanique ou genevois qui fausse l'esprit français et en détruit l'unité ! »

Que dit enfin l'anticlérical ? Il dit : « La France moderne est fille de la Révolution et de la Libre Pensée. Arrière Rome et les Jésuites, arrière les cléricaux et les représentants de la réaction qui osent opposer la France du passé à la France nouvelle, et qui empêchent l'esprit moderne de refaire l'unité morale de la nation. »

Chacun des « anti », en déployant son drapeau, pousse ainsi son cri de guerre, et chacun d'eux se réclame, avec une égale sincérité, de l'intérêt national et de la tradition nationale. Car, dans le long et mobile passé de notre pays et dans nos trop nombreuses révolutions, chacun choisit arbitrairement son époque et ses héros, chacun invoque ce qui peut tourner au bénéfice de sa thèse, chacun se donne comme le représentant de la vraie France, et dénonce ses adversaires comme les ennemis de la tradition et de l'unité françaises, oubliant que notre histoire est trop variée et trop tourmentée pour qu'on puisse ramener le génie français et l'esprit national à l'unité de doctrines et de tendances. Ils invoquent l'unité nationale, et ils ne s'aperçoivent pas qu'en se proscrivant les uns les autres, au nom des luttes du passé, ils perpétuent et ils enveniment les divisions de la commune patrie.

Le plus grave, c'est que, pour refaire cette unité de la nation, chacun des « anti » en appelle à l'État, c'est-à-dire à la loi, c'est-à-dire à la contrainte, à la force. Cet appel à la contrainte, cet appel à la loi, l'antisémite le fait cyniquement. — A quoi bon se gêner avec les juifs,

L'anticlérical, au contraire, y apporte une sorte d'hypocrisie, qui est sa façon de rendre hommage à la liberté,
tout en la violant. Les catholiques sont trop nombreux
pour qu'on puisse s'attaquer à tous, directement ; on
s'attaque à leur clergé, à leurs congrégations, à leurs
collèges, à leurs écoles ; mais les visées des combattants,
sinon les procédés de la lutte, n'en restent pas moins
semblables. C'est toujours au moyen de l'action de l'État
et de la contrainte légale, qu'anticléricaux, antisémites,
antiprotestants prétendent ramener la France dans
l'étroit sentier de l'unité.

Cette idée de l'unité intellectuelle ou de l'unité morale
que nous rencontrons, également, chez les trois « anti »,
c'est une idée religieuse plutôt qu'une idée politique ; et
si, comme les trois « anti », on en recherche la réali-
sation dans la contrainte légale et dans la conformité
extérieure, je dirai que c'est une idée du Moyen Age,
une idée de l'Ancien Régime, incompatible avec l'État
moderne, comme avec l'esprit moderne.

Certes, envisagée en elle-même, comme un libre effort
des intelligences et une aspiration vers l'unité des
cœurs, c'est une grande, une noble idée. L'humanité
tend, à travers les siècles, à travers les luttes de peuple
à peuple, comme à travers les guerres de doctrines,
vers une unité idéale. L'aspiration à l'unité est légitime,
lorsqu'elle est volontaire, lorsqu'elle est spontanée, lorsqu'elle sort de l'âme et de la conscience ; mais si l'on
veut, comme les « anti », la poursuivre par la force,

on aboutit, fatalement, à la violence et à l'oppression. L'histoire entière en est la preuve. Toutes les formes de tyrannie, religieuses ou politiques, toutes les persécutions de la pensée, cette idée d'unité les a couvertes et justifiées.

Une religion, une Église peut prétendre à l'unité de doctrine; certaines Églises, comme l'Église catholique, ne peuvent s'en passer. C'est, pour elles, une condition d'existence; on comprend qu'elles lui fassent tous les sacrifices. Mais, en est-il de même d'un État, d'une nation? Un État n'est pas une Église, un État moderne, surtout. Au rebours d'une Église, il doit faire place, dans son sein, aux doctrines les plus diverses; c'est, pour lui, une condition d'existence et une condition de puissance. L'unité de doctrine aboutirait, pour lui, à la mutilation du peuple ou à l'amputation du génie national. « Si ton œil droit te scandalise, arrache ton œil », dit l'Évangile. Est-ce là un précepte applicable aux nations modernes? L'unité de l'État ne peut plus consister dans l'uniformité des croyances. L'anticlérical en doit prendre son parti, tout comme le clérical, tout comme l'antisémite et l'antiprotestant.

Et remarquez l'inconséquence des doctrines et la contradiction des hommes! Une des choses qu'en tout pays l'anticlérical reproche le plus, et le plus justement dirai-je, au cléricalisme et aux cléricaux, c'est de vouloir employer l'action publique, l'autorité de l'État à maintenir ou à restaurer l'unité de doctrine. Or, que fait, à son

tour, l'anticlérical? Il fait, exactement, la même chose;
il prétend, lui aussi, établir ou restaurer l'unité de doctrine, non plus au profit de l'Église, mais contre l'Église.
Il appelle à son aide la loi, il invoque le bras séculier, il
ne recule pas, au besoin, devant le *compelle intrare*. Toute
la différence, à cet égard, entre l'anticlérical et le clérical, c'est que l'un est logique, et que l'autre ne l'est
pas.

Qu'on la couvre des noms d'unité morale, d'unité
intellectuelle, d'unité de pensée, d'unité nationale, l'unité
ainsi entendue, au sens de conformité de religion ou de
doctrine, est une idée d'un autre âge, et j'ajouterai, une
idée périlleuse pour les peuples modernes. Suivant le
mot d'un grand historien, de Mommsen, parlant des
juifs et des antisémites, pareille idée d'unité n'est pas
une idée impériale. Les grands États doivent être ouverts
aux hommes de toutes croyances, de toutes religions; ils
ne peuvent se fonder, ou ils ne peuvent durer qu'à cette
condition. Un petit État, une principauté minuscule
peut seule, aujourd'hui, prétendre à l'entière unité de
religion ou de doctrine; et encore, tous ceux qui rêvent
d'expansion ont dû y renoncer, témoin la Grèce, témoin
la Cernagora, longtemps gouvernée par ses évêques,
le Montenegro, depuis ses agrandissements de 1878.
Pour conserver intacte cette unité dans l'uniformité, il
faudrait une République de Saint-Marin ou d'Andorre.

Mais, disent les trois « anti », s'il est difficile, s'il est impossible de réaliser l'unité de doctrine, par la loi et par la contrainte légale, il est une chose dont le pays ne peut se désintéresser, une chose à laquelle nous ne pouvons renoncer sans périr, c'est l'unité de l'État. Or, il y a, chez nous, des ordres, des corps, des corporations, des sociétés, qui demeurent un péril pour l'État et pour la nation, parce que, selon la formule célèbre, elles constituent un État dans l'État.

C'est encore là, je vous l'ai déjà signalé, une des idées communes aux trois « anti ». Tous les trois se présentent à nous, comme les défenseurs de l'unité et de l'indépendance de l'État, contre des groupes organisés, contre des corporations envahissantes qui prétendent empiéter sur la puissance publique, ou se la subordonner. L'antisémitisme nous crie, chaque jour : « Le judaïsme, l'Alliance Israélite Universelle, la Haute Banque constituent un État dans l'État, une puissance occulte qui est en train de s'assujettir la France, si ce n'est le monde moderne tout entier ». L'antiprotestantisme traite de même les protestants ; il montre les huguenots, redevenus un parti politique, conquérant la haute main sur l'enseignement, sur nos administrations, sur la République elle-même. L'anticlérical, à son tour, affirme la même chose de l'Église romaine, de son clergé, de ses congrégations; il les représente comme étendant, sur la France, le ténébreux réseau de leurs couvents et de leurs affiliations; comme préparant, par leur mainmise sur l'enseignement et sur l'armée, la prochaine domination de l'Église.

Un État dans l'État! N'est-ce pas là un vieux grief et un vieux cliché qui a servi, tour à tour, contre les religions, contre les sociétés, contre les partis les plus divers? Un État dans l'État! Mais, ne sommes-nous pas en droit de le demander à ceux qui s'en épouvantent, les juifs, les protestants, l'Église et ses congrégations sont-ils les seules puissances dont l'État moderne ait à s'inquiéter?

N'y a-t-il pas, chez nous, en France, aujourd'hui, d'autres États dans l'État? N'y a-t-il pas des forces nouvelles, des groupements plus jeunes qui n'ont pas l'aspect religieux, qui ne se présentent pas sous une enveloppe confessionnelle, et qui sont autrement remuants et autrement menaçants que les spectres confessionnels, tant redoutés de l'antisémite, de l'antiprotestant ou de l'anticlérical? La démocratie moderne, le socialisme, le collectivisme, avec leurs fédérations et leurs syndicats ouvriers, ne tendent-ils pas, eux aussi, à former des États dans l'État? Le socialisme ne se vante-t-il pas d'avoir ouvert une ère nouvelle où les groupements de classes doivent succéder aux groupements confessionnels et aux partis politiques, où la guerre de classes doit se substituer aux rivalités internationales, aussi bien qu'aux luttes religieuses?

Où donc nous mènerait cette doctrine commune aux trois « anti » que l'État ne peut supporter dans son sein de société, d'Église, de corporation autonome, sans que l'indépendance et l'existence même de l'État soient en péril? Cela ne nous mènerait à rien moins qu'à la négation et à la destruction de toutes les libertés modernes, de toutes les libertés publiques et privées, liberté de la famille ou libertés sociales, et spécialement de la *liberté* d'enseignement, de la liberté d'association, de la liberté de la charité, de la liberté du travail, de la liberté religieuse elle-même.

Où nous conduirait cette prétention de ne rien tolérer qui ressemble à un corps dans l'État ? Elle nous mènerait à faire de toute liberté un privilège, partant à restaurer les pratiques de l'Ancien Régime, et ce qu'avait de plus inique et de plus choquant l'Ancien Régime en ses plus mauvais jours.

III

Tel est, en effet, l'aboutissement logique, l'aboutissement fatal de chacun des trois « anti »; et il n'en peut être autrement, car leur conception de l'unité nationale ou de l'unité morale, comme leur notion de l'unité de l'État et de la puissance publique, est une idée de l'Ancien Régime, dont l'Ancien Régime a longtemps poursuivi l'application, et qui ne pouvait se justifier et se réaliser qu'avec les lois et les principes de l'Ancien

Régime. Cette manière d'entendre l'unité de la nation et l'unité de l'État n'est plus, aujourd'hui, qu'une survivance du passé, qu'un anachronisme rétrograde.

C'est pour cela que l'anticlérical, l'antisémite, l'antiprotestant, entraînés, comme malgré eux, par la logique de leur principe, tendent, invinciblement, à faire appel aux souvenirs, aux traditions de l'Ancien Régime, à ses maximes, à ses lois, à son esprit. C'est qu'à l'imitation de l'Ancien Régime, les trois « anti » prétendent, également, légiférer contre une doctrine et au profit d'une doctrine. C'est qu'à l'Ancien Régime ils ne craignent pas d'emprunter sa conception de la souveraineté et des droits de l'État, avec tous les abus de la raison d'État ; c'est qu'ainsi que l'Ancien Régime, ils ne reculent ni devant les lois d'exception, ni devant la confiscation.

Ces appels à l'Ancien Régime, l'antisémite et l'antiprotestant les font, tout haut, tous les jours, avec une sorte de cynisme inconscient. Que demande l'antisémite? S'il n'exige pas que nous revenions aux bûchers du Moyen Age, il réclame, impérieusement, qu'on rétablisse, contre les juifs, les lois du Moyen Age et les incapacités civiles de l'Ancien Régime. Que demande l'antiprotestant, quand il ne se contente pas de crier : « Vive la Saint-Barthélemy! » ou de vanter les bienfaits de la révocation de l'Édit de Nantes? Il demande qu'à défaut des lois de l'Ancien Régime, l'État témoigne aux protestants les défiances de l'Ancien Régime. Reste l'anticlérical; est-ce que, vraiment, il ose, lui aussi, faire appel aux lois ou aux maximes de la France ancienne ? — Sans nul doute; lisez les feuilles anticléricales, écoutez les discours du Parlement dans les débats sur les questions religieuses, reprenez la discussion de la loi sur les associations ; vous serez frappés de ce fait qu'à chaque instant, dans leur argumentation, les adversaires de l'Église et des Congrégations s'appuient, sans vergogne, sur l'autorité des lois de l'Ancien Régime. Ils remontent au besoin jusqu'à Charlemagne, ils citent respectueusement les édits de l'ancienne monarchie, ils invoquent à leur aide tous les rois et tous les Parlements de l'ancienne France, nous les donnant en exemples et en modèles, comme si nous vivions toujours sous l'Ancien Régime ; et quand l'ancienne monarchie et ses parlements ne suffisent pas à justifier leur thèse, ils appellent, à leur secours, la Révolution et Napoléon, dans les actes et les décrets où la Révolution et Napoléon se sont manifestement inspirés de l'esprit de l'Ancien Régime.

En vrais disciples de l'Ancien Régime, aucun des trois « anti » ne se ferait scrupule de rétablir, contre ses adversaires, des incapacités civiles ou politiques. Ces incapacités civiles, ces incapacités politiques. que l'antisémite réclame, tous les matins, contre les juifs, l'anticlérical ne craint pas de les réclamer contre les catholiques, dans la personne des membres ou des élèves des congrégations. Que fait-il d'autre, lorsqu'il demande que certains citoyens français soient privés du droit d'enseigner ? Il les frappe, manifestement, d'une incapacité civile. De même, lorsque avec son stage scolaire, il exige que les élèves des congrégations ne puissent parvenir aux fonctions publiques, que fait-il, s'il ne prétend les frapper d'incapacité politique ? En réalité, l'anticlérical nous invite ainsi à revenir à une des plus odieuses pratiques de l'Ancien Régime ; il veut infliger à certains catholiques, aux élèves des Pères ou des Frères, le traitement auquel l'Ancien Régime avait condamné les protestants, dans les années qui précédèrent la révocation de l'Édit de Nantes, alors que les édits de Louis XIV interdisaient, à ceux de la « Religion prétendue Réformée », tous les emplois publics. Comme sous Louis XIV et sous l'Ancien Régime, c'est, également, pour cause de religion et sous prétexte d'unité morale, que l'anticlérical prétend édicter ces incapacités civiles ou politiques.

C'est encore de l'Ancien Régime que s'inspire, inconsciemment cette fois, l'anticlérical, lorsqu'il revendique pour l'État le monopole de l'enseignement, lorsque, sous prétexte d'affermir l'unité nationale, de préserver la « liberté de l'enfant, » d'arracher les générations nouvelles à la contagion de l'erreur, il prétend que, dans l'éducation des enfants et dans le choix des maîtres, le droit des parents doit s'effacer devant le droit de l'État. L'anticlérical oublie que cette manière de comprendre les droits de la famille et les droits de l'État, c'est celle de l'Ancien Régime, alors que, pour le bien de leurs âmes et pour le bien du Royaume, les enfants des protestants ou des juifs étaient arrachés à leurs parents, pour être élevés dans la foi du souverain.

Qui donc l'oserait nier ? nous rencontrons chez l'anticlérical, comme chez l'antiprotestant, comme chez l'antisémite, ces recours, conscients ou inconscients, aux lois, aux maximes ou aux pratiques de l'Ancien Régime. Ils ne comprennent, ni les uns ni les autres, que ces incapacités civiles ou politiques, que ces mesures d'exception, que ces ,is contre telle ou telle catégorie de sujets du Roi, s'expliquaient par les mœurs et par l'esprit de l'Ancien Régime, où tout était monopole et privilège, qu'elles faisaient en quelque sorte corps avec l'Ancien Régime. Leur erreur, aux uns et aux autres, c'est d'imaginer qu'on puisse prendre un morceau d'un passé à jamais mort, un fragment détaché du Moyen Age, une tranche de l'Ancien Régime, pour l'incruster, artificiellement, dans une société tout à fait différente, dans la société moderne, fondée sur la suppression des privilèges et sur l'égalité des droits.

C'est là, plus on y réfléchit, l'erreur capitale des trois « anti ». Cette erreur, elle n'est point particulière à l'antisémite, quand il réclame des lois contre les juifs ; l'anticlérical la commet, également, quand il exige des lois contre les jésuites et contre les religieux. S'il est des pays, comme la Russie, où la législation frappe simultanément le juif et le jésuite, ce sont des États orientaux ou des États autocratiques, où survivent, dans les lois ou dans les mœurs, l'esprit et les pratiques de l'Ancien Régime[1]. Comparée à la France et à l'Europe occidentale, la Russie est un État d'un autre âge, et elle peut garder les lois d'un autre âge. Chez nous, en France, antisémites et anticléricaux oublient le pays et l'époque où ils vivent; ils ne sont pas de leur temps; ils retardent sur le XXe siècle. Ils méconnaissent également l'esprit moderne et les conditions d'existence des sociétés modernes.

Quel est, en effet, le principe sur lequel repose la société moderne, si ce n'est l'égalité devant la loi? C'est là le principe fondamental de la Révolution, si bien qu'on peut dire que antisémites ou anticléricaux, tous ceux qui s'en écartent, trahissent la Révolution et renient les principes de 1789. Reportons-nous à ce qu'on a appelé les nouvelles tables de la loi, à la charte de la Révolution, aux Droits de l'Homme et du Citoyen; que lisons-nous dans ces Droits de l'Homme, entourés d'une vénération presque superstitieuse par certains de ceux qui nous invitent à violer leurs prescriptions les plus solennelles? Nous y trouvons, avec la proclamation de la liberté religieuse et de l'égalité devant la loi, la

1. Cela est particulièrement vrai de la confuse législation russe sur les Juifs. Les lois russes sont fort analogues aux lois anciennes des États occidentaux sur la même matière. Je les ai décrites dans l'*Empire des Tsars et les Russes* (tome III, livre IV, ch. IV), et j'ai pu constater que leurs résultats ne leur méritent pas d'imitateurs.

condamnation implicite de ces trois « anti » qui, plus d'un siècle après la Révolution, voudraient créer, en France, des castes de parias. Les trois « anti » se trouvent frappés, directement, par les Droits de l'Homme, par deux articles en particulier. Il est écrit, dans les Droits de l'Homme de 1789, que personne ne doit être inquiété pour ses « opinions même religieuses ». Il est écrit, en outre, dans les Droits de l'Homme, — écoutez ce texte (article VI) : — « tous les citoyens étant égaux aux yeux de la loi sont également admissibles à toutes dignités, places et emplois publics, selon leur capacité, et sans autre distinction que celle de leurs vertus ».

Vous entendez, « sans autre distinction que celle de leurs vertus » ; — n'est-ce point là une condamnation formelle des prétentions de l'antisémite, de l'anti-protestant, de l'anticlérical? N'ai-je pas le droit d'affirmer que lorsqu'ils nous pressent d'édicter des incapacités civiles ou politiques, lorsqu'ils veulent interdire les fonctions publiques, à telle ou telle catégorie de citoyens, les trois « anti » ne sont pas seulement les renégats de la Liberté, mais aussi les apostats de la Révolution? Et que penser de la bonne foi ou de la logique des hommes qui, en nous proposant leur stage scolaire, osent se réclamer de la Révolution ? Antisémites ou anticléricaux, tous ceux qui prétendent créer, en France, des catégories d'incapables, exclus du droit commun, doivent commencer par biffer de notre histoire la table des Droits de l'Homme.

Ces droits de l'Homme et du Citoyen, dont le nom est si souvent sur les lèvres de politiciens qui les méconnaissent, je voudrais, en dépit de l'imprécision ou de l'incohérence de quelques-uns de leurs articles, qu'ils fussent inscrits, en lettres d'or, sur les murs de nos Chambres. Il est question de les faire apprendre aux enfants de nos écoles; j'avoue que, pour ma part, j'en serais heureux; je voudrais qu'ils fussent gravés dans la tête et dans le cœur de tous les Français. Après cela, il serait malaisé, aux champions de l'antisémitisme, de l'antiprotestantisme ou de l'anticléricalisme, de venir réclamer des lois d'exception ou des mesures de proscription, contre telle ou telle catégorie de Français. Toutes ces mesures restrictives, toutes ces lois d'exception, proposées par les uns ou par les autres, elles sont inspirées de l'esprit du passé, elles répugnent également à l'esprit moderne; ce sont des lois rétrogrades, parce qu'elles sont contraires à l'Égalité, aussi bien qu'à la Liberté.

Est-ce donc vers le passé, est-ce vers l'Ancien Régime, est-ce même vers la Révolution, aux jours néfastes où elle s'est montrée infidèle à ses principes, est-ce vers Napoléon et le despotisme impérial, aux jours où Napoléon n'était que le restaurateur de l'absolutisme de l'Ancien Régime, que la France moderne doit tourner les yeux, que le xxᵉ siècle doit s'orienter? Un siècle nouveau, sur lequel la France et l'Humanité placent des espérances que nous ne voudrions pas voir déçues, vient de se lever sur le monde. Ce xxe siècle, la France républicaine doit-elle l'inaugurer par des mesures d'oppression, ou par des lois d'exception ? Aucun de nous, aucun Français, digne du nom de patriote, n'aurait l'aveuglement de le prétendre. Ce n'est pas sur l'Ancien Régime que nous devons prendre modèle, ce n'est pas vers le passé que doivent se tourner nos regards ; c'est vers l'avenir, et que doit être, pour nous, l'avenir ? L'avenir doit être la liberté.

La liberté seule, *æqua libertas*, comme disaient déjà les anciens, l'égalité dans la liberté est seule conforme à ce que nous appelons l'esprit moderne. Rien de plus opposé à cet esprit que ce que nous pourrions nommer le prohibitionnisme spirituel ou le protectionnisme moral, c'est-à-dire la prétention de se servir des forces de l'État, au profit d'une doctrine, contre une autre doctrine. L'État moderne ne doit ni combattre, ni favoriser une Église ; — l'État moderne ne doit pas faire acception de la religion des citoyens. L'État moderne ne doit être ni antisémite ni philosémite, ni antiprotestant ni protestant ; il ne doit être ni anticlérical ni clérical. Que doit-il être ? Il doit être libéral, c'est-à-dire qu'il doit regarder, avec les mêmes yeux et avec la même bienveillance, tous les citoyens ; il doit se montrer également juste et impartial envers tous, de façon que, devant lui, ce ne soit ni un avantage ni un désavantage d'être juif ou protestant, d'être catholique ou libre-penseur. Devant l'État, il ne doit y avoir que des Français égaux en droits ; et ce n'est qu'à cette condition que la France recouvrera la paix religieuse.

Et si cela est vrai de l'État moderne, ce doit l'être encore davantage de la République. Une République ment à sa vocation et à son nom, elle n'est plus la chose commune, la chose de tous, si elle fait des distinctions entre les citoyens du même pays. Elle doit appartenir également à tous ; l'intérêt comme le devoir de la République, c'est de s'élever au-dessus de tout esprit de secte, au-dessus de tout fanatisme religieux ou irréligieux, pour assurer à tous la même large liberté.

Je dois conclure ces trop longues conférences ; mais ai-je besoin de conclure ? Vous avez si bien saisi ma pensée qu'il me semble inutile d'insister davantage. Ma conclusion, elle ressort de tous ces entretiens, elle tient en ces trois mots : Liberté, Tolérance, Paix ; — liberté pour tous, tolérance mutuelle, paix religieuse. Ce ne sont pas là, heureusement, des idées nouvelles en France ; et notre confusion est d'être contraint de les défendre, au seuil du XX⁰ siècle. Elles ont pour elles, dans notre histoire, de nobles champions, dont il nous est permis de nous réclamer. Ce sont, quoi qu'en disent leurs adversaires de tout bord, des idées bien françaises.

Les trois « anti » se plaisent, également, à remonter au passé pour s'autoriser des exemples et des fautes de nos pères; ils découvrent, chacun, dans les luttes de notre histoire, une sorte de tradition d'intolérance dont ils osent se réclamer. Mais, nous aussi, nous qui défendons la liberté, nous pouvons nous réclamer d'une ancienne, d'une longue et glorieuse tradition française, une tradition qui remonte, pour le moins, à L'Hospital et à Henri IV. Les idées de liberté et de tolérance, que la France ancienne avait eu l'honneur d'être la première à proclamer et à mettre en pratique, elles étaient devenues comme le patrimoine de la France nouvelle. Voilà déjà plus d'un siècle qu'elles faisaient en quelque sorte corps avec la France moderne; elles étaient son honneur aux yeux des peuples. Aujourd'hui qu'elles sont de nouveau menacées, de divers côtés, par les revenants du passé, il est de notre devoir de Français, comme il est de notre intérêt de citoyens, de les défendre, hautement, envers et contre tous, — envers nos amis, comme envers nos adversaires.

L'antisémite nous dit : « Le juif, voilà l'ennemi ! » — L'antiprotestant nous dit : « Le protestant, voilà l'ennemi ! » — L'anticlérical, à son tour, nous répète : « Le cléricalisme, voilà l'ennemi ! » — Il nous faut repousser ces cris de guerre civile. L'ennemi de l'heure présente, l'ennemi de la France contemporaine, le plus dangereux peut-être pour la République, savez-vous quel il est? Ce n'est ni le juif, ni le protestant, ni le clérical ; c'est l'esprit de haine et d'intolérance. Voilà l'ennemi contre lequel je vous engage à vous liguer ;

l'ennemi national que nous devons tous combattre, de toutes nos forces.

Chacun des trois « anti » répète, chaque jour, à ses adversaires :

La maison est à nous, c'est à vous d'en sortir...

Mensonge intolérable ! contre lequel nous ne devons cesser de protester. La maison, c'est-à-dire la France, n'est ni à l'antiprotestant, ni à l'antisémite, ni à l'anti-clérical ; la maison est à tous les Français. Cette maison paternelle, qui leur appartient à tous, également, il faut qu'elle reste habitable pour tous, que tous y trouvent leur place et s'y sentent à l'aise, afin que tous puissent avoir, pour la commune patrie, le même dévouement et le même amour.

L'unité nationale, que l'on nous promet en vain par la violence, par les lois d'exception, par les persécutions, nous ne pouvons la chercher, aujourd'hui, que dans l'esprit de mutuelle tolérance et dans l'égale liberté de tous les citoyens. Et vous me permettrez de dire, en terminant, que, dans la modeste mesure de nos forces, nous y avons travaillé, ici, ensemble, en revendiquant, contre tous les fanatismes, la liberté religieuse, première condition de la pacification de la France et de la réconciliation nationale.

FIN

TABLE

—

AVANT-PROPOS 1

Introduction.

L'ESPRIT DE SECTE ET LES PARTIS

De l'origine ou de la recrudescence, chez nous, de l'esprit de
secte et des doctrines de haine. — Comment l'esprit de
tolérance et l'esprit de liberté semblent partout en baisse.
— Influence de l'Affaire Dreyfus. — Comment les partis
extrêmes n'y ont vu qu'un moyen d'agitation. — L'esprit de
faction et l'esprit de proscription. — I. L'Antisémitisme. —
Comment il s'est retrempé dans l'Affaire. — Sa responsabilité dans la crise que traverse la France. — Des causes de
sa diffusion. — Comment, à l'aide de l'Affaire, il a coupé la
France en deux. — II. Le nationalisme. — Ce qu'il doit à
l'Affaire. — Ses violences et ses excès. — Ses procédés de
polémique. — Comment il fait, lui aussi, des catégories
entre Français. — Les sans-patrie. — Patriotisme et nationalisme. — III. Le socialisme. — Comment il a exploité
l'Affaire. — Tout ce qu'il y a puisé. — Raisons de sa diffusion et de son ascendant. — La lutte de classe et les appels
à la haine. — IV. L'anticléricalisme. — D'où vient son
réveil. — Contre-coup de l'Affaire et des menaces de l'antisémitisme. — De la revendication du droit commun et de
la lutte contre l'esprit de secte. 2

18

CHAPITRE PREMIER

LES TROIS « ANTI »

Antisémitisme, Antiprotestantisme, Anticléricalisme.

Ressemblance et parenté de l'antisémitisme, de l'antiprotestantisme et de l'anticléricalisme. — I. Comment on retrouve, chez tous les trois, des passions et des raisonnements analogues. — Comment ils se présentent, tous les trois, sous les mêmes aspects et avec des griefs semblables. — II. Le grief religieux : l'intolérance. — Le grief national : la dénationalisation ; la tendance à enchaîner l'idée religieuse à l'idée de race. — Le grief politique : l'accusation de former un État dans l'État ; le cosmopolitisme religieux. — Le grief économique ou social : « Ils sont trop riches ; ils monopolisent la fortune et les emplois. » — III. Comment les griefs des trois « anti » se discréditent les uns les autres. — Pourquoi ce sont, également, des doctrines immorales et antisociales. — Comment, d'après eux, le principe de nos maux ne serait pas en nous. — Comment les trois « anti » s'engendrent et se fortifient mutuellement   57

CHAPITRE II

L'ANTISÉMITISME

Les principaux aspects de l'antisémitisme. — I. Le grief religieux. — Le Juif a deux morales. — L'antisémitisme et la charité chrétienne. — Les juifs et la sécularisation des sociétés contemporaines. — Les juifs et la franc-maçonnerie. — II. L'esprit juif. — Qu'entend-on par là, et quels en sont les types ? — L'esprit juif est-il étranger au judaïsme ? — Comment ce qu'on appelle ainsi n'a souvent rien de proprement juif. — III. Le grief national et politique. — Le Juif est un étranger. — Sémites et Aryens. — Le particularisme juif et l'esprit de tribu. — La solidarité et le cosmopolitisme juifs. — IV. Le grief social et économique. — Le Juif est un parasite. — Haute Banque et monopole financier. — Le prolétariat juif. — Les juifs et la concurrence. — Comment l'antisémitisme aboutit à une contrefaçon du socialisme. — V. Conclusion. — Quelles solutions nous offre l'antisémitisme ? — Il n'y a qu'une solution, la liberté et l'égalité. — Qu'y aurait-il de changé, s'il n'y avait pas de Juifs en France? — De la prétendue judaïsation des sociétés contemporaines.   83

CHAPITRE III

L'ANTIPROTESTANTISME

Que l'antiprotestantisme est une sorte de décalque de l'antisémitisme. — Comment on y trouve les mêmes éléments. — I. L'antiprotestantisme et le grief religieux. — Le Protestantisme et la Franc-Maçonnerie. — La Réforme et la Révolution. — II. De l'esprit protestant ; qu'entend-on par là. — L'esprit protestant est un dissolvant. — L'esprit protestant et l'esprit de négation. — Ce qui doit être imputé à la situation des minorités confessionnelles. — III. Le grief national : le protestantisme personnifie l'esprit étranger. — Comment, en France, la Réforme a eu des racines françaises. — Que les Huguenots ont représenté une des faces de l'esprit français. — Conséquences pour l'esprit national de la révocation de l'édit de Nantes. — Du patriotisme des protestants français. — IV. Le grief social et le grief politique. — Les protestants et les Juifs tiennent trop de place en France. — Raisons sociales et politiques de ce phénomène. — Les protestants et les Juifs accaparent les emplois publics. — Ils se servent de leur influence pour opprimer les catholiques. — Dangers de ce grief. — Comment l'anticléricalisme risque ainsi de se retourner contre les protestants et contre les Juifs   140

CHAPITRE IV

L'ANTICLÉRICALISME

Première partie.

Anticléricalisme et anticatholicisme. — I. Le péril clérical. — Qu'entend-on par cléricalisme. — Quel est le vrai sens de

ce terme et quel en est l'usage courant ? — Quelques types
d'anticléricaux. — Anticléricalisme et intolérance. — Comment l'anticléricalisme finit par s'attaquer à toute religion
et à l'idée même de Dieu. — II. Analogie des facteurs de
l'anticléricalisme et de l'antisémitisme. — L'anticléricalisme
et le grief religieux ou philosophique. — Nécessité de
combattre l'obscurantisme. — Le fanatisme anticlérical. —
La morale catholique et la morale religieuse. — III. Le grief
national. — Les catholiques sujets d'un souverain étranger.
—Rome, l'esprit latin et le génie français. — L'anticléri-
lisme et le gallicanisme. — L'ultramontanisme et l'infaillibilité papale. — L'Église et ses congrégations sont des
Internationales. — L'anticléricalisme et les intérêts français.   184

CHAPITRE V

L'ANTICLÉRICALISME.

Deuxième partie.

I. Le grief économique. — Le clergé est trop riche. — Le
spectre de la mainmorte. — Le milliard des congrégations.
— Anticléricalisme et confiscation. — II. Les vœux monastiques. — Les congrégations et la liberté religieuse. — III.
Le grief politique et social. — Le « Syllabus ». — L'Église
est incompatible avec le progrès. — Avec la démocratie. —
Avec la liberté. — L'esprit clérical. — Le vrai libéralisme.
— De l'évolution des idées dans l'Église. — Est-il vrai que
le catholicisme est rivé à l'absolutisme ? — Comment et en
quel sens il peut devenir libéral. — De quel côté est le
principal danger pour la liberté.   229

CHAPITRE VI

CONCLUSION

I. Comment l'antisémitisme et l'antiprotestantisme ont réveillé
l'anticléricalisme. — Comment ils ont discrédité les revendications des catholiques et amené l'échec de la politique de
Léon XIII en France. — Comment les « anti » s'enlèvent

le droit de réclamer la liberté. — Que l'intolérance des uns ne justifie pas celle des autres. — II. De la prétention des trois « anti » de refaire l'unité nationale. — Comment ils invoquent tous les trois la contrainte. — Que l'unité de doctrines ne peut être réalisée dans l'État moderne. — III. Comment, sous prétexte de défendre l'unité de l'État ou l'unité morale de la nation, les trois « anti » se réclament également de l'ancien régime. — De la prétention de ne tolérer aucun État dans l'État. — Où est le péril à cet égard aujourd'hui. — Les lois d'exception et les Droits de l'Homme. — Que la liberté et l'égalité sont seules conformes à l'esprit moderne . , ... 274

IMPRIMERIE CHAIX, RUE BERGÈRE, 20, PARIS. — 16008-9-01. — (Encre Lorilleux).